There are three ways to do things: the right way, the wrong way, and my way.

Hay tres maneras de hacer las cosas: la correcta, la incorrecta y la mía.

© Copyright by Hjordis Fogelberg
Published by Hjordis Fogelberg

First Edition. Published 2014

Concept by Hjordis Fogelberg
Written and created by Hjordis Fogelberg
hjordis@myibiza-guide.com

© My Ibiza & Formentera

© Hjordis Fogelberg, 2014
Illustrations & maps copyright: Hjordis Fogelberg

English text edited by Ruby Warrington
Translation by Sally Riera
Spanish text edited by Maria Jesús Zafra "Chus"
English proofing Charity Altman and Mari Searby-Verweij
Design and layout by Hjordis Fogelberg

The moral right of the copyright holders has been asserted

All rights reserved
No part of this book may be reproduced, stored in any retrieval system or transmitted by any means in any form: electronic, photocopying, recording, mechanical or otherwise without prior written permission of the publisher.

All views expressed in this book are those of the author and all actions deriving from using this information are entirely at the sole risk of the reader.

ISBN: 978-84-617-0272-5   978-84-617-0284-8

Printed in Spain at Jimenez Godoy S.A. Deposito Legal MU-764-2011

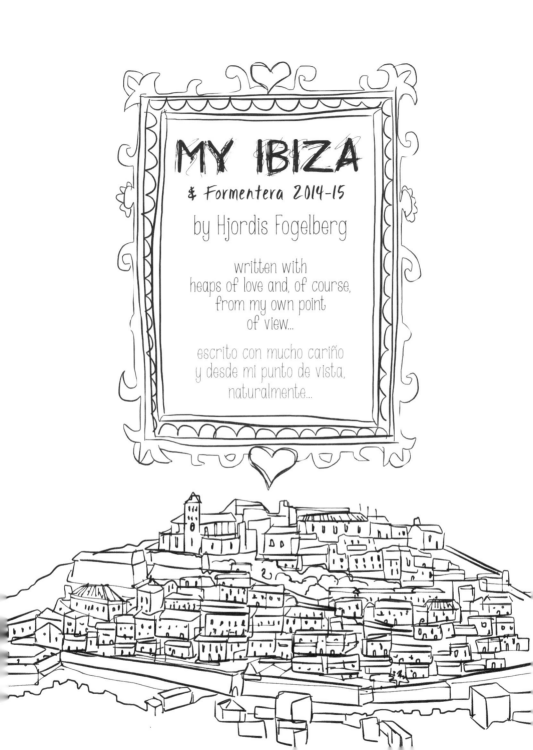

IMPORTANT NUMBERS
Numeros importantes

+34 before number when ringing from abroad.
+34 antes del número cuando llames desde el extranjero.

EMERGENCIES / EMERGENCIA 112

Firemen / bomberos   971.313.030

POLICE / POLICÍA NACIONAL 091
+ Policía Nacional   971.398.831

LOCAL POLICE / POLICÍA LOCAL 092
LP. San Antonio   971.340.830
LP. Santa Eulalia   971.330.841
LP. San José   971.800.261
LP. Formentera   971.322.087

CIVIL GUARD / GUARDIA CIVIL
GC. Ibiza   971.301.100
GC. San Antonio   971.340.502
GC. Santa Eulalia   971.330.227
GC. San Juan   971.333.005
GC. Ibiza-Eivissa   971.398.831
GC. Formentera: 971.322.022

Citizens Assistance Office / Oficina de
Atención al ciudadano   900.713.878

AMBULANCE / AMBULANCIA Ibisalud 061

HOSPITALS / CENTROS SANITARIOS
Clínica del Rosario (Ibiza)   971.301.916
Hospital Can Misses (Ibiza)   971.397.000
Red Cross / Cruz Roja (Ibiza)   971.390.303
Hospital Formentera   971.321.212

SERVICES / SERVICIOS
Road Test (MOT)
Inspección Técnica (ITV)   971.195.906

Gesa Electrical (Breakdowns)
Gesa (averías)   902.534.902

Water (Breakdowns)
Aqualia (averías)   902.136.013

TOWN HALLS / AYUNTAMIENTOS
Ibiza / Eivissa   971.397.500

San Antonio /
S. Antoni de Portmany   971.340.111

Santa Eulalia /
Santa Eulària des Riu   971.332.800

San José /
Sant Josep de Sa Talaia   971.800.125

San Juan/
Sant Joan de Labritja   971.333.003

Formentera   971.321.087

CONTENTS
Contenidos

ABOUT THE AUTHOR AND THE GUIDE Sobre la autora y la guía ····· 6

GETTING HERE & USEFUL INFO Llegar a la isla e información útil ··· 8

A BRIEF HISTORY OF IBIZA Una breve historia de Ibiza ········ 10

AGENDA ·· 12

IBIZA TOWN, DALT VILA, THE PORT & LA PEÑA················17
Ibiza Centro, Dalt Vila, El Puerto y Sa Penya

THE MARINA, TALAMANCA, JESÚS & THE OUTSKIRTS ···········47
La Marina, Talamanca, Jesús y las afueras

THE SOUTH: THE VILLAGES & THE BEACHES ················ 66
El sur, los pueblos y las playas

THE WEST: SAN ANTONIO, SAN JOSÉ, SAN AGUSTÍN & THE BEACHES ···· 85
EL OESTE: Sant Antoni, Sant Josep, Sant Agustí y las playas

THE NORTH: SAN JUAN, SAN MIGUEL & THE BEACHES ············117
EL NORTE: Sant Joan, Sant Miquel, y las playas

THE EAST: SANTA EULALIA, SAN CARLOS & THE HIPPY MARKETS ······132
EL ESTE: Santa Eulària, Sant Carles y los mercadillos

INLAND: SAN LORENZO, SANTA GERTRUDIS & ON THE ROADS ········ 159
EL INTERIOR: Sant Llorenç, Santa Gertrudis y por las carreteras

FORMENTERA: LA SAVINA, SAN FRANCISCO, SAN FERNANDO, ········178
ES PUJOLS, ES CALÓ, LA MOLA & THE BEACHES
La Savina, Sant Francesc, Sant Ferràn, Es Pujols, Es Caló, La Mola y las playas

THINGS TO DO: CULTURAL, FAMILY, SPORT, ADVENTURE & MORE.... ······ 213
COSAS PARA HACER: Cultura, familia, deporte, aventura y más...

A BIT ABOUT MYSELF AND THIS GUIDE

My parents arrived in Ibiza with the first wave of hippies in the early 1960s and never left. For me, summer meant running around barefoot from May until September, my skin would turn a deep golden brown and my hair would bleach white in the sun. As kids, we spent hours catching crabs in the rock pools of our local beach cove, and feeding lizards at our sun-trapped house in Talamanca. My teenage years coincided with the burgeoning party scene on the island, with the famous 'campo' parties. I would ride my beat-up old moped everywhere, down dusty tracks with my heels in my bag just in case there happened to be a fancy party somewhere… I waitressed my summers away to help pay for graphic design studies during the winter in the UK. By my late twenties I had created album covers for the music of Mike Oldfield and SNAP, before returning to Ibiza and setting up my own design agency, Blue Cactus, and starting on iconic club artwork for Manumission, Pacha and Space.

The launch of Pacha Magazine, where I was Co-Founder and Art Director, marked a landmark in Ibiza publishing and started a trend for club-sponsored magazines.

After the birth of my daughter over 12 years ago, my priorities shifted and my needs changed, and I couldn't help noticing that the scope of the island's tourist community seemed to be narrowing.

Visitors to the island tend to become engulfed in the billboard and advertising culture, and miss out on so much of the alternative and exciting aspects on offer in Ibiza and Formentera.

The islands can be affordable, even in the era of beach butlers and private jets. It's a great place to go off the beaten track, and as an islander I know that some of the best bars or restaurants will never be advertised.

So this guide is a personal collection of recommendations gathered over the years through trial and error and offering an insight into a diverse island that is hard to explore fully in a short visit. I hope it helps you and is a useful discovery tool so you get the best out of your holiday in Ibiza and Formentera.

I would like to add that any mistakes are unintentional, and I appreciate good feedback for the next edition being sent to me at:

hjordis@myibiza-guide.com

UN POCO SOBRE MÍ Y ESTA GUÍA

Mis padres llegaron a Ibiza con la primera ola de hippies, a principios de los años 60, y decidieron quedarse aquí a vivir. Yo me pasaba los veranos descalza, mi piel se doraba y mi pelo se desteñía por el sol.
De niños, pasábamos horas cogiendo cangrejos en las rocas de una calita cercana y dando de comer a las lagartijas en nuestra casa en Talamanca.
Mi adolescencia coincidió con el boom de fiestas en la isla, con las raves en el campo y las after-parties. Solía ir a todas partes en mi mobilette destartalada, bajando por caminos de tierra con los tacones en el bolso por si había alguna fiesta chula por el camino. Trabajé de camarera durante años para pagarme mis estudios de diseño gráfico en el Reino Unido en invierno. Rozando los treinta ya había creado carátulas de discos para Mike Oldfield y SNAP, antes de regresar a Ibiza y montar mi propia agencia de diseño "Blue Cactus", donde empecé a diseñar los legendarios carteles para Manumission, Pacha y Space. El lanzamiento de la Revista Pacha, de la que fui co-fundadora y Directora Artística, marcó un hito en las publicaciones de Ibiza y empezó la moda de revistas patrocinadas por discotecas que continúa hasta hoy.

Después del nacimiento de mi hija, hace 12 años, mis prioridades y necesidades cambiaron, me di cuenta que en la isla faltaban otras ofertas turísticas. Los visitantes de la isla tienden a ser engullidos por una cultura de carteles y vallas publicitarias, y suelen perderse muchas de las emocionantes alternativas que ofrecen las islas.

Las islas pueden ser asequibles, incluso en esta era de mayordomos de playa y jets privados. Es un lugar magnífico para salir de la rutina, y como isleña sé que muchos de los mejores bares y restaurantes nunca se darán a conocer.

Así que esta guía es una colección personal de mis recomendaciones, recogidas a base de años de probar y conocer, ofreciendo una percepción de una isla diversa que es difícil de explorar plenamente en una visita corta. Espero que esta guía te ayude y que sea práctica para que puedas sacar el mejor partido a tus vacaciones en Ibiza y Formentera.

Me gustaría añadir que cualquier error en la guía no ha sido intencionado y apreciaría que me enviarais vuestros comentarios para futuro contenido a:

hjordis@myibiza-guide.com

TRANSPORT · TRANSPORTE   **AIRPORT INFO**/Aeropuerto de Ibiza: Tel: 913.211.000 - 902.404.704

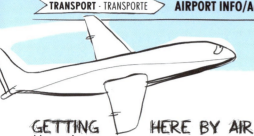

GETTING HERE BY AIR
Llegando por aire

Arriving at Ibiza airport, you feel the buzz as soon as you get off the plane. An array of all sorts stand at the arrival gate awaiting their loved ones, and there's always at least one barefoot man with dreadlocks holding up a name card reading "YOGA CAMP". My dear friend Ben Turner calls them "the great unwashed", but actually, they always have that golden, sun-kissed skin that glows. Time as you know it immediately slows down by at least 20%, and as you walk through to the taxi rank, chances are you're already being told the plans for the evening ahead, which usually involves a party or a BBQ at a villa somewhere on the island. It's what I call coming home.

Al llegar al aeropuerto de Ibiza sientes la agitación nada más bajarte del avión. Una variedad de personajes esperan a sus seres queridos en la puerta de llegadas, y siempre hay al menos un hippie con pies descalzos y rastas con una señal que dice "CAMPAMENTO DE YOGA". Mi querido amigo Ben Turner los llama "¡los grandes desaliñados!". Pero en realidad, siempre tienen ese brillo dorado en la piel. El tiempo tal y como lo conoces inmediatamente se ralentiza un 20% y mientras esperas en la cola de los taxis, lo más probable es que ya tengas los planes hechos para esa misma noche, que normalmente incluyen una fiesta o barbacoa en una casa en algún rincón de la isla. Eso es lo que yo llamo llegar a casa.

THE AIRPORT ✱ El aeropuerto

Nearly 7km southwest of Ibiza town, 5,726,581 people flew into Ibiza in 2013. But I can still remember as a child waiting for friends to arrive at the little wooden gates of the old airport, now the VIP airport for private jets.

Casi a 7km del sur de Ibiza ciudad, 5.726.581 personas volaron a la isla en 2013. Pero todavía puedo recordar cuando esperaba a amigos que llegaban atravesando las pequeñas puertas de madera del viejo aeropuerto, que ahora es el aeropuerto VIP para los jets privados.

Flight information / Información vuelos: **Tel: 971.809.000**
Luggage / Equipaje: **Tel: 971.809.277**

AIRLINES ✱ Líneas Aéreas
- Iberia/Air Nostrum. Tel: 902.400.500 - iberia.com
- Air Europa Tel: 902.401.501 - aireuropa.com
- Vueling. Tel: 807.200.100 - vueling.com
- British Airways. Tel: 902 .111.333 - britishairways.com
- Air Berlin. Tel: 902.116.402 - airberlin.com
- Thomson Airways. Tel: 971.398.309 - thomsonfly.com

PARKING ✱ Aparcamiento

Parking at the airport costs roughly 0.02 euros a minute, around 14.50 euros per day. Loss of the ticket will set you back 72.50 euros.

El aparcamiento del aeropuerto cuesta unos 0,02 euros por minuto, unos 14,50 euros por día. Si pierdes el ticket tendrás que pagar 72,50 euros.

DISABLED ACCESS ✱ Acceso discapacitados

The airport has easy access for disabled passengers, with 3 lifts, digital numbering in Braille, differentiated surfaces on all pavements throughout the premises and adapted telephones and toilets. In fact, all public toilets in the terminal have disabled facilities and the same goes for the new parking block for hired cars.

El aeropuerto tiene fácil acceso para pasajeros discapacitados, con 3 ascensores, numeración digital en Braille, superficies diferenciadas en todos los suelos de todas las distintas zonas y teléfonos y baños adaptados. De hecho, todos los baños públicos de la terminal tienen instalaciones para discapacitados, al igual que el bloque de aparcamiento de los coches de alquiler.

PRIVATE JET ✱ Jets privados

Ibiza airport now has three different private jet terminals (FBOs), which look after private jet travel 24 hours a day. Last year there were 7,734 private flights in and out of Ibiza.
London to Ibiza takes roughly 3 hours and Barcelona to Ibiza takes 1 hour.
Fancy splashing out? Here are a few of the jet aircraft charter agencies available on the island:

El aeropuerto de Ibiza ahora tiene tres terminales diferentes para jets privados, que se encargan de los vuelos privados las 24 horas. El año pasado aterrizaron unos 7.734 jets privados en Ibiza.
De Londres a Ibiza la duración estimada de vuelo es de 3 horas y de Barcelona a Ibiza una hora.
Éstas son algunas de las agencias en Ibiza:

Tel: 932.202.025 - ibizajetcharter.com
Tel: 971.317.967 - 608.684.925. ibizaviparea.net
Tel: 911.146.562 - privatefly.com
Tel: 608.959.256 - genieibiza.com

PASSENGER SERVICE /Atención al pasajero: Tel: 971.809.207

☀ TAXIS

The taxi rank just outside the entrance to the airport gets very busy in high summer, so I tell friends to pre-book from Radio Taxi in San José. A number worth saving - this taxi service is available 24-7 to take you across the island!.
They charge € 20 to €40 to travel between cities.

La parada de taxi fuera de la salida al aeropuerto se llena en verano, así que dile a tus amigos que te vengan a buscar o reserva un taxi a través de Radio Taxi de San José. Un número que deberías guardarte, ya que el servicio de taxis está disponible todos los días las 24 horas. Cobran entre 20€ y 40€ el desplazamiento entre municipios.

Sms Taxis: txt Ibiza taxi - sms 60300
Taxi Aeropuerto: 971.395.481
Radio Taxi Ibiza Tel: 971.307.000 / 971.398.483
Radio Taxi San José Tel: 971.398.340
Taxi Parada Santa Eulalia Tel: 971.333.033
Radio Taxi Ibiza San Antonio
Tels: 971.343.764 / 971.340.074
Radio Taxi Formentera Tel: 971.322.342

BUSES - AUTOBUSES

There are bus stops all over Ibiza and timetables vary monthly. There is a bus stop infront of the airport. Number 10 goes into Ibiza town every 20 minutes. It costs 4,30 euros.

Hay autobuses por toda la isla. Desde el aeropuerto puedes tomar la Linea 10 hasta Ibiza centro que sale cada 20 minutos y cuesta 4,30 euros:

ibizabus.com   soloibiza.com

GETTING HERE BY SEA
Llegar por mar

In close proximity to mainland Spain, there are plenty of opportunities to reach Ibiza by ferry, a good option if you're afraid of flying.
Regular ferries run between mainland Spain (Barcelona, Valencia and Dénia) and Ibiza, which means at least one ferry every day in the summer. The super fast boat will take you from Dénia to Ibiza in just about two hours and from Valencia to Ibiza in about three hours.
The journey from Barcelona is a longer, but it's generally overnight which means a chance to rest if you've driven from somewhere else in Europe. Baleària's new high-speed route also connects Barcelona and Ibiza in four hours.
Arriving by ferry brings you directly into the port of Ibiza or San Antonio. From here it's easy to grab a taxi or a bus to your final destination.

Al estar cerca de la península, hay muchas opciones para llegar a Ibiza en barco, una buena opción especialmente si te da miedo volar.
Hay ferries entre la península (Barcelona, Valencia y Dénia) e Ibiza al menos una vez al día en verano. Los barcos súper rápidos de Dénia a Ibiza sólo tardan dos horas y desde Valencia a Ibiza tres horas.
El trayecto desde Barcelona es más largo pero generalmente es por la noche, lo que te da la oportunidad de descansar si has estado conduciendo desde algún punto de Europa.
La nueva ruta rápida de Baleària también conecta Barcelona e Ibiza en cuatro horas.
El ferry te trae directamente al puerto de Ibiza (Eivissa) o de San Antonio (Sant Antoni). Desde aquí es fácil coger un taxi o un autobús a tu destino final.

IBIZA <> FORMENTERA <> IBIZA

Formentera island is half an hour by ferry from the port of Ibiza, the terminal is on the left as you drive into Ibiza Town. There are a selection of companies at your disposal and ferries leave every half an hour throughout the summer.

La isla de Formentera se encuentra a media hora en ferry desde el puerto de Ibiza, que está a la izquierda justo cuando entras en Ibiza ciudad. Hay una selección de compañías a tu disposición y los ferries salen cada media hora durante todo el verano.

FERRY TERMINAL / ESTACIÓN MARÍTIMA IBIZA
Tels: 971.310.711 - 902.314.433

FERRY TERMINAL / ESTACIÓN MARÍTIMA
Formentera, Puerto de La Savina
Tel: 971.323.107

FERRY COMPANIES / COMPAÑÍAS DE FERRYS
• **Iscomar**
Tel: 902.119.128
iscomar.com
iscomarferrys.com

• **Acciona**
Trasmediterránea
Tels: 971.313.413 - 902.454.645
trasmediterranea.es

• **Baleària**
Tels: 971.314.005 - 902.160.180
balearia.com

• **Mediterránea Pitiusa**
Tel: 971.322.443
mediterraneapitiusa.com

• **Trasmapi FAST ferry**
Ibiza - Formentera - Ibiza
Tel: 971.314.486
trasmapi.comUmafisa

A BRIEF HISTORY OF IBIZA (Eivissa)

The Carthaginians discovered Ibiza in 654 B.C. and founded Ibiza Town, making this one of the earliest towns in Europe. These guys were merchants and traders, and Ibiza became an important trading centre due to the 'White Gold' – salt – they found here.

Ibiza also played an important role in Carthaginian culture as one of their largest burial ground and amongst their religious icons, the Goddess Tanit is perhaps most famous. She is the Mother of the Gods, the Goddess of the Earth and of fertility, and still a potent figurehead for Ibiza today.

The Romans came along in 123 B.C, and although Ibiza was not made part of their Empire, evidence of their occupation can still be seen by the gates at the entrance to Dalt Vila (the Old Town), where there are two copies of Roman statues, and in Santa Eulalia, where the old Roman bridge crosses the now mostly dried-up river at the entrance to the town.

The 5th to the 9th century A.D. was the time of the Goths and Visigoths in Europe, a dark age, about which there is little historical record. But then the Arabs arrived on Ibiza, and stayed for almost 500 years. Their influence can still be felt strongly in some of the houses, traditional costumes and musical instruments, and of course in the island dialect, 'Ibicenco'.

When the Catalans invaded on August 8th 1235, they tore down the Muslim mosque and built the present day Cathedral on its foundations. The villages of the island were renamed after Christian saints, and several churches were constructed. The medieval festival held every year on the second Friday in May gives you an idea of how they lived here almost a thousand years ago!

The Catalans' rule was also marked by marauding corsairs. In order to defend themselves, the villagers built churches with fortified walls, which often had cannons on their roofs.

Watchtowers lining the coast, some of which can still be seen today, were built a bit later. Originally, each of these towers was within sight of the next one and in the event of an invasion the guard would light a warning fire, which could be seen by the next in line, which in turn lit its own fire, and so on, until the entire island was aware of the danger.

And Ibiza continues to be taken over by people of many different cultures to this day, who descend on the island each year. Of course, the locals have been used to this type of behaviour for thousands of years – only now they have found a way to capitalize on it!

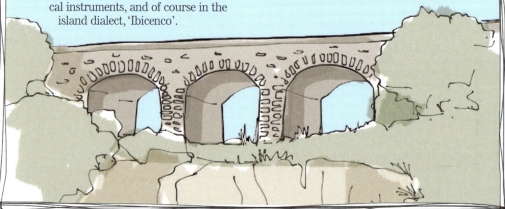

UNA BREVE HISTORIA DE IBIZA (Eivissa)

Los cartagineses descubrieron Ibiza en 654 A.C. y fundaron Ibiza ciudad, convirtiéndola en una de las primeras ciudades de Europa. Esta civilización era de mercantes y comerciantes e Ibiza se convirtió en un importante centro de comercio debido al 'Oro Blanco', o sal, que encontraron aquí.

Ibiza también jugó un papel importante en la cultura cartaginesa como su cementerio más extenso, y entre sus iconos religiosos, la Diosa Tanit quizá sea la más famosa. Ella es la Madre de los Dioses, La Diosa de la Tierra y de la Fertilidad y hoy en día sigue siendo una figura relevante en Ibiza.

Los romanos llegaron en el año 123 A.C. y aunque Ibiza no formó parte de su Imperio, la evidencia de su ocupación todavía se aprecia en la puerta de entrada a Dalt Vila (el Casco Antiguo), donde hay dos ejemplares de estatuas romanas; y en Santa Eulalia, donde el viejo puente romano cruza el río seco a la entrada del pueblo.

Los siglos V y IX D.C. fueron la época de los godos y visigodos en Europa, la Edad Media, de la cual se cuenta con escasa documentación histórica. Pero entonces llegaron los árabes a Ibiza y permanecieron casi 500 años. Su influencia todavía puede apreciarse en algunas de las casas, trajes tradicionales e instrumentos musicales y por supuesto en el dialecto de la isla: el ibicenco.

Cuando los catalanes invadieron la isla el 8 de agosto de 1235, destruyeron la mezquita árabe y construyeron la catedral que existe hoy en día en sus cimientos. Los pueblos de la isla fueron rebautizados con nombres de santos cristianos y entonces se construyeron muchas de sus iglesias. El festival medieval que se celebra cada año el segundo viernes de mayo te da una idea de cómo vivían hace más de 1000 años.

El reino catalán se vio marcado por los saqueos de piratas. Para poder defenderse, los pueblerinos construyeron iglesias con muros extra-fortificados que a menudo tenían cañones en sus tejados.

Las torres de vigía que rodean la costa, algunas de ellas todavía pueden apreciarse hoy en día, fueron construidas un poco más tarde. Originalmente, cada una de estas torres estaba a la vista de la siguiente y en caso de invasión se encendía una hoguera como señal de alarma en la torre, que podía ser vista desde la siguiente, que a su vez encendía una hoguera y así hasta que la isla entera estuviera al tanto del peligro.

Ibiza continúa siendo invadida por gente de diferentes culturas hoy en día que descienden a la isla cada año. Por supuesto, la gente local está acostumbrada a este tipo de comportamiento desde hace miles de años, ¡aunque ahora han encontrado una forma de capitalizarlo!

My name is Tanit, and I am a Goddess.
Me llamo Tanit y soy una diosa.

AGENDA

● Full moon   Casita verde day 💚

For club info, check the posters that are up everywhere or go online at:
Para información sobre las discotecas, hay posters por toda la isla o mira online:

- pacha.com
- privilegeibiza.com
- lioibiza.com
- spaceibiza.com
- amnesia.es
- thezooproject.com
- ibizarocks.com
- cocoon.net
- ushuaiaibiza.com
- booomibiza.com
- thezooproject.com
- sankeysibiza.info
- gatecrasher.com
- dc10-ibiza.ibiza-clubs.net

JUNE-OCTOBER 2015 JUNIO-OCTUBRE

Events and parties I think are worth going to during the summer.
Eventos y fiestas que, para mí, merecen la pena en verano.

🍁 NIGHT UNDER THE STARS
LIME IN THE COCONUT FILM
www.limeinthecoconut.es
"Theory of Everything" at Amante
(VO with spanish subtitles)

June - Junio

Mon-Lun	Tues-Mar	Wed-Miér	Thurs-Jue	Fri-Vier	Sat-Sáb	Sun-Dom
1 Cocoon Opening Party at Amnesia	2 Flower Power Opening at Pacha	3 Namasté Las Dalias	4 F*** Me I'm Famous at Pacha	5 W.A.R Opening at Ibiza Rocks Hotel	6 The Zoo Project Opening Party	7 💚 Solomun+1 at Pacha
8 Circo Loco at DC10	9 FILM: "Vicky Cristina Barcelona" at Amante	10 Namasté Las Dalias Aoki at Pacha	11 Be Crazy at Lío	12 Vintage at Lío	13 El Row at Space	14 💚 Cala Llenya Market
15 Aoki's Playhouse at Pacha	16 FILM: "Gone Girl" at Amante	17 We Love Sankeys Opening Party	18 Cream at Amnesia	19 Insane at Pacha	20 Summer Solstice Solsticio Verano	21 Solomun+1 at Pacha
22 Circo Loco at DC10	23 Summer Fiestas	24 Solstice San Juan	25 F*** Me I'm Famous at Pacha	26 Vintage at Lío	27 San Jordi Market	28 💚 Benirras Drumming
29 Aoki's Playhouse at Pacha	30 FILM: "Pulp Fiction" at Amante					

FESTIVAL SAN JUAN

Fashion Festival at Atzaro   Sigma Live at Ibiza Rocks Hotel

AGENDA

July - Julio

Mon-Lun	Tues-Mar	Wed-Miér	Thurs-Jue	Fri-Vier	Sat-Sáb	Sun-Dom
		1 Ibiza Rocks Jungle, Shura	2 "Ball pages" San Miguel 18 hrs ●	3 W.A.R. at Ibiza Rocks Hotel	4 Las Dalias Hippy Market	5 Benirras Drumming 💚
6 Aoki's Playhouse at Pacha	7	8 Pacha Flower Power	9 Namasté Las Dalias	10 ENTER. at Space	11 Insane at Pacha	12 Sunset Ashram
13 Solomun + 1 at Pacha	14 Circo Loco at DC10	15 Wax Da Jam Las Dalias	16 Ibiza Rocks Catfish & The Bottlemen	17 Be Crazy at Lío	18 W.A.R. at Ibiza Rocks Hotel	19 Mercat de Forada, Can Tixedo
20 Get some SLEEP!! 💚	21 Cocoon at Amnesia	22	23 Pacha Flower Power	24 Ibiza Rocks 10th Birthday The Libertines + Slaves	25 F*** Me I'm Famous at Pacha	26 Get some sleep
27 Las Dalias Hippy Market	28 Benirras Drumming 💚	29 Circo Loco at DC10	30 Fashion Festival at Atzaro	31 Ibiza Rocks Rudimental Sam Sure	Be Crazy at Lío	Insane at Pacha

August - Agosto

Mon-Lun	Tues-Mar	Wed-Miér	Thurs-Jue	Fri-Vier	Sat-Sáb	Sun-Dom
					1 Mercat de Forada, Can Tixedo	2 Benirras Drumming 💚
3 Cocoon at Amnesia	4 Pacha Flower Power	5 Ibiza Rocks TBC	6 URBAN ART at Atzaro	7 Insane at Pacha	8 Firework night in Ibiza town	9 Las Dalias Night Market 💚
10 Circo Loco at DC10	11 Wax Da Jam Las Dalias	12 Ibiza Rocks TBC	13 Be Crazy at Lío	14 W.A.R. at Ibiza Rocks Hotel	15 Las Dalias Hippy Market	16 Solomun + 1 at Pacha
17 Cocoon at Amnesia	18 Pacha Flower Power	19 Ibiza Rocks Spandau Ballet	20 ENTER. at Space	21 Vintage at Lío	22 El Row at Space	23 Las Dalias Night Market 💚
24 Circo Loco at DC10	25 Wax Da Jam Las Dalias	26 Namasté Las Dalias	27 Be Crazy at Lío	28 W.A.R. at Ibiza Rocks Hotel	29 Mercat de Forada, Can Tixedo ●	30 Benirras Drumming 💚
31 Cocoon at Amnesia						

AGENDA

September - Septiembre

NIGHT WITH THE STARS
Fatboy Slim at Ibiza Rocks

Mon-Lun	Tues-Mar	Wed-Miér	Thurs-Jue	Fri-Vier	Sat-Sáb	Sun-Dom
Cocoon at Amnesia	1 Wax Da Jam Las Dalias	2 Cocoon Closing at Amnesia	3 ENTER. at Space	4 Ibiza Rocks W.A.R! 2manydjs	5 Las Dalias Hippy Market	6 ♥ Cala Llenya Market
7 Las Dalias Night Market	8 FILM: "Whiplash" at Amante	9 Namasté Las Dalias	10 Solomun + Live at Destino	11 Insane at Pacha	12 Zoo Project at Benimussa	13 ♥ Benirras Drumming
14 Cocoon at Amnesia	15 FILM: "El secreto de tus ojos" at Amante	16 Ibiza Rocks Closing The Courteners	17 Be Crazy at Lío	18 W.A.R. at Ibiza Rocks Hotel	19 San Jordi Market	20 ♥ Cala Llenya Market
21 Cocoon at Amnesia	22 FILM: "Birdman" at Amante	23 La Troya at Amnesia	24 ENTER. at Space	25 W.A.R. at Ibiza Rocks Hotel	26 Mercat de Forada. Can Tixedo	27 ♥ Benirras Drumming
28 Cocoon Closing at Amnesia ●	29 FILM: "Being Again" at Amante	30 Namasté Las Dalias				

Flower Power Closing at Pacha

October - Octubre

SOLOMUN+1 Closing at Pacha

Mon-Lun	Tues-Mar	Wed-Miér	Thurs-Jue	Fri-Vier	Sat-Sáb	Sun-Dom
			1 F*** Me I'm Famous Closing at Pacha	2 Insane Closing Party at Pacha	3 Pure Pacha Closing at Pacha	4 Space Closing Party ♥
5 Circo Loco Closing at DC10	6 FILM: "Nightcrawler" at Amante	7 Destino Closing Party	8 Get some sleep finally	9 HUG A FRIEND	10 Mercat de Forada. Can Tixedo	11 ♥ Benirras Drumming
12 JOIN THE GYM	13 Coffee in Can Curune	14 ?	15	16 Long walk in Salinas	17 San Jordi Market	18 ♥ Cala Llenya Market
19 START A DETOX!!	20	21	22	23 Tapas in town	24 Fiestas de San Rafael	25 ♥ Benirras Drumming
26 START A BOOK	27 ♥ ●	28	29	30 Drinks in Can Curune	31 San Jordi Market	

14

I love you to the moon and back

FULL MOON CALENDAR
Plenilunio

NEW · FULL

2014

- ⑮ **MAY** MAYO — FLOWER / FLORES *I ♥ FULL MOONS*
- ⑬ **JUNE** JUNIO — STRAWBERRY / FRESA
- ⑫ **JULY** JULIO — THUNDER / CIERVO
- ⑩ **AUGUST** AGOSTO — STURGEON / ESTURIÓN
- ⑧ **SEPTEMBER** SEPTIEMBRE — HARVEST / COSECHA
- ⑧ **OCTOBER** OCTUBRE — HUNTERS / CAZADOR
- ⑥ **NOVEMBER** NOVIEMBRE — BEAVER / CASTOR
- ⑥ **DECEMBER** DICIEMBRE — COLD / FRIA

2015

- ⑤ **JANUARY** ENERO — WOLF / LOBO
- ③ **FEBUARY** FEBRERO — SNOW / NIEVE
- ⑤ **MARCH** MARZO — WORM / GUSANO
- ④ **APRIL** ABRIL — PINK / ROSADA
- ④ **MAY** MAYO — FLOWER / FLORES
- ② **JUNE** JUNIO — STRAWBERRY / FRESA
- ② **JULY** JULIO — THUNDER / CIERVO
- ㉙ **AUGUST** AGOSTO — STURGEON / ESTURIÓN
- ㉘ **SEPTEMBER** SEPTIEMBRE — HARVEST / COSECHA

Blue moon July 31 2015 — Luna azul el 31 de julio de 2015

5 THINGS YOU SHOULD DO

5 COSAS QUE DEBERÍAS HACER CUANDO ESTÉS AQUÍ

1. Have breakfast in Hostal Parque (p.19)
   Desayunar en el Hostal Parque

2. Shop your boho look in Ganesha (p.26)
   Hacer compras Boho en Ganesha

3. Have tapas in La Bodega (p.33)
   Ir de tapas a La Bodega

4. Drink a cocktail in Bar 1805 (p.37)
   Tomarte un cóctel en Bar 1805

5. Walk up to the Cathedral of Dalt Villa
   Subir andando hasta la catedral de Dalt Vila

IBIZA TOWN,
DALT VILA, THE PORT & Sa Penya

Ibiza, Dalt Vila, El Puerto y Sa Penya

IBIZA TOWN CENTRE
EL CENTRO DE IBIZA CIUDAD

UNESCO World Heritage Site. I feel so proud that my little island hosts a world-class marina, and sometimes it's easy to forget the history of Ibiza's ancient fishing quarter, 'La Peña'. But in fact the town centre remains architecturally true to its old self. The cobbled back streets offer a labyrinth of restaurants, local shops and boutiques, as does the walled Old Town within Dalt Vila. Over the years, I've spent countless nights drinking and catching up with friends before heading out to the clubs. But the views from the top of Dalt Vila make an equally lovely walk at dusk.

Patrimonio de la Humanidad por la UNESCO. Estoy orgullosa de que mi pequeña isla albergue esta marina de categoría mundial; a veces es fácil olvidarse de la historia del antiguo puerto de pescadores de Ibiza, "Sa Penya". Pero de hecho, el centro de la ciudad preserva su arquitectura antigua. Las callejuelas empedradas te ofrecen un laberinto de restaurantes y tiendas, al igual que la ciudad amurallada de Dalt Vila. He pasado noches en el centro de copas antes de ir de discotecas. Pero al anochecer, las preciosas vistas desde lo alto de Dalt Vila te invitan a dar un bonito paseo.

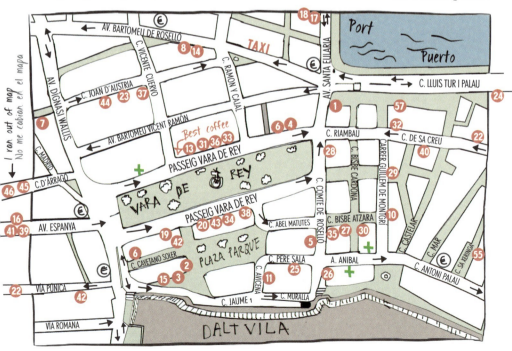

Eat, drink, shop and sleep in the centre...
...come, bebe, compra y duerme en el centro

❶ Café Marisol
Passeig Marítim, Ibiza
Tel: 971.332.412

An "old school" Ibizan cafe, you can't beat the 'people watching' here in summer. On the corner at the start of the Port area, just sit and soak up the atmosphere as the party people parade past or watch them ease their hangovers in the morning over coffee. It's also a great meeting point because you just can't miss it.

Una cafetería clásica ibicenca, no hay lugar mejor para observar a la gente en verano. En la esquina al principio de la zona del puerto, siéntate y empápate de la atmósfera mientrás disfrutas de los pasacalles o sé testigo de las resacas por la mañana mientras te tomas un café. Es un punto de reunión genial.

❷ Hostal Parque
Plaza del Parque, 4, Ibiza
Tel: 971.301.358.
hostalparque.com

A hostal and restaurant all in one that is in prime position on the Plaza del Parque. I often have bacon and eggs here on my way to work or order their Vitello Tonato for lunch. It's perfect to sit and people watch.

Hostal y restaurante todo en uno y en un lugar privilegiado en la Plaza del Parque. A menudo desayuno huevos con beicon aquí de camino al trabajo o un Vitello Tonato al mediodía.

❸ El Patio de Los Pasajeros
C/ Jaime 1, Ibiza

An upbeat, urban tapas joint just off Plaza del Parque. Great value and the tapas are just to die for – celebrity chef Sid Shanti recommends the breadcrumbed fried aubergine.

Un bar de tapas urbano muy animado justo al lado de la Plaza del Parque. Buen precio y las tapas aquí están para morirse; Sid Shanti recomienda las berenjenas empanadas.

❹ La Cava
Passeig Vara de Rey, 4, Ibiza
Tel: 971.316.074

I sometimes grab a glass of wine here after work and nibble on a delicious pintxo or montadito (tapa). Right on the main square of Vara de Rey, this modern place has a great selection to choose from while the staff love topping up my wine! Open every day until late.

A veces me tomo una copa de vino aquí después del trabajo y pruebo alguno de sus deliciosos pintxos y montaditos. Justo en Vara de Rey, este moderno local tiene una gran selección donde elegir además los camareros son majos y les encanta rellenarme la copa. Abierto todos los días hasta la noche.

♡ My tips
Mis consejos

STRESS-FREE PARKING
Drive to the end of Marina Botafoch and park your car in front of El Corso Hotel, or near Talamanca Beach. The taxi boat is just in front of El Corso Hotel and costs a few euros and goes across to Ibiza town all day every 20 minutes, stopping at Lío on the way.

APARCAR SIN ESTRÉS
Conduce hasta Marina Botafoch y aparca tu coche frente al Hotel El Corso, o por la zona de Talamanca. Luego coge el barquito que sale en frente del Hotel Corso. El barco cruza la bahía hasta la ciudad de Ibiza. Cuesta unos pocos euros y funciona todo el día cada 20 minutos. Se para en Lío de camino.

1 h = 1 €
PARKING MACHINES:
Put: numberplate + time.
PARQUÍMETRO: Matrícula + tiempo.

IBIZA · CENTRE CENTRO

❺ Teatro Pereyra
C/ Comte de Rosselló, 3, Ibiza
Tel: 971.304.432
teatropereyra.com

I love this place for its anti-VIP rule! It's also one for live-music lovers. Set in a beautiful old building with high ceilings, that once had a cinema at the back, the red velvet curtains still remain, lending it a theatrical touch. It has been open since 1889 and just oozes culture.

¡Me encanta este sitio por sus reglas anti-VIP! Además es para los amantes de la música en directo. Situado en un edificio antiguo precioso con techos altos, donde antes además había un cine en la parte trasera, y las cortinas de terciopelo rojo continúan dándole un toque teatral. Este local lleva abierto desde 1889.

❻ Victoria Bakery & Co
C/ Miquel Cayetano Soler, 12, Ibiza
Tel: 971.078.050
bakervictoria.com

This cute café-slash-lunch spot sits on the little pedestrian street leading away from Plaza del Parque, and I love that everything here is home made. Their tortilla arrives on a piece of focaccia rubbed in tomato and drizzled with Ibiza virgin olive oil, and they stock a huge selection of freshly baked breads, all made using recipes from little villages around Spain. They also have pastries, juices and shakes.

Esta coqueta cafetería – bar se sitúa en la pequeña calle peatonal que va a la Plaza del Parque. Me encanta que aquí todo sea casero. Adoro su tortilla, que viene en un trozo de focaccia con tomate y un chorrito de aceite de oliva virgen de Ibiza, además venden una gran selección de panes recién horneados, todos elaborados utilizando las recetas de los pequeños pueblos de España. También tienen empanadas, zumos y batidos.

❼ Es Tap Nou
C/ Madrid, 18
Tel: 971.399.841
estapnou.es

Okay, this little place makes the best salads in town, and offers a different "juice of the day" each day. I wish there were more places were like this in town! I'm addicted to their gazpacho and always order the spinach and goats cheese salad with bacon and mango and a sprinkle of pistachios. Undisputedly the best value lunch in town and they have a vegetable stand alongside.

Vale, este pequeño establecimiento hace la mejor ensalada de la ciudad y ofrece un zumo del día diferente cada día. Ojalá hubiera más lugares como estos en Ibiza. Soy adicta a su gazpacho y siempre me pido la ensalada de espinacas con queso de cabra, beicon, mango y pistachos. Indiscutiblemente el almuerzo más bueno y barato de la ciudad.

CAFÉ BOCATERÍA BUENISSIMO. Passeig Vara de Rey for butter croissants!!!! ¡Para croissants de mantequilla!!

⑧ Va Bene Disco Burger
Av. Bartomeu de Roselló, 14, Ibiza
Tel: 971.194.180

I am not usually a big fan of burgers, but here there's an assortment of extras meaning you can build your own, so I love them! Their French fries are extremely good, and they also serve fresh salads. Plus the service is fast, which I always find important when there are hungry kids in tow. The decor is of a 1950s American-style diner, and you won't break the budget.

No me suelen gustar mucho las hamburguesas, pero aquí la variedad de extras significa que puedes hacer la tuya propia, y eso me encanta. Sus patatas fritas están buenísimas, además también sirven ensaladas frescas. El servicio es rápido, lo que me parece importante cuando llevas a niños hambrientos. La decoración es del estilo de los *diners* americanos de los años 50, y aquí tampoco te saldrás del presupuesto.

⑩ Comida Bar San Juan
C/ Montgri 8, Ibiza
Tel: 971.311.603

Cheap Mediterranean food in one of Ibiza Town's oldest restaurants. Open all year round, the queue goes out the door during the winter, and you'll always find a very varied and eclectic Ibiza crowd. The food is good but with no frills, and I love the rice dish with a mix of vegetables.

Bocados mediterráneos baratos en uno de los restaurantes más antiguos de Ibiza. Abierto todo el año y la cola sigue siendo igual de larga en invierno. La comida es buena y sin florituras. Hacen un delicioso plato de arroz con verduras. Además aquí verás gente de lo más variada de Ibiza.

⑪ Pastis
C/ Avicenna, 2, Ibiza
Tel: 971.391.999
pastisibiza.com

On the little pedestrian street just next to the Plaza del Parque Square, this tiny French Bistro-style restaurant is perfect for a romantic dinner. Great steaks, but not for the budget minded!

En la pequeña calle junto a la Plaza del Parque, este pequeño restaurante francés tipo bistro es perfecto para una cena romántica. El chuletón es fantástico, ¡pero no si estás cuidando el bolsillo!

⑬ Can Alfredo
Passeig Vara de Rey, 16, Ibiza
Tel: 971.311.274
canalfredo.com

Juanito Riera is the current owner of this restaurant, but everyone seems to call him Alfredo so I always thought that was his name. It is perfect for a lazy lunch or a cosy dinner inside. The rice and fish dishes are excellent. I like the "blind" paella which is basically a paella without all the bits and just the juicy flavourful rice. Check out the celebrities displayed on the walls. Try the garlic prawns!

Juanito Riera es el dueño actual del restaurante, pero parece que todo el mundo le llama Alfredo, yo también pensaba que era su nombre. Los ibicencos recomiendan este restaurante, perfecto para una larga comida. Los platos de arroz y pescado son excelentes. Me gusta la Paella Ciega, una paella sólo con arroz, pero con todo su jugo, delicioso. Echa un vistazo a los celebridades en sus paredes que han estado. ¡Prueba las gambas al ajillo!

IBIZA - CENTRE CENTRO

⑭ El Zaguán
Av. Bartomeu de Roselló, 15, Ibiza
Tel: 971.192.882

In Spain we call them "Montaditos" - little slices of French bread with a layer of deliciousness on top. Take a plate, choose your selection which is all displayed along the long bar and then they count your toothpicks when you go to pay at the end - no cheating! I love the crab mayonnaise or the roasted brie with jam, and the waiters also sail by with hot-out-of-the-kitchen choices. Wash it all down with a good house red.

Coge un plato, elige tus montaditos preferidos que verás en el muestrario de la barra y luego contarán tus palillos cuando vayas a pagar al final, ¡sin hacer trampas! Me encanta el montadito de mayonesa con cangrejo y el de brie caliente con mermelada. Y los camareros también se pasean con montaditos calientes recién salidos de la cocina. Acompáñalo todo con un buen vino de la casa.

⑮ Out of Time People
C/ Jaume, 2, Ibiza
Tel: 971.392.321

Great for when you need a vitamin fix, this café serves super-healthy raw food, vegan choices, salads and juices. Their little terrace facing the old town walls is lovely and they also have a great selection of books inside on spirituality.

Genial para cuando necesitas una dosis de comida cruda porque esta cafetería sirve comida sana, vegana, ensaladas y zumos. Su pequeña terraza encarada a las murallas antiguas es muy acogedora y tiene una magnífica selección de libros espirituales.

⑯ Ancient People
Av. de España, 32, Ibiza
Tel: 971.306.687

An authentic Indian restaurant, just a short walk up the Avenida de España. This place is really worth the visit, and you can choose to sit at a table, at the bar (which I like) or a "tatami". They also do takeaways, so you can tuck into a creamy korma with a cheese naan in the comfort of your own home or villa!
Don't forget to try their home-made mango sorbet.

Un auténtico restaurante indio en Ibiza, a dos pasos del centro si subes por la Av. de España y que realmente merece la pena visitar. Puedes elegir entre sentarte en una mesa, en la barra (que a mi me encanta) o un "tatami". También hacen comida para llevar, así que puedes disfrutar de un cremoso korma con un delicioso pan naan de queso en la comodidad de tu hogar o villa.
No te vayas sin probar el sorbete casero de mango

⑰ Bella Napoli
Av. Santa Eulària des Riu, 9, Ibiza
Tel: 971.310.105

This classic restaurant serves genuine Italian homemade food, which mean lots of fresh pasta and pizzas cooked in a fire oven. They also do grilled meats, but I always order the penne a la Bolognesa with an extra shake of grated cheese.

Este restaurante clásico sirve cocina italiana casera y muy auténtica, lo que significa mucha pasta fresca y pizzas hechas en su horno de leña. Además ofrecen carnes a la brasa, pero yo siempre me pido la penne a la boloñesa con extra de queso rayado.

⑱ La Tagliatella
Av. Santa Eulària des Riu, 15, Ibiza.
Tel: 971.194.136
latagliatella.es

I was pleasantly surprised when I ate here. They serve traditional Italian food and have a large terrace outside in the summer. The lasagna "Tagliatella" with meat, caramelised onions and dried nuts is luscious, and they do a great selection of calzones, risottos and salads.

Cuando comí aquí quedé gratamente sorprendida. Sirven cocina italiana tradicional y tienen una gran terraza fuera en verano. Me encanta la lasaña "Tagliatella" con carne, cebolla caramelizada y frutos secos. También tienen una gran selección de calzones, risottos y ensaladas.

WHAT IS IT? — **¿QUÉ ES ESTO?**

The Large Hand Sculpture — La Gran Escultura de La Mano

In the middle of the roundabout into Ibiza town is this monument by the sculptor Andreu Moreno, which pays tribute to the Ibizan hound or "podenco." The sculpture is a large open hand on which stand seven hounds in different hunting postures. The podenco hound has highly developed sight and hearing, so it's ideal for hunting, and it's thought it was introduced to the island by the Phoenicians in the seventh century BC.

En medio de la rotonda de entrada a Ibiza se sitúa este inusual monumento del escultor Andreu Moreno, que rinde tributo al perro ibicenco o "podenco". La escultura es de una mano grande abierta donde corretean siete perros en diferentes posiciones de caza. El podenco tiene la vista y el olfato muy desarrollado, siendo así el perro ideal de caza. Se cree que llegó a la isla con los fenicios en el siglo VII a.C.

❶⓽ La Bufalina
Passeig Vara de Rey, 13, Bajo, Ibiza
Tel: 971.302.894

I eat here often because it's right next to my office and the people who run it are always nice and friendly, and such hard workers. Their pizzas are fantastic, and you can sit and watch the guy spinning the dough around. My favourite topping has to be the zucchini and ricotta cheese with rocket sprinkled over the top.

Como aquí a menudo ya que está junto a mi oficina y la gente que lo dirige es muy simpática, amable y muy trabajadora. Y sus pizzas también son fantásticas, y puedes sentarte y ver cómo el pizzero le da vueltas a la masa. Mi favorita es la de calabacín con queso ricotta y rúcula por encima.

Places to sleep... / Sitios para dormir...

❷⓪ Casa Huéspedes Vara de Rey
Passeig Vara de Rey, 7, Ibiza
Tel: 971.301.376
hibiza.com

A few flights of stairs up and you reach this boho haven. With patterned ceramic floors, mosaics and driftwood mirrors, this hostal is run by lovely smiley Argentinians Lia and Luis who make it all possible. Rooms range from the super-cheap (single, shared bath) to a romantic en-suite double with four-poster bed. Check out the old sandstone walls for real Ibiza character on a budget.

Hay que subir algunos peldaños para llegar a este paraíso bohemio con suelos de cerámica decorativa, mosaicos y espejos de madera. Este hostal está regentado por Lía y Luis que hacen que todo sea posible. Las habitaciones van desde la más barata (individual con baño compartido) a una doble romántica con baño en-suite y cama con dosel. Echa un vistazo a sus paredes de piedra lucida que le dan un verdadero carácter ibicenco a buen precio.

㉒ Urban Spaces Hotel
Via Púnica, 32, Ibiza
Tel: 871.517.174

Although I've never stayed here myself, I have heard really good reviews about this hotel where the walls are covered with street art and the suites have comfy beds.

Aunque nunca me he alojado aquí, he oído cosas muy buenas sobre este hotel donde las paredes están cubiertas de arte urbano y las suites tienen camas muy cómodas.

㉓ Hostal Juanita
C/ Juan d' Austria, 17, Ibiza
Tel: 971.314.828
hostaljuanita.com

Located in the centre of Ibiza just a few minutes walk from Dalt Vila, this B&B has recently been completely renovated and decorated in true Ibiza style. The rooftop chill out is decked out with large futons and soft couches which makes it a great spot for relaxing after a hard day on the beach (!), or a cocktail before you start your night out. It can get a bit noisy, so maybe not for you if you've come to Ibiza to sleep…

Situado en el centro de Ibiza ciudad sólo a unos minutos de Dalt Vila, este hostal acaba de ser totalmente renovado y decorado al verdadero estilo ibicenco. El chill out de la azotea tiene grandes futones y suaves cojines que lo convierten en un buen lugar para relajarse después de un duro día de playa (¡!), o para un cóctel antes de empezar la noche de fiesta. Un poco ruidoso, así que no es buena idea si vienes a Ibiza a dormir…

㉔ Hostal La Marina
C/ Barcelona, 7
Tel: 971.310.172
hostal-lamarina.com

This hostal with a gorgeous facade sits facing the port of Ibiza. Tastefully decorated as far as hostels go, as well as affordable, but be warned, the soundproofing is not good in the rooms so try and get one overlooking the harbour which is stunning, and thus avoid the noise that travels up from all the bars. I don't recommend it if you are renting a car as parking is a pain.

Este hostal con una preciosa fachada está justo en pleno centro del puerto de Ibiza. Decorado con gusto, y muy asequible, pero la insonorización en las habitaciones no es buena, así que mejor reserva una habitación con vistas al mar para así evitar el ruido que sube de los bares. No lo recomiendo si alquilas un coche, ya que aparcar por aquí es una pesadilla en verano.

....shopping...
de compras...

㉕ Bagus
C/ de Pere Sala 1, Ibiza.
Tel: 971.301.373
ibizabagus.es

Eva, the owner, designs and produces most of her stunning pieces in Bali. I adore her fluo kaftans. She believes that you should dress how you feel but with taste. She's right!

Eva, la dueña, diseña y produce la mayor parte de sus impresionantes piezas en Bali. Me encantan sus kaftanes flourescentes. Ella cree que se debe vestir como se quiera, pero con gusto.

㉖ Pastelería Panadería Can Vadell (Bakery)
C/ Anibal, 13
Tel: 971.310.728

Can Vadell has been here for almost 90 years. It's where I order birthday cakes, buy quiches or grab a sandwich. Try their "Coca" red pepper pizza, and if you need fresh yeast for baking, they have a stash in the back fridge.

Can Vadell lleva aquí casi 90 años. Es donde pido los pasteles de cumpleaños, compro quiches o bocatas. Prueba su coca de pimientos rojos y si necesitas levadura fresca para repostería, siempre tienen en la nevera.

THE VARA DE REY STATUE
La Estatua de Vara de Rey

"click"

In the centre of the main square of Vara de Rey stands the figure of one General Joaquín Vara de Rey y Rubio, with his sword in hand. Born in the Castle of Ibiza he died heroically fighting in the battle of El Caney, against the American army during the War of Independence of Cuba in 1898. The monument was built with donations from the Spanish people as a thank you. King Alfonso XIII attended its inauguration in 1904, and I stare out of my office windows at it every day. Children play around it, some climb onto it. Couples have their photos taken with it as a backdrop. As a monument in my Ibiza life, it's as solid to me as the man it depicts.

En el centro de esta plaza principal de Vara de Rey se encuentra la figura del General Joaquín Vara de Rey y Rubio, con su espada en mano. Nacido en el Castillo de Ibiza, murió heroicamente luchando en la batalla de El Caney, contra la armada americana, durante la Guerra de Independencia de Cuba en 1898. El monumento fue construido gracias a las donaciones del pueblo español como forma de agradecimiento. El rey Alfonso XIII asistió a su inauguración en 1904. Yo la contemplo desde la ventana de mi oficina cada día. Los niños juegan a su alrededor, algunos hasta se atreven a escalarla. Las parejas se hacen fotos con la estatua de fondo. Como un monumento que forma parte de mi vida en Ibiza, es tan fuerte para mí como el hombre al que representa.

Coffee and tomato rubbed on toast at BAR VARA DE REY. Passeig Vara de Rey, 16 IBIZA TOWN

Café y pan con tomate en BAR VARA DE REY. Passeig Vara de Rey, 16 IBIZA CIUDAD.

IBIZA - CENTRE CENTRO

㉗ Purnima
C/ Cayetano Soler, 5, Ibiza
Tel: 971.302.772

Beads, beads, and more beads! This jewellery store is run by the lovely Alessandra and is full of delights, with tables piled high with bowels of beads and stones and walls draped with pretty necklaces. If you feel like making a friend a personalized necklace, let them guide you and maybe you'll end up making one for yourself too!

¡Cuentas, cuentas y más cuentas! Esta joyería regentada por la encantadora Alessandra está llena de abalorios, con mesas recubiertas de cuencos rebosantes de cuentas y piedras, y sus paredes revestidas de preciosos collares. Si te apetece hacerle un collar personalizado a un amigo, deja que te guíen y quizá acabes haciéndote uno para ti.

㉘ Religion
C/ Comte de Roselló, 14,
Paseo Vara de Rey, Ibiza
Tel: 626.392.720
religionclothing.com

At the end of the main square this store is an Ibiza first for East London hipster fave, and it's where I head as soon as my pay-check comes in! I can never have enough of their rock chick T-shirts, skinny jeans and slinky dresses, and the men's clothes are just too sexy!

Justo en pleno Vara de Rey, esta tienda es la primera para la marca favorita del este de Londres, y es donde voy en cuanto recibo mi sueldo. Me encantan sus camisetas rock-chic, pantalones ajustados y vestiditos, y la ropa de hombre también es muy sexy.

㉙ Vincente Ganesha
C/ Montgri 14, Ibiza
Tel: 971.193.605

Vicente has created an Indian/Ibiza bazaar of colourful cotton tunics, which stands out on the street and lures you in. I stock up on a new pair of Indian sandals here at the start of every summer, and my favourite drip-dry beach dresses are all Vicente's own designs. Inside it's a vintage treasure trove and a favourite with all the visiting fashionistas.

Vicente ha creado un bazar indio/ibicenco de túnicas coloridas de algodón, que resalta en la calle y te atrae a su interior. Siempre me compro un par de sandalias indias a principio de cada verano, y mis vestidos de playa desteñidos favoritos son diseños del mismo Vicente. Dentro hay una cueva del tesoro vintage, favorito de los fashionistas que visitan la isla.

㉚ ReVolver
C/ Bisbe Azara, 1, Ibiza
Tel: 971.318.939
revolveribiza.com

When my wardrobe needs an injection of designer cool or a pair of extra special sunglasses, this is where I go. Located in the heart of Ibiza on the pedestrian street leading off from the central square, this place stocks Q by McQueen, Sass & Bide and more labels of a similar ilk.

Cuando mi armario necesita una inyección de ropa de diseñadores o unas gafas extra especiales, es aquí donde vengo. Situado en el corazón de Ibiza en las calles peatonales que van hacia la plaza central, aquí encontrarás Q by McQueen, Sass & Bide y muchas marcas del mismo estilo.

㉛ Lovy Ibiza by The Sandal Shop
Passeig Vara de Rey, 12, Ibiza
Tel: 971.317.602

If you're in the market for a glamorous and bohemian beautifully made "Ibiza It bag", this shop has a fab selection of leather totes and clutches, as well as cuffs, purses and belts. So gorgeous!

Si estás buscando un bolso sofisticado y bohemio hecho en Ibiza esta tienda tiene una selección de bolsos de mano y bandoleras, además de gemelos, carteras y cinturones.

㉜ Basket Shop (corner)
C/ de Sa Creu, 34, Ibiza

This little shop on the corner of the block has been here all my life, and to be a true Ibiza beach bum, you have to buy a "cesta" – a typical Ibizan basket. The little old lady who serves you is always very helpful and there are all different sizes to choose from. I love the smell of the cane in here.

Esta pequeña tienda de la

esquina ha estado aqui desde que yo recuerde, y para ser una verdadero amante de la playa tienes que comprarte una cesta típica de aquí. La señora mayor que te atiende es encantadora y tiene cestos en todos los tamaños.

33 Angels
Passeig Vara de Rey, 10, Ibiza
Tel: 971.310.775
angelsshopibiza.com

This shoe shop on the square has been here since I was a kid. It is a must if you're in search of a pair of desert or cowboy boots, it's all really affordable and great quality. They also stock Panama Jacks.

Esta tienda de zapatos en la plaza existe desde que soy niña. Tienes que venir a esta tienda si buscas un par de botas vaqueras, y todo realmente asequible y de buena calidad. También tienen botas Panama Jack.

34 Oink
Passeig Vara de Rey, 5, Ibiza
Tel: 971.391.000
oinkibiza.com

Right underneath my office this is where I go for a last-minute gift – especially if it's for a friend who enjoys the sillier things in life! A designer concept store, they sell everything from Havaianas to stuff for your dog, and they also do a nice rail of clothes and accessories.

Justo debajo de mi oficina es donde voy para un regalo de último minuto, especialmente si es para un amigo al que le guste las cosas divertidas. Una concept store de diseño, venden de todo desde Havaianas hasta artículos para tu mascota, y además tienen ropa y accesorios muy bonitos.

35 Sombrerería Bonet
C/ Comte de Rosselló, 6. Ibiza
Tel: 971.310.668

This store first opened in 1916 and is run by the third generation of the original family Bonet. It's kept its vintage style and stocks every kind of hat you can imagine, and at every price. Think berets, cowboy hats, trilbies, panamas and many more, so if like me you like to spend the summer shaded, this is where to look.

Esta tienda se fundó en 1916 y la regenta ahora la tercera generación de la familia Bonet. Ha preservado su estilo antiguo y especialmente sombreros de todo tipo y a todos los precios. Piensa en boinas, sombreros de cowboy, sombreros de fieltro, sombrero de panamá y mucho más… Si como a mí te gusta pasar el verano a la sombra, debes venir a echar un vistazo aquí.

¿Did you know? ¿Sabías que?

In Ibiza port stands the only monument in the world dedicated to pirates.
En el puerto de Ibiza existe el único monumento en el mundo dedicado a los piratas.

IBIZA · CENTRE CENTRO

㊱ Mayurka
Passeig Vara de Rey, 10, Ibiza
+ Avinguda d'Ignasi Wallis, 11
Tel: 971.398.362

THE designer store in Ibiza. My more fashion-conscious friends wait for the end of the season sales and then raid the rails for some great bargains here. Isabel Marant, Marc Jacobs and Etro are just some of the labels you'll find. There are also two shops to choose from.
LA tienda de grandes diseñadores en Ibiza. Mis amigas más seguidoras de la moda esperan al final de la temporada y luego arrasan en rebajas para encontrar verdaderas gangas. Isabel Marant, Marc Jacobs, Etro y Missoni son algunas de las marcas que encontrarás aquí. Hay dos tiendas para elegir.

㊲ Can Murenu
Passeig Vara de Rey, 5. Ibiza
Tel: 971.301.930

Owner Joan Murenu's has created a lovely nautical atmosphere, and sometimes you can catch him strumming his guitar inside. The shop is a catchall of Ibizan products, from books about the island, to liquors, sandals, traditional baskets, gifts and lots of trivia. I always find something nice in here and I adore the oversized shells at the main desk. He also sells supplies for hunting and fishing.
La tienda de Juan Murenu tiene un aire muy náutico y a veces puedes encontrar a Juan tocando la guitarra dentro. La tienda ofrece multitud de productos ibicencos, desde libros sobre la isla a licores, sandalias, cestos, regalos y montones de objetos triviales. Aquí siempre encuentro algo bonito y me encantan las conchas gigantescas en su mostrador. También vende utensilios para la caza y la pesca.

㊳ Ibiza Code
C/ de la Cruz, 21, Ibiza
Tel: 971.310.305
ibzcode.com

I nearly always manage to find myself nice tops in here, they are excellent quality and always come in a variety of soft, muted tones. Also selling leather jackets and boots, this place epitomises the Ibiza boho look - so go get yourself a pair of cowboy boots already! Be warned - the boots aren't cheap.
Siempre encuentro algún

top bonito aquí, que son de una calidad excelente y suelen venir en una variedad de tonos suaves y tenues, además venden chaquetas de piel y botas. Esta tienda es la pura encarnación del look bohemio de Ibiza, ¡así que hazte ya con un par de botas vaqueras! Aunque no son muy baratas.

39 Moms & Babies
**Avda de España, 17,
Ibiza. Tel: 971.307.766
momsandbabies.es**

Moms & Babies was created in 2011 by two couples, who were good friends and also new parents, having realised there were certain things they couldn't find on the island for their kids. Here they offer help and understanding as well as a pleasant environment for parents, relatives and friends to shop. Top quality products and gift vouchers. It's also a photo studio.

Moms & Babies fue creado en 2011 por dos parejas de buenos amigos, y también padres. Se dieron cuenta como padres que había cosas que no podían encontrar en la isla. Padres, familiares y amigos encuentran un entorno amable y ayuda para hacer la compra perfecta. Productos de calidad y vales regalo. Y también tienen un estudio de fotografía aquí.

40 Delta Disco
**Avda. de España, 7,
Ibiza. Tel: 971.306.721
discosdeltaibiza.com**

I bought my first ever vinyl here…think it was Supertramp's "Crime of The Century" or something by The Cure. These guys still have the best selection of music and it's a favourite with resident DJs. They also sell trainers, clothes and souvenirs.

Compré mi primer vinilo aquí… creo que fue "Crime of the century" de Supertramp o algo de The Cure. Siguen teniendo la mejor selección de música y es la tienda favorita de los DJs residentes. También venden deportivas, ropa y souvenirs.

41 Erotic & Chic
**Vía Púnica, 5b, Ibiza
Tel: 971.301.128
eroticandchic.com**

Vicente and Beatriz have created a novel idea for a sex shop. Their aim is to allow women to take the lead with a gift to share with their loved one. The aesthetic of the shop is different and with a friendly atmosphere and approachable staff. If you are the shy type they have a website where you can order.

Vicente y Beatriz han creado una idea nueva realmente innovadora para su sex shop. Aquí su objetivo es el de permitir a la mujer llevar la iniciativa con un regalo para compartir con su pareja. La estética de la tienda es diferente, con un ambiente amable. Si eres tímido, tienen una tienda online.

A Handy Shop
Una tienda útil

ARMERÍA BALANZAT

I love this shop, which occupies a prime location at the far end of the square and sells all kinds of sports gear, including fishing equipment, masks and snorkels, knives, torches and hiking kit. The couple who run it are really helpful, and it's another one of those shops that have been here for years.

Me encanta esta tienda, que ocupa un lugar privilegiado al principio de la plaza y vende todo tipo de equipamiento deportivo, incluyendo utensilios de pesca, gafas y tubos de bucear, cuchillos, linternas y todo para senderismo. La pareja que la regenta es muy amable y es una de esas tiendas que lleva aquí muchísimos años.

**Passeig Vara de Rey, 17
Tel: 971.300.589**

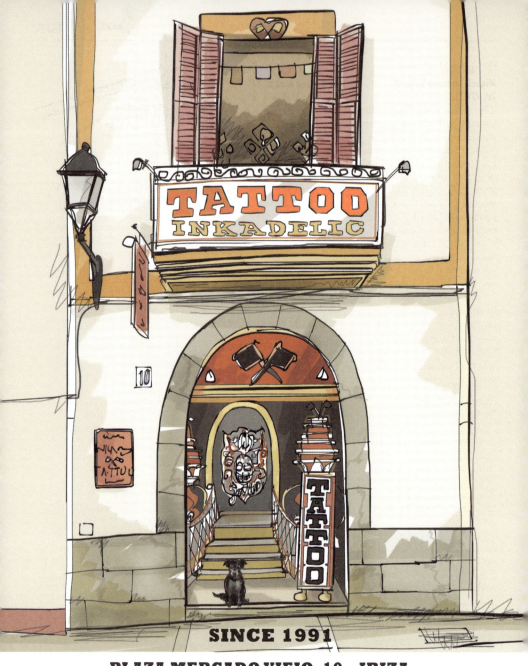

SINCE 1991

PLAZA MERCADO VIEJO, 10 - IBIZA
Tel: +34 676 168 122
inkadelic@mac.com • www.inkadelic.com

 inkadelictattooing inkadelictattooingibiza

㊷ Natural 2
Miquel Cayetano Soler, 8
Tel: 971.302.075
This place is packed wall-to-wall with all the organic produce you can imagine. Vitamin supplements, natural cosmetics, cereals, lots of gluten-free options and so on...I love the fruit bars when I get that "need-to-plough-on" feeling, and my energy tank is depleted.
Este establecimiento está lleno de todos los productos ecológicos que puedas imaginar. Suplementos vitamínicos, cosmética natural, cereales, montones de opciones sin gluten y más... Me encantan sus barritas de fruta cuando necesito cargar las pilas.

㊸ Vadepelo
Passeig Vara de Rey, 7, 2ª
Tel: 971.393.469
Paula cuts hair like a dream and has some great hair products to get your shine back if you've been baking your hair in the sun. The best for highlights and for hair extensions, she's also really affordable. As a result you have to make sure you book in advance because she's very popular!
Paula te corta el pelo como nadie y tiene productos para hacer que tu pelo luzca brillante si has estado quemándolo al sol. Es la mejor para mechas y para extensiones y además es muy asequible. Por eso mismo tienes que pedir cita con antelación, ¡es muy popular!

㊹ Ferretería Ibiza
C/ Juan de Austria, 17
Tel: 971.315.823
Need a drill, a saw, nails or an axe? A ladder or a hose-pipe? Or maybe you just want to get some keys cut? This hardware store has everything, and the guys inside are always really helpful.
¿Necesitas un taladro, una sierra, clavos o un hacha? ¿Una escalera o una manguera? ¿O quizá quieras hacer copias de unas llaves? Esta ferretería tiene de todo, y los chicos siempre son muy atentos.

...just heading out of town
saliendo del centro de Ibiza...

㊺ El Rápido
C/ Aragón, 69, Ibiza
Tel: 971.391.037 - 971.305.856
M: 647.802.148
elrapido.es
A fantastic little shop just heading out of town that repairs those worn-down dancing heels. They also specialize in mending buckles, zippers and orthopedic shoes. They cut keys as well and have an emergency locksmiths service for you 24 hours a day.
Una magnífica tienda donde reparan esos tacones desgastados por el baile. También se especializan en reparar hebillas, cremalleras y zapatos ortopédicos. Copian llaves además de tener servicio de cerrajero las 24 horas del día.

㊻ Katia Knitting Shop
C/ Abad i la Sierra, 5
If you're into knitting, which my mum and I both are, then you'll love this little shop which stocks all the wools you could possibly imagine. The ladies in here are really helpful and will help you find what you need, if you speak Spanish that is…
Si te gusta hacer punto, como a mi madre y a mí, te encantará esta pequeña tienda que vende todas las lanas imaginables. Las señoras aquí son muy atentas y te ayudarán a encontrar lo que necesites.

㊼ La Cucaña
C/ Aragón 107, Ibiza
Tel: 971.303.880
The best shop in town to buy dressing-up stuff. Halloween, carnaval, Flower Power, this shop has it all. They have make-up, masks, wigs, costumes, just about everthing you need and for kids as well.
La mejor tienda en la ciudad para comprar disfraces para Halloween, carnaval o "Flower Power". Esta tienda lo tiene todo. También venden maquillaje, máscaras, pelucas y disfraces para niños también.

IBIZA - MARKET & PORT / MERCADO Y PUERTO

AROUND THE OLD MARKET + THE PORT
ALREDEDOR DEL MERCADO VIEJO Y EL PUERTO

In this tiny square at the foot of historic Dalt Vila you can shop for groceries, buy a vintage dress, have a tattoo and then stop for a glass of wine all in one afternoon. Stalls selling organic fruit and veg are open all year round, and there's a little place where I always buy a tuna-and-olive sandwich with a spicy pepper thrown in.

Puedes comprar fruta y verdura, comprar un vestido vintage, hacerte un tatuaje y luego pararte para una copa, todo en una misma tarde en esta pequeña plaza al pie de la histórica Dalt Vila. Los puestos venden fruta y verdura ecológica todo el año y hay un pequeño puesto donde a menudo compro un bocadillo de atún con guindilla picante.

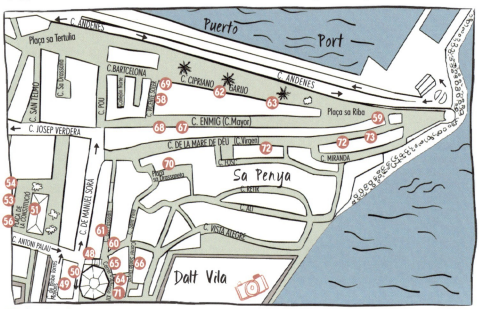

Eat, drink,... / come y beber...

48 The Croissant Show
Plaza de la Constitución, Mercado Viejo, Ibiza
Tel: 971.317.665
croissant-show-ibiza.com

Owned by Andre, an island character who stands out a mile with his curly French moustache, this is a lovely place to sit in the morning sun with your first coffee of the day. They have a large display of delicious fresh baked pastries, and my favourite here is the brie and tomato toasted baguette which I often have for brunch. You also often catch the after party crowd here for breakfast on no sleep!

Propiedad de Andre, un personaje de la isla que destaca a kilómetros por su bigote rizado a lo francés, éste es un lugar encantador para sentarse por la mañana con tu primer café del día. Tienen una gran variedad de hojaldres y mi plato favorito es la baguete con tomate y brie. Aquí puedes ver a la gente desayunando después de la fiesta.

🔴 49 La Bodega
C/ Bisbe Torres Mayans, 2, Ibiza.
Tel: 971.192.740
I come here when I'm spending an evening in town with friends and kids and feel like a cosy, affordable dinner. La Bodega serves good tapas and last years Pacha magazine editor Maya Boyd says the seaweed salad here is the best in Ibiza. It has an unbeatable location beneath the old cathedral walls and the ramp to Dalt Vila. There's also a great cocktail bar. For the best seat, book a street table on the pavement in advance.

Suelo venir aquí cuando vengo a la ciudad por la noche con familia y me apetece ir a un sitio agradable y asequible para cenar. La Bodega sirve buenas tapas y Maya Boyd, la editora de la revista Pacha del 2014, dice que la ensalada de algas es la mejor de la isla. La Bodega está situada en un lugar privilegiado bajo las viejas murallas de la catedral y la rampa que sube a Dalt Vila. Además de la carta, hay un bar de cócteles. Si quieres la mejor mesa, resérvala en la terraza con antelación.

🔴 50 Can Miguelitus
C/ Manuel Sorà, 1, Ibiza.
Tel: 971.316.589
Find this hidden gem of a bar, with more than 100 years of history, just off the Old Market square, tucked around the back of La Bodega. They serve inexpensive local and Mediterranean specialities, as well as falafel with yoghurt dip and hummus, and they have a great organic wines menu from Catalonia and Ribera del Duero. The day menu is also great value for money.

Encuentra esta joya de bar, con más de 100 años de historia, justo detrás de la plaza del mercado, escondido detrás de La Bodega. Sirven especialidades típicas mediterráneas a buen precio, además de falafel con salsa de yogur y humus, y tienen una carta fantástica de vinos ecológicos de Cataluña y Ribera del Duero. El menú del día está a muy buen precio.

🔴 51 Bio Lunch
Mercado Viejo, Ibiza.
A delicious and colourful selection of organic pastries, quiches and tarts all homemade by Javier and served up by Nicolás using their own fresh fruit and veg. These meals are perfect to takeaway on a paper plate or to eat immediately perched on one of the three small tables in the delightful surroundings of the fruit and veg market.

Una selección deliciosa y colorida de empanadas, quiches y tartas caseras y ecológicas elaboradas por

IBIZA - MARKET & PORT MERCADO Y PUERTO

Javier y servidas por Nicolás utilizando sus propias frutas y verduras frescas. Estas comidas son perfectas para llevar en un plato de papel o comer inmediatamente sentado en una de sus tres pequeñas mesas con el mercado de fruta y verdura como telón de fondo.

53 Bistrot El Jardin
Plaza de la Constitución 11, Mercado Viejo, Ibiza

I call it Fred's Bistrot because it is! It is such a lovely spot on the old market square and their salmon bagels with cream cheese are the best I've ever tried in town. I also love the Cesar Salad here and their homemade Foie Gras.
They do a light fluffy version of a cheese cake for pud which is a must!
Yo lo llamo el bistrot de Fred porque lo es! Un lugar encantador en la plaza del mercado viejo que tiene unos bagels de salmón con crema de queso que son de las mejores que he probado en el centro. También me encanta la ensalada César de aqui y su Foie casero. Además no debeis iros sin probar su postre de pastel de queso!

54 Inkadelic
Plaza de la Constitución 10, Mercado Viejo, Ibiza
Tel: 676.168.122
inkadelictattooing.com

My lovely but slightly scary (not really) friend Neil Ahern runs this dark and sexy establishment – and when I say dark, I mean it's filled with skulls and baby somethings in formaldehyde! Neil has been tattooing Ibiza's bodies beautiful for over 20 years, so he´s the man to go to - but he wont smile much if you ask for a butterfly or a Pacha Cherry! Supermodels (Kate, Naomi and Linda), designers and a long list of DJs have all been inked here.
Mi amigo Neil Ahern, encantador y ligeramente aterrador (es broma), dirige este oscuro y atractivo local, y cuando digo oscuro, ¡me refiero a que está lleno de calaveras y otras cosas extrañas en formol! Neil lleva embelleciendo los cuerpos de Ibiza con tatuajes desde hace más de 20 años, si quieres un tatuaje, él es el hombre perfecto, ¡pero no esperes una sonrisa si le pides que te tatúe unas Cerezas Pacha! Supermodelos (Kate, Naomi y Linda), diseñadores y una larga lista de DJs se han tatuado aquí.

...shopping de compras...

55 Merceria Luis Valero Sala
C/ de Sa Xeringa, 8
Tel: 971.310.187

This authentic little Spanish haberdashery has been here all my life and I can remember my mum buying me the cool badges that still decorate the windows of this place. We even used to buy our fresh cow`s milk from the shop in front, that my mum would bring home to boil. Some places in town really bring back old memories, and its lovely when they've stayed exactly as they were. Now I come here to buy my daughter hair bands, and always stock up on pins and needles. Their button collection is pretty fantastic!
Esta pequeña mercería lleva aquí toda mi vida y recuerdo que mi madre me compraba chapas que todavía decoran las ventanas de este local. Solíamos comprar leche de vaca fresca de la tienda de enfrente, que mi madre traía después a casa para hervirla. Algunos sitios de la ciudad realmente me traen viejos recuerdos, y me encanta cuando se conservan igual. Ahora vengo aquí para comprar las gomas de pelo para mi hija, y siempre me llevo agujas y alfileres. ¡Su colección de botones es increíble!

56 Ho-La-La Vintage
Mercado Viejo, 12, Ibiza
Tel: 971.316.537
holala-ibiza.com

Open since 1978, you can`t miss this colourful vintage store in the old market area, and I always have to stop to just make sure those vintage Levis jean shorts aren't my size...not to mention the tie dyed slip dresses...
Abierto desde 1978, no puedes pasar por alto esta tienda vintage de gran colorido en la zona del mercado viejo. Yo siempre me paro para ver si esos shorts Levis vintage son de mi talla... por no mencionar los vestidos lenceros desteñidos...

Fancy a tattoo?... ¿ te apetece hacerte un tatuaje?...

AT THE PORT + SA PENYA EL PUERTO Y SA PENYA

This narrow maze of streets with its rows of little houses facing the sea, literally a three-minute walk from the centre, was once, where the the local fishing community lived. These days it's where you'll find the liveliest bar scene in town, a selection of shops, a street market and some great little eateries hidden in the back streets.

Este entresijo de calles estrechas con sus hileras de casas pequeñas mirando al mar, que literalmente está a tres minutos caminando del centro, antiguamente era donde vivía la comunidad local de pescadores. Hoy en día, es donde encontrarás la zona de bares más animada de la ciudad, tiendas, un mercadillo y algunos buenos restaurantes.

...eat and drink...

57 Can Pou Bar
C/ Lluis Tur i Palau, 19, Ibiza
Tel: 971.310.875

Great food, great tapas, great location. I grab a cold beer and sit outside on a lovely summer's evening after catching the boat across the bay from the Marina Botafoch and watch all the crazy party people go by. Buena comida, buenas tapas y buena situación. Suelo tomarme una caña fresca y sentarme fuera al anochecer en verano después de coger el barco que cruza la bahía desde Marina Botafoch y ver a la gente de fiesta pasar.

58 Los Pasajeros
C/ Vicente Soler, 6, 1º, Ibiza
Tel: 653.350.961

An islanders secret. Tucked away down a side street off the Calle d'Enmig (Calle Mayor) you will see a staircase that leads up to this bustling little first-floor restaurant. You can't book a so you'll just have to queue on the stairs but it's worth it for the pre-party atmosphere and delicious (and cheap) home cooking. I love the grilled spinach starter and the leg of lamb for main.

...comer y beber...

Un verdadero secreto de los ibicencos y trabajadores. Escondido en una callejuela del C/ d'Enmig (C/ Mayor) verás una escalera que sube a este pequeño y concurrido restaurante. No puedes reservar así que tendrás que hacer cola en las escaleras pero merece la pena para una atmósfera de pre-fiesta y deliciosa comida casera. Me encanta el primero de espinacas y la pierna de cordero con puré de patatas.

IBIZA - PORT PUERTO SA PENYA

⑤⁹ Thai'd Up
Plaza de Sa Riba, Ibiza
Tel: 971.191.668

Lovely Lee and Charlie own this place right at the end of the port, and the food is ridiculously good. While I normally go for their medium spicy green curry, they're also famous for their Phad Thai. The cocktails are also amazing and I always find it hard to leave.

Los simpáticos Lee y Charlie son los propietarios de este local justo al final del puerto, y la comida aquí es verdaderamente deliciosa. Aunque suelo pedirme su curry verde no demasiado picante, también es famoso por su Phad Thai. Los cócteles están riquísimos y siempre me cuesta marcharme.

⑥⁰ Osteria Il Gatto e La Volpe
C/ Es Pasadis, 28, Ibiza
Tel: 871.700.738

I have heard this is a great little Italian restaurant and just at the foot of the Carrer de La Mare de Deu (C/ Virgen) with tables outside on the street. They do cheap tapas and classic italian dishes and the draft beer is under four euros, making it a good choice for anyone on a Budget.
I plan to go this summer!

He oído que éste es un buen restaurante Italiano y está justo al pie del Carrer de la Mare de Deu (C/. de la Virgen) con mesas en la calle. Hacen tapas baratas y platos italianos clásicos y la caña cuesta menos de cuatro euros, un buen sitio si tu presupuesto es ajustado. ¡Planeo ir este verano!

⑥¹ La Tana
C/ des Passadis, 3, Ibiza
Tel: 630.258.984

Friends of mine went here and loved it. Owner Leo is apparently super friendly and a true Italian culinary artist, so if it's authentic homemade Italian food you're after, this is definitely a winner. Nestled in the backstreets on Carrer d' Enmig this trattoria serves delicious antipasti, home made pasta and typical Italian puddings. It appeals to quite the party bunch, so come here to get the lowdown on the evening's after-parties while you sip their home made limoncello.

Unos amigos lo probaron y les encantó. El propietario Leo aparentemente es muy simpático y un verdadero artista culinario italiano, así que si buscas auténtica comida italiana, este parece ser el ganador. Enclavado en las callejuelas traseras del C/ d'Enmig, esta pequeña trattoria sirve antipasti delicioso, pasta casera y postres típicos italianos. Atrae a los fiesteros, así que ven aquí para enterarte de las after-parties mientras te tomas su limoncello casero.

mmmmm... que rico....

⑥² El Pirata
C/ Cipriano Garijo, 10,
Puerto de Ibiza
Tel: 971.192.630

Hungry late at night? This is where the residents and island workers grab a pizza fix during their break. Once you try you always return... Si te entra el hambre tarde por la noche, aquí es donde los residentes y trabajadores de la isla compran un trozo de pizza durante su descanso. Una vez que pruebes volverás una y otra vez...

⑥³ The Rock Bar
C/ Cipriano Garijo, Ibiza

This place is a classic amongst the Ibiza Brit pack and, as I only discovered last year, some pretty amazing cocktails are created here. If you want to find out what's on the clubbing agenda this is the place to pop into, and I always bump into everyone, as it's a walk-through crowd.
Este sitio es un clásico entre los británicos de Ibiza, sólo el año pasado descubrí que algunos de los mejores cócteles se crean aquí. Si quieres encontrar lo que está en la agenda de discotecas éste es el mejor sitio, y siempre me encuentro con algún conocido, ya que es un sitio de paso.

64 Tira Palla
C/ Santa Lucía, 8, Sa Penya, Ibiza

I have to admit its been a while since I last ventured up the little steps to the rooftop, which has superb views of the old town. But they always play great music and it gets pretty packed, so get there early, order yourself a mojito and enjoy the view.

Me encanta este sitio, aunque tengo que admitir que ha pasado mucho tiempo desde la última vez que me aventuré por sus empinadas escaleras al tejado, que goza de unas vistas magníficas al casco antiguo. Siempre ponen buena música y se llena bastante, así que ve pronto, pídete un mojito y disfruta de las vistas.

65 Dôme
C / Alfonso XII 5, Sa Penya, Ibiza
Tel: 971.317.456

This is where all the parade lot stop for a drink or two. It has a large terrace with live DJs, and has also been the meeting point for many celebrities and models. I saw Kate Moss here once and she was just another beautiful face in the crowd, so its great for getting lost and letting your guard down.

Aquí es donde la gente de los desfiles se para a tomar una copa o dos. Tiene una gran terraza con DJs pinchando en directo, y también es el punto de reunión de muchas celebridades y modelos. Una vez vi a Kate Moss aquí y era simplemente otra cara bonita entre la multitud, así que es magnífico para perderse y bajar la guardia.

66 Bar 1805
C/ Santa Lucía 7, Sa Penya, Ibiza
Tel: 651.625.972
Bar1805ibiza.com

One of my favourite restaurants on Ibiza, for the atmosphere as much as the food. They're famous for their Moules et frites (tip: save the fries til last and tip them into the leftover sauce from the moules), and they make a wicked Croque Monsieur. Owner Charles is a champion mixologist and his cocktails are superb – house speciality is an absinthe cocktail known as "The Green Beast".

Uno de mis restaurantes favoritos en Ibiza, tanto por su atmósfera como por su comida. Son famosos por sus moules et frites (consejo: guarda las patatas para remojarlas al final en la salsa de mejillones), y también preparan un riquísimo Croque Monsieur. El propietario Charles es un campeón en mixología y sus cócteles son excelentes, la especialidad de la casa es El Cóctel de absenta llamado "Green Beast".

The Cocktail / El Cóctel
by Charles Vexenat (Bar 1805)

HOW TO MAKE A GREEN BEAST
(For 4 people):
Grab any bowl big enough and fill it with;
1 cup of Pernod absinthe
1 cup of fresh lime juice
1 cup of sucre cane syrup
4 cups of still water
1 Dutch cucumber chopped in slices
1 bag of ice cubes
Stir it up well & enjoy

CÓMO PREPARAR UN GREEN BEAST (para 4 personas):
Coge un cuenco grande y llénalo con:
1 vaso de Pernod Absinthe
1 vaso de zumo de lima fesca
1 vaso de sirope de azúcar
4 vasos de agua
1 pepino cortado en rodajas
1 bolsa de hielo
Mezclar todo y disfrutar.

CALLE MAYOR + CALLE DE LA VIRGEN
CARRER D'ENMIG Y CARRER DE LA MARE DE DEU

These cobbled streets are lovely to walk along with the family, but be warned - it really heats up later on in the evening. There are two streets that run parallel to each other. The one nearer to the sea (C/ Mayor) has some lovely shops, while the one behind (C/ de la Virgen), which is one level up, has more of a party vibe with some great bars and restaurants.

Es una maravilla pasear con la familia por estas calles empedradas durante el día, pero estás avisado, por la noche se anima de verdad. Hay dos calles paralelas, y la más cercana al mar (Calle Mayor) tiene algunas tiendas preciosas, mientras que la de atrás (C/ de la Virgen), que está por detrás, tiene un ambiente más de fiesta y bares y restaurantes muy buenos.

Eat, drink,... come, bebe...

67 Il Pavone
C/ d'Enmig, 22, Ibiza
Tel: 971.315.555

When it comes to Italian cuisine, these guys know how to do it right. If you can't get a seat on the little terrace, try to nab the balcony seats. You have to sample the pasta alla Siciliana and the tiramisu. Celebrities, VIPs or those just lying low may wish to use the side entrance.

Cuando se trata de cocina italiana, estos chicos sí que saben cómo hacerlo. Si no encuentras sitio en su pequeña terraza, busca sitio en uno de sus pequeños balcones donde tienes que probar la pasta a la siciliana y el tiramisú. Celebridades, VIPs o aquellos que vayan de incógnito quizá prefieran utilizar su entrada lateral.

68 Restaurante Pinocho
C/ d'Enmig, 18, Ibiza
Tel: 971.310.176

An absolute classic in the port, us long term islanders are really fond of this old school pizzeria. It's a great place to perch up in the street at one of its outdoor tables and soak up the atmosphere, all whilst enjoying great pizzas and pastas.

Un verdadero clásico en el puerto, nosotros los isleños le tenemos mucho aprecio a esta vieja pizzería. Es un lugar magnífico para sentarte en una de sus mesas en la calle y empaparte del ambiente, todo mientras saboreas una de sus magníficas pizzas o pastas.

69 White Buddha
C/ Cipriano Garijo, Ibiza
Tel: 625.529.406
whitebuddhaibiza.com

All I know is that when single-ish girlfriends come from London this is their first stop before heading out into the clubs. They say the bar staff are cute, and everyone's up for a good time. So this summer I am definitely going to try it and decide for myself.

Lo único que sé es que cuando mis amigas solteras vienen de Londres ésta es su primera parada antes de ir a la discoteca. Dicen que los camareros son muy monos y aquí la gente en verano siempre está animada, así que este verano lo pruebo seguro y así podré decidir por mí misma.

70 Sushiya Aoyama
Plaza Sa Drassaneta, 13, Sa Penya
Tel:627.861.566

Located in a sweet little square at the back of Calle de la Virgen, the restaurant serves some of the best sushi on the island. The fish is always fresh and the rice perfectly cooked and seasoned, thanks to the Japanese chef who is a real sushi master. Love the polite and friendly staff too.

Situado en una placita detrás de la calle de la Virgen, aquí el sushi está elaborado de forma simple, pero definitivamente es de los mejores de la isla. El pescado es siempre fresco y el arroz ha sido cocinado y sazonado a la perfección gracias a su chef japonés, que es un verdadero maestro. También me encanta el servicio cordial y amable.

71 Mad Bar
C/ La Mare de Déu, 32, Ibiza

This is a gay friendly bar with a large outdoor terrace that's perfect for watching the club parades go by. They play good music and do a great Mojito. Plus you'll be surrounded by the nicest guys!

Un bar de gays en la Calle de la Virgen con una gran terraza al aire libre perfecta para ver los desfiles de las discotecas pasar. Ponen muy buena música y preparan un mojito excelente. ¡Además estarás rodeado de los chicos más simpáticos!

72 Sunrise
C/ d'Enmig, 44, Ibiza
Tel: 677.489.827

I ended up here once on a fun night bar crawling with a few girlfriends – and little did we know that it's Ibiza's only "official" lesbian bar. Anyway, it was hilarious in here and the bar tender was definitely male and super cute! Mixed crowds are always welcome, and with swings for barstools hanging at the bar, you're guaranteed hours of fun.

Acabé aquí en una noche divertida yendo de bar en bar con dos amigas, y es el único bar "oficial" de lesbianas en la isla. De todas formas, fue muy divertido y el camarero era definitivamente hombre y muy guapo. Aquí todos, hombres y mujeres, son bienvenidos y los columpios colgando en el bar, en vez de los clásicos taburetes, garantizan infinitas horas de diversión.

....fetish shopping
de compras fetiche...

73 Sa Majesté
C/ d'Enmig, 67, Ibiza
samajeste.com

A luxury fetish boutique that opened in 1994, and is a den of delights that you just have to check out if you are walking down the Calle de la Virgen. It's toward the end. With whips, masks, corsets, and erotic accessories for him and her - come play dress up!

Esta boutique fetichista de lujo fundada en 1994 es una pequeña guarida a la que debes echar un vistazo si paseas por la Calle de la Virgen. Con fustas, máscaras, corsés y accesorios eróticos para él y para ella, ¡ven a jugar a disfrazarte!

> IBIZA - DALT VILA

VISITING DALT VILA — SUBIENDO A DALT VILA

Take your camera! ¡Llévate la cámara!

A city inside a fortress, this landmark is visible from many kilometres away and has become a sort of emblem for Ibiza. It was originally built to defend the island from the pillaging of pirates, and today is classed as a UNESCO World Heritage Site. It's actually one of the only completely preserved Renaissance citadels in Europe.
It's a lovely walk up through the arches and tunnels, past limestone walls and along cobbled streets. On your way up you'll come across all sorts of shops, galleries and restaurants, as well as palatial homes, hotels, the Cathedral, the impressive City Hall, the Castle and churches. Ladies beware: don't attempt the walk in heels or flats with no grip; I for one have slipped over many a time on the sloping cobbled streets.

Una ciudad dentro de una fortaleza que se ha convertido en un emblema de Ibiza. Fue construido originalmente para defender la isla de los ataques piratas y en el presente está clasificado por la UNESCO como Patrimonio Histórico de la Humanidad. De hecho es una de las pocas fortalezas completamente preservadas renacentista en Europa. Es una delicia poder pasear a través de sus arcos y túneles, cruzando muros de piedra caliza y por las calles empedradas. En tu paseo hacia la cima te cruzarás en tu camino con tiendas, galerías y restaurantes, además de casas palaciegas, hoteles, la Catedral, el impresionante ayuntamiento, el castillo e iglesias. Chicas, por favor tened cuidado: si intentáis subir en tacones o zapatos de suela deslizante; más de una vez me he resbalado en sus empinadas calles.

...eat...comer

❋ La Mezcalería
C/ Santa Creu, 3, Dalt Vila, Ibiza
Tel: 605.742.506
culturamezcal.mx
This little Mexican place up in Dalt Vila with blackboards listing their naughty mezcal choices has rapidly become a favourite pit stop with the islanders. Get tasting and enjoy the delicious Mexican-Mediterranean style tapas that go with!
Este pequeño local mexicano en Dalt Vila con pizarras con su selección letal de mezcal rápidamente se ha convertido en un favorito entre los isleños. ¡Pruébalo ya y disfruta de las tapas al estilo mexicano-mediterráneo!

❋ La Oliva
C/ de la Santa Creu, Dalt Vila, Ibiza
Tel: 971.305.752
I love this Provencal family-run restaurant in Dalt Vila. The tables are set out on the narrow cobbled street, and their duck magret with figs is heavenly, as is their melt-in-the-mouth chocolate pudding.
Me encanta este restaurante provenzal regentado por una familia en Dalt Vila. Las mesas están fuera, en la calle empedrada, y el magret de pato con higos es tan divino como su postre de chocolate, que se te derrite en la boca.

...hotels...hoteles

❋ El Mirador
Plaza España, 4, Dalt Vila, Ibiza
Tel: 971.303.045
hotelmiradoribiza.com
A beautiful renovated villa halfway up the old town with marbled floors and high ceilings and a swimming pool that make it a five star Relais Chateux hotel. It's a lovely walk up and sits in a small cobbled square near a church. Chauffeur service straight from the airport.
Una casa señorial en lo alto de Dalt Vila, con sus suelos de mármol, techos altos y piscina lo convierten en un Relais Chateux de cinco estrellas esencial. Es un precioso paseo desde el centro en una placita al lado de la iglesia. Servicio de chófer directamente del aeropuerto.

❋ La Ventana
Sa Carrossa, 13, Dalt Vila, Ibiza
Tel: 971.390.857
laventanaibiza.com
An Ibicencan town house hotel painted in pale yellow with perfect windows and shutters and set in the middle of the history-soaked Dalt Vila. Furnished with incredibly comfortable four-poster beds, art and grainy antique mirrors, it's a perfect choice for couples. Friends say that the view from the rooftop chill out is not to be missed.
Un hotel boutique clásicamente ibicenco pintado de amarillo pastel con ventanas y persianas perfectas que está en pleno centro de Dalt Vila, empapándose de la historia del casco antiguo. Amueblado con camas con dosel, obras de arte y antiguos espejos. Una elección perfecta para parejas, y me cuentan que la vista desde su azotea es sobrecogedora.

❋ Torre del Canónigo
C/ Mayor 8, Dalt Vila, Ibiza
Tel: 971.303.884
latorredelcanonigo.com
I always feel like I'm entering a castle when I come here. The hotel is set within a 14th century tower in Dalt Vila, and gives panoramic views over Ibiza Town bay. They've installed a stunning stone pool in the terraced area, as well as a garden and restaurant where you can enjoy your summer evenings. Each room is unique and breakfast is served until 2pm which means you can hit the snooze button.
Cuando entro aquí siempre tengo la sensación de estar en un palacio. El hotel está en una torre del siglo XIV en Dalt Vila, con vistas sobre la ciudad. Con una piscina de piedra magnífica en su terraza, además de un jardín y restaurante donde puedes disfrutar de las noches de verano. Cada habitación es única. El desayuno se sirve hasta las 14.00, lo que significa que puedes apretar el botón y "seguir durmiendo".

AROUND THE NEW MARKET
POR EL MERCADO NUEVO (Mercat Nou)

Drive out of town on the Avenida Isidoro Macabich and you'll come to an area left of waiting buses with a large indoor food market that's open until 2pm, Monday to Saturday. It's well worth a visit, especially Rosa and Manolo's **Bar La Granja** where you can enjoy a good Ibizan tapa on their little terrace. The area around here gets overlooked, but there are a few places in the vicinity that really deserve a mention.

Conduce hacia las afueras por la Avenida Isidoro Macabich y te encontrarás a la izquierda de la parada de autobús con un gran mercado cubierto que está abierto hasta las 14.00 de lunes a sábado y merece la pena visitar, especialmente el **Bar La Granja** de Manolo y Rosa, donde puedes degustar tapas en su terracita. Muchos pasan por alto esta zona de la ciudad pero hay sitios por aquí que me gustaría mencionar.

...shop and eat
...comprar y comer

✱ Granel
C/ Castilla 35, Ibiza
Tel: 971.392.786

This is a really cool and nicely styled organic self-service food store for the health conscious. With rows of beautifully presented fresh pastas, different types of rice, cereals, olives, herbs, cookies and dried fruits. You can also buy organic food in bulk and everything is packed in recycled bags, which I love.

Una tienda de comida ecológica muy chula para los que se preocupan más por su salud. Con hileras de pastas frescas, diferentes tipos de arroz, cereales, olivas, hierbas, galletas y frutos secos, todo muy bien presentado y self-service. También puedes comprar comida ecológica a granel, y todo está empaquetado en bolsas recicladas.

✱ Kebab La Paz
C/ Balears - C/Agapit Llobet, Ibiza

I have to admit that I go here twice a week for the best kebabs I've ever found. They have a huge salad bar so you can fill your wrap, then choose to add chicken, beef or falafel with a choice of sauces, from spicy hot pepper to garlic tahini. They're only €4,50 and you can eat them in or take away.

Tengo que admitir que vengo aquí dos veces a la semana para el mejor kebab que haya probado nunca. Tienen una barra de ensaladas para llenar tu wrap, luego elige entre pollo, ternera o falafel con una selección de salsas desde muy picantes a tahini con ajo. Sólo cuestan 4,50 euros y puedes comértelos allí o pedirlos para llevar.

✱ Almacenes Tur
Avda. Isidor Macabich, 25, Ibiza
Tel. 971.305.681

Need to re-upholster or cover those outdoor cushions? Want to replace that stained kitchen tablecloth? This place stocks everything from bed linen to towels and furnishing fabrics. Because it's so big it takes up two whole shops, and has a double entrance onto the street.

¿Necesitas tapizar y cubrir esos cojines de la terraza? ¿Quieres cambiar los trapos de cocina manchados? Esta tienda tiene de todo, desde ropa de cama a toallas y telas de decoración. Porque es tan grande que ocupa dos tiendas enteras y tiene dos entradas en la misma.

FIGUERETES + AROUND FIGUERETES Y LOS ALREDEDORES

Ibiza's urban beach. Stuck to the southwestern side of town, it is surrounded by hotels and cafes and has a really nice promenade lined with palm trees. In the summer there's a night market along the beach front and there's a great little vibe going on. Also with disabled access to the beach.

La playa urbana de Ibiza. Situada en la parte suroeste de Ibiza y rodeada de hoteles y cafeterías, tiene un paseo amplio y bonito alineado con palmeras. En verano hay un mercadillo por la noche junto a la playa y un ambiente muy bonito. Aquí hay acceso a la playa para minusválidos.

✳ Retro Gusto
C/ Del País Vasco 6, Figueretes

The awesome full English breakfasts here comes highly recommended by my friend Charles from Bar 1805, so its gotta be good because he knows his stuff! A sweet, colourful little spot in the not so colourful Figueretas. I also heard that their wifi password is "pastapasta". Love that.

Mi amigo Charles del Bar 1805 me ha recomendado su magnífico desayuno inglés, así que tiene que ser bueno porque él sí que es un sibarita. Un pequeño y colorido local en la no tan colorida Figueretas. También he oído que su contraseña wifi es "pastapasta".

✳ Hostal Pitiusa
C/ de Galicia, 29, Figueretes
Tel: 971.301.905
hostalpitiusa.com

A small, affordable little hostal that I've been told is really good value for money, and the owners are lovely. Its squeaky clean and just steps away from the beach. The owners are really friendly and helpful, and all the rooms are large, have a TV, fan and terrace. Yey!

Un pequeño hostal muy asequible que me han dicho que está muy bien, y los propietarios son amables y cordiales. Está muy limpio y a unos pasos de la playa. Las habitaciones son grandes y tienen TV, ventilador y terraza. ¡Yuhu!

✳ Es Vivé
Carrer de Carles Roman Ferrer, Figueretes
Tel: 971.301.902

A Miami-style hotel with its well known façade that has an all-day party vibe around the pool, and late-night bar inside. The rooms aren't very big, but most of your time will be spent down at the pool, which is a real meeting place for guests. I know several girls who've met their future husbands here! The bar does a killer strawberry daiquiri, which I highly recommend.

Un magnífico hotel al estilo de Miami con su fachada única, un ambiente de fiesta alrededor de la piscina, y un bar abierto hasta tarde. Las habitaciones no son muy grandes, pero la mayor parte del tiempo estarás abajo junto a la piscina, que es un verdadero punto de reunión para los huéspedes. Conozco varias chicas que han conocido a sus futuros maridos aquí. El bar prepara un delicioso daiquiri de fresa que os recomiendo encarecidamente.

Useful phrases · Frases útiles

ENGLISH ⇔ ESPAÑOL

English	Español
Do you speak English?	¿Hablas inglés?
Hello	Hola
Goodbye	Adiós
Please	Por favor
My name is	Mi nombre es
What is your name?	¿Cuál es su nombre?
What time is it?	¿Qué hora es?
Thank you	Gracias
You're welcome	De nada
Have a nice day!	¡Que tengas un buen día!
Pleased to meet you	Encantado de conocerte
Take me to the airport	Llévame al aeropuerto
Take me to the hotel	Llévame al hotel
Where is the taxi stand?	¿Dónde está la parada de taxis?
How much are the rooms?	¿Cuánto cuestan las habitaciones?
What does this cost?	¿Cuánto cuesta?
I would like to make a reservation	Me gustaría hacer una reserva
Do you serve breakfast?	¿Servís el desayuno?
Do you serve lunch?	¿Servís el almuerzo?
Do you serve dinner?	¿Servís la cena?
What dish do you recommend?	¿Qué plato me recomiendan?
Can I see the wine list?	¿Puedo ver la carta de vinos?
May I have the cheque please?	La cuenta por favor
Do you have a vegetarian option?	¿Hay algún plato vegetariano?
I am allergic to shellfish	Soy alérgico a los mariscos
Where can I take a bus?	¿Dónde está la parada de autobuses?
Where is a bank?	¿Dónde hay un banco?
Where is the nearest hotel?	¿Dónde está el hotel más cercano?
Where can I find a taxi?	¿Dónde puedo encontrar un taxi?
Where is the toilet?	¿Dónde está el baño?
When does it open?	¿Cuándo abre?
When does it close?	¿Cuándo cierra?
Where is the nearest mechanic?	¿Dónde está el mecánico más cercano?
Where is the hospital?	¿Dónde está el hospital?
I can't find my child	No puedo encontrar a mi hijo.
Can you help me?	¿Me pueden ayudar?
Where is the police station?	¿Dónde está la estación de policía?
Where is the nearest paper shop?	¿Dónde hay una librería?
Where is the hardware store?	¿Dónde hay una ferretería?
Can I bring my dog in here?	¿Puedo entrar con mi perro?
I want to speak to the manager	Quiero hablar con el encargado
Do you have wi-fi?	¿Hay wi-fi?
What is the wi-fi code?	¿Cuál es el código wi-fi?

just as you leave Ibiza Town...
...justo a la salida de Ibiza centro...

Corxus (Multicines)
C/ Es Cubells, 26- 28, Ibiza.
Tel: 971.191.677

I often stop here for a quick little snack after I collect my daughter from school. The tapas are not cheap but so good! I usually have the fried camembert rolled in almonds and my daughter Finn loves the boquerones (marinated sardines). The décor inside transports me to some swanky place in Barcelona, while the terrace is sun blessed and simple. Also very handy if you want a quick bite before the cinema, as it's located just below.

A menudo me paro aquí para un aperitivo después de recoger a mi hija del colegio. Las tapas son caras pero están riquísimas. Suelo comer camembert frito recubierto de almendras y a mi hija Finn le encantan los boquerones en vinagre. La decoración dentro me transporta a un lugar elegante de Barcelona, mientras que la terraza está bañada por los rayos de sol y es simple. También muy útil si te apetece un bocado rápido antes de entrar en el cine, ya que está justo debajo.

FUN FOR KIDS and family
DIVERSIÓN PARA LOS NIÑOS y la familia

Cinema Complex * Multicines
Avenida de Cubells, Ibiza
Tel: 971.315.211
aficine.es/cines/ficha_ibiza.php

This is a great cinema complex just on the outskirts of Ibiza, but sadly most films shown are dubbed into Spanish. Sometimes they show English language films with Spanish subtitles, which are listed as VO (versión original). Listings marked "Anem al cine" are movies shown in the original language with subtitles, and shown on Wednesdays and Thursdays - call the cinema or pass by and grab a program to be sure. Before you settle in, there's a little bar with ice-creams, drinks and popcorn.

Estos multicines justo a las afueras de Ibiza ciudad son magníficos, aunque la mayoría de las películas han sido dobladas al español. A veces muestran películas en versión original con subtítulos en español (VO). Estas películas son parte del ciclo "Anem al Cine" y se emiten los miércoles y jueves, llama al cine o pasa a coger una programación para asegurarte. Antes de coger asiento, hay una pequeña tienda que vende helados, bebidas y palomitas.

Vila Parc Bowling
Avenida de Cubells, 32, Ibiza
Tel: 971.199.540
bowlingvilaparc.com

My daughter and I have spent many a happy Saturday at this great little leisure centre, which offers all the fun of bowling as well as a heap of other games for the kids. You can host birthday parties here or just come for a game with the whole family. There's a café serving basic food and drinks, and it opens at 5pm every day except Monday.

Mi hija y yo hemos pasado muchos sábados felices en este pequeño centro de ocio, que ofrece toda la diversión de la bolera además de montones de juegos para niños. Puedes celebrar fiestas de cumpleaños o simplemente venir a jugar una partida con la familia. Hay una cafetería que sirve cocina básica y bebidas y abre a partir de las 17:00 cada día, excepto lunes.

♡ 5 THINGS YOU SHOULD DO
5 COSAS QUE DEBERÍAS HACER CUANDO ESTÉS AQUÍ

1. Have a sunrise walk along Talamanca beach
   Da un paseo por la playa de Talamanca al amanecer

2. Drink a super healthy shake at Passion (p. 49)
   Tómate un batido saludable en Passion

3. Early dinner + swim at The Fish Shack (p. 54)
   Un baño seguido de una cena en el Fish Shack

4. Snorkle at playa de s'Estanyol Beach (p. 64)
   Snorkel en la playa de s'Estanyol

5. Dress-up and have a dance at Pacha's Flower Power
   Disfrázate para bailar en el Flower Power de Pacha

The Marina, Talamanca Jesús & the Outskirts

El Puerto, la Marina, Talamanca, Jesús y las afueras

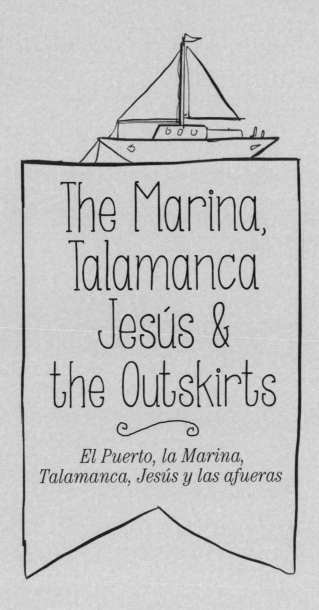

AROUND MARINA BOTAFOCH EL PASEO Y ZONA DE MARINA BOTAFOCH

Marina Botafoch sits across the bay facing Ibiza Town, and is like a mini-village of boaty people and shops. Mixed in with a few little tapa spots, restaurants and some lively bars, easy parking and stunning views in the evening, it's no wonder it's becoming more popular each summer.

Marina Botafoch se sitúa al otro lado de la bahía mirando hacia Ibiza ciudad y es como una pequeña aldea de gente y tiendas náuticas. Mezclado con restaurantes, locales de tapas y bares, es fácil aparcar aquí y las vistas por la noche son impresionantes, con todo esto no me sorprende que cada verano se haga más popular.

...eat & snack
...comer y tapear

❋ Los Pasajeros de Botafoch
C/ Vicente Soler 6, Marina Botafoch
Tel: 971.317.828

Opened in 2012, this great little super-relaxed restaurant has quickly become one of my absolute budget favourites – it's always great value and always delicious, plus they do take-away.

Abierto desde 2012, esta cafetería restaurante rápidamente se ha convertido en uno de mis favoritos cuando no quiero gastar mucho, el precio es siempre bueno y todo está delicioso, además preparan comida para llevar.

❋ Il Giardinetto
Passeig de Joan Carles I
Marina Botafoch
Tel: 971.314.929

I've been going here for years as I love Italian food, and this place does one of my favourite dishes – a raw artichoke salad. It sounds weird but it's healthy and delicious, even if it does make you feel a bit like a horse chewing! Their homemade pasta dishes are also exceptional.

Hace años que vengo aquí porque me encanta la cocina italiana, y este restaurante prepara uno de mis platos favoritos, ensalada de alcachofas crudas. Suena raro, pero es sano y delicioso, aunque te parezca que estés masticando como un caballo. Sus pastas caseras también son excepcionales.

✱ Bar Barlovento
Marina Botafoch,
Tel: 971.317.717

In all the years I've lived in Ibiza, this old-school tapas bar has never changed, despite being located right in the middle of all the glam new restaurants and shops. We always have the "bocarones en vinagre", which are small fish marinated in vinegar and garlic, and knocked back with a cold beer. It's good value and has a fab view from their little terrace.

En todos los años que llevo viviendo en Ibiza, éste es un clásico bar de tapas que no ha cambiado nada, a pesar de estar situado entre los restaurantes y tiendas más nuevas y sofisticadas. Nosotros siempre nos pedimos los boquerones en vinagre. Todo aquí está a buen precio y tiene magníficas vistas desde su pequeña terraza.

✱ Box 7
Passeig de Joan Carles I, 39
Tel. 971.199.880
box7ibiza.com

Located just before the little roundabout at the end of the Marina strip. They do lovely breakfasts, great roast beef sandwiches, salmon sandwiches, as well as a selection of fresh fruit, veggie juices and pastries. Also worth knowing they do catering and take-away.

Justo antes de la pequeña rotonda del paseo de la marina, aquí saben preparar buenos desayunos y también un magnífico bocadillo de ternera o salmón, además de una selección de zumos de fruta fresca y vegetales, especialidades caseras y hojaldres. Además es bueno saber que tienen servicio de catering y comida para llevar.

✱ Madrigal
Marina Botafoch,
Paseo Juan Carlos I
Tel: 971.311.107
madrigalibz.com

A frontline beauty with stunning bleached-wood interiors and impressive views of the yachts and Ibiza's skyline. It offers the best Mediterranean menu and pasta dishes, and the service here is friendly. Pricy but really worth it.

Una belleza en primera línea de Marina Botafoch con una decoración interior blanca preciosa y presumiendo de magníficas vistas a los yates y al perfil urbano de Ibiza ciudad. Aquí ofrecen la mejor carta mediterránea además de pasta, y el servicio es de lo más atento. Los precios son elevados pero merece la pena.

✱ Passion
Paseo Juan Carlos I, 23,
Edificio Mediteraneo
Tel: 971.305.130
passion-ibiza.com

Gorgeous Lana has created this amazing health bar and café on the Marina strip, where she serves juices and superfoods, the best salads, gourmet burgers, wraps, pasta and, of course, her famous homemade cakes and desserts. She also offers detox programmes made to measure.

La bella Lana ha creado este increíble restaurante-cafetería en el paseo marítimo, donde sirve zumos y superalimentos, las mejores ensaladas, hamburguesas gourmet, rollitos, pasta y, por supuesto, sus famosos pasteles y postres caseros. También ofrece programas de desintoxicación personalizados.

> IBIZA - MARINA BOTAFOCH

✱ Trattoria del Mar
Marina Botafoch
Tel: 971.193.934
trattoriadelmaribiza.com

The international 'jet set' dine al fresco at this contemporary waterfront hotspot, which is one of the only places in the Marina that's open all year round. Fine Italian cuisine and an unbeatable location with a gorgeous wooden wraparound terrace makes for a winning combination.

La jet set internacional cena al aire libre en este local contemporáneo frente al mar, uno de los pocos sitios en Marina que está abierto todo el año. Cocina italiana sofisticada y una situación privilegiada con una preciosa terraza de madera que lo convierten en una combinación ganadora.

✱ Downtown Ibiza
Ibiza Gran Hotel,
Paseo Juan Carlos, 17
Tel: 971.599.050
cipriani.com/locations/ibiza

Cipriani's Ibiza outpost is super polished, so don't rock up in your jeans and flip flops, which I did once and felt rather out of place! The food is exquisite, I will never forget the carbonara they make here, is pasta in a creamy bacon sauce which is then lightly oven-roasted, arriving at your table all crispy. Their signature Bellini cocktail is of course a must, and the place is always heaving with beautiful women.

El Cipriani de Ibiza es muy sofisticado, así que no te presentes aquí en vaqueros y chanclas, como hice yo una vez y me sentí como un pez fuera del agua. La comida es exquisita, no olvidaré la pasta carbonara, ligeramente gratinada al horno y crujiente por arriba. También debes probar su cóctel Bellini. El establecimiento siempre está repleto de mujeres hermosas.

✱ Prince Bakery
Paseo Juan Carlos I, Local 3
Tel: 871.718.361

This boutique bakery Café sits in the middle of the Pacha nightlife overflow and is perfect to satisfy your post clubbing appetite. They have homemade bread and italian panini. The best bit is that they are open from 6 am until 11:30 pm

Esta panadería y cafetería-pequeña se encuentra en el centro de la movida nocturna de la zona de Pacha y es perfecto para satisfacer tu apetito después de la fiesta. Tienen pan casero y panini italiano. Y lo mejor es que están abiertos desde las 6 de la mañana hasta las 23:30.

✱ Keeper
Paseo Juan Carlos I, s/n
Tel: 971.310.509
keeperibiza.com

This pre-Pacha spot has been a favourite with locals since the 80s. As they say - the magic nights of Ibiza, always start in Keeper… These days it's mainly frequented by the sailing crowd, as well as those who like to hit the dance floor earlier than 3am!

Este local pre-Pacha es el favorito de los españoles desde los 80. Como dicen: las noches de magia en Ibiza, siempre empiezan en Keeper… Hoy en día lo frecuentan principalmente los navegantes, además de aquellos a los que les gusta lanzarse a la pista antes de las 03:00.

✱ Bubbles
Marina Botafoch
bubblesibiza.com

This tiny, busy bar transforms into a club after midnight and is packed during the winter months, when the island's resident party folk meet here after Sushi Point or Pasajeros to cause mischief. I call it the Botafoch crawl.

Este pequeño pero concurrido bar se transforma en club durante los meses de invierno, cuando la gente se va de fiesta por la zona y se reúne aquí después del Sushi Point o los Pasajeros para unos bailes hasta el amanecer.

✱ Sa Calma
Marina Ibiza
Tel: 971.595.595

This waterfront spot in Marina Botafoch is perfect for a coffee, breakfast or a glass of cava and soaking up the sun in style, with Lío club behind you, the super-yachts to your left and Dalt Vila (straight

ahead), it's a prime location. The view of Ibiza town at night is a glistening array of lights reflected in the sea.
Este local en primera línea de Marina Botafoch es perfecto para desayunar o tomar un aperitivo. Todo a la vez que disfrutas con los yates a tu izquierda y Dalt Vila justo en frente. Está realmente bién ubicado y la vista de noche del casco antiguo y las luces reflejadas en el mar es inmejorable.

...sleep... ...dormir

● Ocean Drive
Playa de Talamanca, Marina Botafoch
Tel: 971.318.112
Inspired by the architecture of South Beach and Miami, its impressive facade looms at the end of the Marina strip. Here breakfast is served until 4pm and parties are held at its Sky Bar on the roof-top, with superb views of Ibiza's skyline. Open all year round.
Inspirado en la arquitectura de South Beach y Miami. Su impresionante fachada ilumina el final del paseo marítimo. Aquí se sirve el desayuno hasta las 16:00 y se organizan fiestas en su Sky Bar de la azotea con fabulosas vistas al perfil urbano de Ibiza. Abierto todo el año.

● Ibiza Gran Hotel
Paseo Juan Carlos I
Tel: 971.806.806
What can I say, just go check it out and if you can afford it, stay at least a night in this impressive place! A five-star establishment that is home to Cipriani's buzzing Ibiza Downtown restaurant and the only casino in Ibiza. If you really want to splash out go for the Vanity Fair Suite on the top floor, where your private terrace comes complete with a Jacuzzi and heated pool and stunning views of the old town.
Qué puedo decir, ve a echar un vistazo y si puedes permitírtelo, ¡hospédate al menos una noche! Este establecimiento de cinco estrellas alberga al restaurante Downtown Ibiza de Cipriani y al único casino de Ibiza. Si quieres derrochar, entonces decídete por la Suite Vanity Fair en la última planta, donde tu propia terraza privada se completa con jacuzzi y piscina climatizada.

● El Hotel
Paseo Juan Carlos I
Tel: 971.806.806
This is the perfect hotel if you want to be at the heart of the action. Just a few steps away from Pacha nightclub, Lío and the marina. There's always a lot going on here with exhibitions, and events so don't expect to get a lot of sleep!
Este es el hotel perfecto si quieres estar en plena acción. A unos pasos de la discoteca Pacha, Lío y la Marina. Siempre hay muchos eventos aquí con exposiciones, desfiles... ¡no esperes dormir mucho!

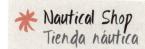

NÁUTICA ERESO
I love a boating shop. Here apart from renting boat's and selling them, they also stock everything related to the sailing world. It's also great for diving gear, fishing rods, and anything sea related. You will notice a selection of their speedboats on sale outside the shop on the right-hand side as you drive into Ibiza town.
A mi me encantan las tiendas náuticas. Aquí aparte de alquilar y vender barcos también venden todo lo relacionado con el mundo del mar. Es también perfecto para comprar un equipo de buceo, cañas de pescar, etc.
Verás su selección de lanchas en venta fuera de la tienda a derecha, cuando entras en Ibiza ciudad.

Avda Santa Eulària des Riu, 23, Ibiza
Tel: 971.199.605
nauticaereso.com

It's all about Ibiza

Rotating Exhibition
Design Shop
Local Books, Crafts & Decorators
Ibizaliving Arquitects Showcasing

IBIZALIVING SHOP
CONTACT US TO SHOW AND SELL YOUR HANDMADE IBIZA PRODUCTS

C/. San José 16, bajo (esq. Plaza España)
Tel: 971.338.633
Ibizaliving.net

TALAMANCA BEACH PLAYA DE TALAMANCA

This idyllic bay is an ocean (literally) of calm just a few minutes drive, or a pleasant half an hour walk from the centre of town. With a selection of nice restaurants and places to stay, the beach itself is also delightful with a long wooden boardwalk that's perfect for an early morning run.

Esta idílica bahía es verdaderamente un mar de calma a tan sólo unos minutos en coche del centro de la ciudad o a un paseo de media hora. Acoge una selección de restaurantes y alojamientos, y la misma playa también es una delicia con un largo paseo de madera perfecto para hacer jogging por las mañanas.

...eat...comer

✹ Bar Flotante
C/ de Talamanca
Tel: 971.190.466

I love my bacon and eggs with a side order of chips here. This basic bar sits literally on the sea edge, thus its name, "the floating bar," which is meant to suggest that when the storms come in the bar could almost be washed away.

Me encantan los huevos con beicon que sirven aquí con una ración de patatas fritas a parte. Este bar está pegado al mar, de ahí su nombre, que además sugiere que cuando se acercan las tormentas el bar podría acabar inundado.

✹ The Harbour Club
C/ de Talamanca, Talamanca
Tel: 971.193.380

After three successful locations in Holland (in Amsterdam it's the place to be) this is their first outpost overseas. Located right on Talamanca beach next door to Bellamar, think fine wining & dining on the beach. Serving seafood, steaks and sushi, it certainly isn't cheap but the high quality of the food makes it good value for money.

Después de tres establecimientos de éxito en Holanda (el de Ámsterdam es de visita obligada), éste es el primero de sus locales en el extranjero. Situado en plena playa de Talamanca junto al Bellamar, imagínate una elegante cena en la playa. Sirven pescado y marisco, entrecots y sushi, la verdad es que no es barato pero la gran calidad de su cocina hace una buena relación calidad-precio.

✹ Restaurante Bellamar
C/ de Talamanca, Talamanca
Tel: 971.191.335

A small beach spot where you can enjoy a meal with your toes in the sand. You can walk from the Talamanca beach parking along the wooden promenade, and the owners are very laid back which makes it great for kids. Really good value and the amazing views of course are free!

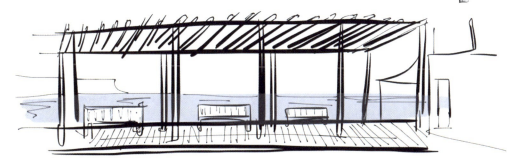

IBIZA - TALAMANCA

Un chiringuito restaurante donde puedes hundir los pies en la arena mientras disfrutas de tu comida al lado del Harbour Club. Puedes pasear desde el parking de Talamanca por el paseo de madera, y los propietarios son gente relajada, lo que hace que sea un lugar magnífico para los niños. ¡Buen precio y por supuesto con increíbles vistas gratis!

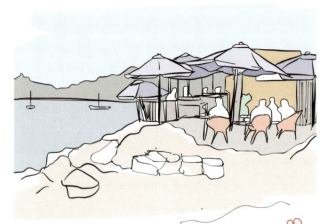

⊛ El Pulpo Restaurante
C/ de Talamanca, Talamanca
Tel: 971.191.530

Bang on the beach and famous for their "bullit", a traditional fish stew made with different varieties of rockfish. They also have a large barbecue, and in the evening offer grilled meats and vegetables. Dining with your feet in the sand and an uninterrupted sea view. What more could you ask for?

En medio de la playa, muy conocido por su "Bullit", un guiso de pescado tradicional elaborado con diferentes variedades de pescado de roca. También tienen una barbacoa, y por la noche ofrecen carnes y verduras a la parrilla. Aquí puedes comer con los pies en la arena y una vista al mar espectacular. ¿Qué más se puede pedir?

⊛ Talamanca Club
C/ de Ses Feixes
Tel: 971.313.574

This is a great place to go with a large group and all the kids. They go and horse about on the beach and we all sit back, relax and enjoy the Italian menu of fresh pastas, pizzas, fish and grilled meats.
I always order the prawn and courgette pasta, which has a creamy sauce and is always cooked al dente. Open all year for lunch and dinner. Service can be slow but just get up and grab a waiter!

Éste es uno de nuestros favoritos en verano ya que es perfecto para venir en grupo con los niños. Los niños se van a explorar por la playa y nosotros nos descalzamos y disfrutamos de una deliciosa carta italiana con pastas frescas, pizzas, carnes y pescado a la brasa. Suelo pedirme la pasta de gamas y calabacín, que tiene una salsa suave y cremosa y siempre está al dente. Abierto todo el año, mediodía y noche. ¡El servicio puede ser un poco lento pero simplemente levántate y agarra al camarero!

⊛ The Fish Shack ♡
C/ Calandria, Sa Punta, Talamanca

My mum's absolute favourite and actually she gave it its name years ago...
To find it walk past Sa Punta restaurant...keep going...and there it is. They only serve the simplest dishes here. The fish is freshly caught that morning and the lamb chops are incredible, all served with a potato and tomato salad. Desserts and coffee are all local too. You can't book in advance unless you physically go there and reserve, which is classic old-school Ibiza! I like to grab a table and then go for a quick dip off the rocks right before eating.

El favorito de mi madre, venimos mucho aquí en verano. Para encontrarlo pasa el restaurante Sa Punta... sigue caminando... y ahí está. Un local muy sencillo donde sirven platos simples y deliciosos. El pescado fresco del día y las chuletas de cordero están riquísimas, todo servido con ensalada de patatas y tomate. Los postres y el café también son típicos de Ibiza. No puedes reservar a menos que vengas físicamente, ¡a la vieja usanza! Pero lo que más me gusta es coger una mesa y antes de sentarme a comer, pegarme un baño rápido desde las rocas.

✺ La Bodega Talamanca
C/ Ses Figueres, 18
Tel: 672.494.847
labodegaibiza.es

The 'sister' restaurant of La Bodega in Ibiza has settled here in a really nice location, with a shady terrace overlooking the bay of Talamanca and extremely pretty in the evenings. Known for its large choice of delicious tapas, good wines and great cocktails.

El restaurante hermano de La Bodega en Ibiza está situado en una zona muy bonita con una terraza sombreada y vistas a la bahía de Talamanca que es precioso para pasar una velada. Muy conocido por su larga carta de deliciosas tapas, vinos y cócteles.

✺ Sa Punta
Ctra. des Pouet, Talamanca
Tel: 971.193.424

Possibly one of the prime locations in the bay, this classy restaurant has a large roof terrace with a great view of Ibiza town. With daybeds for all-evening lounging and a chilled out soundtrack, it's the perfect place to watch the sunset after a day on the beach or a stunning location for a wedding, just ask our translator Sally.

Posiblemente tiene una de las situaciones más privilegiadas de la bahía, este elegante restaurante tiene una enorme terraza en su azotea con magníficas vistas a Ibiza ciudad. Con tumbonas para relajarse durante la noche y una banda sonora de chill out, es el lugar perfecto para contemplar la puesta de sol después de un día en la playa o un lugar magnífico para celebrar una boda, pregúntaselo a nuestra traductora Sally.

✺ Bar Restaurante Alegría
C/ de Talamanca/ C/ de Ses Feixes
Tel: 971.313.574

A little shack, right beside Hostal Talamanca that buzzes from early evening onwards as locals descend to drink sangria and listen to the Spanish guitarists who rock up most nights of the week. They have a big outdoor barbecue and a terrace which gets the sunlight most of the day. A lovely Spanish lady prepares meat on the grill outside, and apart from this they serve up fresh fish and other seafood - all fresh that day. Open all year for lunch and dinner, and inside there's a funky old bar with a few small tables.

Este chiringuito, justo al lado del Hostal Talamanca, se llena desde primera hora

> **IBIZA - TALAMANCA**

de la tarde en adelante con gente de Ibiza que desciende en masa para beber sangría y escuchar guitarra española en directo casi todas las noches de la semana. Tienen una gran parrilla al aire libre y una bonita terraza a la que le da el sol casi todo el día. Una encantadora señora prepara carne a la parrilla en la terraza, también sirven pescado y marisco, fresco del mismo día. Abierto todo el año para el almuerzo y cena. Dentro hay una barra vieja y divertida con unas pocas mesas pequeñas.

...sleep...dormir

✱ Hotel Simbad
C/ Ses Figueres, 22, Talamanca
Tel: 971.311.862
hotelsimbad.es

This place has been here forever - I remember staring up at it from the beach as a child. Perfectly placed on Talamanca's promenade and beach, it really has magnificent views of the Mediterranean and Dalt Vila. Inside you'll find a spa and heated pool, waterfall, sauna, Jacuzzi, and even a fully equipped gym.

Este hotel lleva aquí toda mi vida, recuerdo contemplarlo desde la playa cuando era pequeña. Al estar perfectamente situado junto al paseo de Talamanca y la playa, realmente presume de unas vistas magníficas del Mediterráneo y Dalt Vila. Dentro encontrarás un spa y una piscina climatizada, cascada, sauna, jacuzzi e incluso un gimnasio totalmente equipado.

✱ Hostal Talamanca
C/ de Talamanca
Tel: 971.312.463
hostaltalamanca.com

If you want to stay and sleep right by the beach, and affordably, this simple but sweet hostal ticks both boxes. Room prices range from just 35 euros. There's also free wi-fi, and a really nice restaurant with a terrace onto the beach.

Si quieres alojarte y dormir junto a la playa por un buen precio, este hostal simple pero simpático es perfecto. Los precios de las habitaciones van desde los 35 euros. También hay wi-fi gratuito y un restaurante muy bonito con terraza en la playa y vistas al mar.

✱ Destino Pacha Ibiza Resort
Carretera a Cap Martinet, 18
Tel: 971.317.411
destinoibiza.com

This luxury 'Resort' opened last summer and became the place to go for an outdoor, festival-style, DJ gig experience. The Resort sits perched up on the cliffs with sensational views of Dalt Vila across the dense blue bay of Talamanca. The pool area is very sophisticated with daybeds and Jacuzzis set around a gorgeous solarium. The restaurant serves all sorts, but I think the sushi is outstanding here. Be prepared to spend!

Este complejo de lujo abrió el verano pasado y se convirtió en el sitio de moda para eventos con DJs al estilo de los grandes festivales. Las vistas a Dalt Vila y la bahía azul de Talamanca son sensacionales y la zona de la piscina es sofisticada, con grandes tumbonas y jacuzzis alrededor de un extenso solarium. El restaurante sirve todo tipo de comida, y el sushi aquí es realmente excepcional. ¡Prepárate para gastar!

✱ Lux Isla
C/ Josep Pla, 1, Talamanca
Tel: 971.313.469
luxisla.com

This peaceful hotel is set back a bit from Talamanca bay, and is as popular in the winter as it is in the summer. It's affordable and clean. And I've heard that it's a great little weekend spot as it's walking distance from everything you need. You can hit the beach right outside and hire a windsurfer for the day or simply lounge on the sand.

Este hotel está situado en las calles traseras de la bahía de Talamanca, es un hotel muy asequible y limpio. He oído que es un alojamiento perfecto para el fin de semana y está a un paso de todo lo que necesitas, puedes cruzar a la playa que está justo al otro lado de la calle y alquilar una tabla de windsurf por el día o simplemente relajarte en la arena.

IBITHAR

IBIFA

IBITZA

IBISSA

EYEBITHA

FEBEESA

IBIZA

PUIG D'EN VALLS AND AROUND — LA ZONA DE PUIG D'EN VALLS

Puig d'en Valls is kind of no man's land for tourists and travellers, you'll forever feel like you're driving past it. But there are actually a couple of really noteworthy spots to check out.
To get there you drive out of Ibiza heading to San Antonio. Just after the first roundabout take the slip road on the right, signposted Puig d'en Valls. You will pass the Bfit Gym, brush the left side of the large electricity plant and pass under a bridge.

Puig d'en Valls es una especie de tierra de nadie para turistas y viajeros, siempre te sentirás de paso. Pero hay un par de sitios que merece la pena probar. Para llegar hasta aquí sales de Ibiza en dirección a San Antonio. Justo después de la primera rotonda toma la vía de acceso a la derecha, señalizado Puig d'en Valls. Pasarás el gimnasio Bfit, por la izquierda de la gran central eléctrica y debajo de un puente.

...eat..comer

✱ Es Cami Vell
C/ Vicente Marí Mayans, s/n
Puig d'en Valls, Ibiza
Tel: 971.316.665

I often grab lunch here with my daughter, who loves the canelones. It's always rammed with locals and they offer a three-course day meñu for under 12 euros. I normally have the fresh cheese salad, or the leg of lamb when I am extra peckish and take the bone home to my dog.

A menudo como aquí con mi hija, a quien le encantan los canelones. Siempre está repleto de gente local y ofrecen un menú de tres platos por menos de 12 euros. Suelo comer ensalada de queso fresco y pierna de cordero cuando tengo mucha hambre y me llevo el hueso a casa para mi perro.

✱ Oli Tapas
C/del Mar, 34, Puig d'en Valls
Tel: 971.315.951

This place opened last year, and has already got a great reputation.
Located right behind

Decathalon (described further on), it's set within a restored finca, and is all about exposed stone walls and wood. The locals love it, and mums and dads drop by for a snack before they pick up the kids from school.

Este local abrió el año pasado y ya se ha ganado buena reputación. Situado detrás de Decathlon (descrito en el texto siguiente), está ubicado en una finca restaurada con paredes de piedra y madera expuesta. A la gente del barrio le encanta, y las madres y padres vienen a tomarse un aperitivo antes o después de recoger a los niños del colegio.

...shops...tiendas

✹ Decathlon
Finca Sa Olivera, C/ del Mar, s/n
Tel: 971.318.088

This is a big warehouse-style sports shop, where you can get everything you need from masks and snorkels to tents, ski and hiking gear. There are also footballs and skateboards for the kids, and it's really affordable. Open until 10 pm!

Unos grandes almacenes de deporte donde puedes encontrar todo lo que necesites, desde gafas y tubos de buceo a tiendas de campaña y ropa para la escalada y esqui. También hay pelotas de fútbol y monopatines para los niños, y todo a muy buen precio. Abren hasta las 22 horas.

...the hardware store
...ferretería y más

✹ Fita
Avda. de Sant Joan de Labritja
Tel: 971.313.062
fitaibicentro.com

You can't miss this place as you drive into Ibiza town; it's on the main road opposite the big Eroski Supermarket before the roundabout into Ibiza town, standing proud with its silver facade. I love a rummage around a good hardware store, and this one has everything you need from TVs to blenders, coffee makers, pots and pans, light fittings, tools, drills, nails, garden stuff, paints…the list is endless.

No puedes pasar este sitio por alto cuando conduces hacia Ibiza ciudad, está frente al supermercado Eroski, ¡con su grandiosa fachada plateada! Me encanta pasearme por los pasillos de una buena tienda de bricolaje y ésta tiene todo lo que necesitas desde televisores a batidoras, cafeteras, ollas y sartenes, apliques de luz, herramientas, clavos, taladros, jardinería, pinturas… la lista es interminable.

The Gym
El Gimnasio

BFIT IBIZA SPORTS CLUB
Personally I am not a fan of the gym - we're surrounded by beaches and stunning countryside, so the whole idea of running on a machine weirds me out! However there's a good selection of group classes, including Zumba, pilates and spinning. They also have a really nice weights area with more than one body worth gawking at. They stick a DJ on the decks in the afternoon. Childcare facilities are another bonus here.

Personalmente no soy fan de los gimnasios, estamos rodeados de playas y campos, ¡así que la idea de correr en una máquina me parece extraña! Hay una gran variedad de clases en grupo, Zumba, Pilates y spinning. Además tienen una zona de pesas muy moderna y con más de un cuerpo al que merece la pena echarle el ojo. Por las tardes ponen a pinchar un DJ. Además tienen una pequeña guardería para niños.

C/ Metge Domingo Nicolau
Balançat, 4, Ibiza
Tel: 971.806.885
bfitibiza.com

IBIZA - JESÚS

JESÚS VILLAGE EL PUEBLO DE JESÚS

This growing village suburb is about ten minutes northeast of Ibiza town and is a short drive to Talamanca beach. Surrounded by residential streets and hills with pine forests. Jesús has a cosmopolitan air, thanks to a good selection of upmarket restaurants, shops, and even a gym.
In the center sits its main feature, the parish church, with it's painted arches which dates back to the 1400s with an impressive altarpiece within. The face of the Virgin Mary engraved on this rare masterpiece is considered to be one of the most beautiful pieces of medieval iconography in the Balearics.

Este pequeño pueblo a diez minutos al norte de Ibiza ciudad está cerca de la playa de Talamanca, y rodeado de una zona residencial y montañas de bosques de pino. Jesús tiene un aire cosmopolita, gracias a una buena selección de restaurantes, tiendas e incluso un gimnasio. En el centro se sitúa su monumento principal, la iglesia gótica, que data de 1400 y fue reconstruida un siglo después con un altar impresionante. El rostro de la Virgen María grabado en este monumento histórico ha sido considerado como una de las piezas más bonitas de la iconografía medieval en España.

...eat and enjoy
...comer y disfrutar

✱ El Deseo Jesús
C/ Cap de Martinet, 7, Jesús
Tel: 971.194.635
eldeseoibiza.com

This is a very new place in Jesús, it actually just openend and I snuck it in to this revised version of MY IBIZA because I liked the look of it and I love Mexican food!
They serve international cuisine with Mexican specialties, Tex-Mex along with a tapa bar. They are also a Mezcaleria with a Cocktail and Juice bar. So it's definately a new destination for me this summer.

Este es un lugar muy nuevo en Jesús, y lo he metido en está guía revisada de MY IBIZA porque me gustó su estilo y me encanta la comida mexicana.
Sirven especialidades mexicanas y internacionales, Tex- Mex, además de tapas. También son una Mezcaleria con un bar de cócteles y zumos. Ya os digo que será sin duda un destino nuevo para mí este verano.

✱ La Vineria
C/ Cap Martinet, 3, Jesús
Tel: 971.191.827
lavineriaibiza.com

I love good Italian food, and that's exactly what you get here – not surprising that my first visit was with an Italian friend. The anti-pasti is particularly good, especially the mussels with white wine sauce or the gratinéd aubergine with mozzarella and parmesan. They also do a great day menu.

Me encanta la comida italiana, y eso es exactamente lo que encontrarás aquí, creo que mi primera visita fue con un amigo italiano. El anti pasti es especialmente bueno, sobre todo los mejillones con salsa de vino blanco o la berenjena gratinada con mozzarella y parmesano. También sirven un menú del día magnífico.

✱ Carpe Diem
C/ Cap Martinet, 54, Jesús
Tel: 971.314.520

I go here for the pizzas from their oven, but if someone wants to share the T-bone steak for two it's also a favourite. My daughter always orders the spaghetti bolognaise, and licks the plate clean! The interior is cosy and out the back is a sweet chill-out garden. They advertise takeaway and delivery service, but it's worth checking if they go outside a 10km radius…

Vengo aquí para saborear las pizzas al horno, pero si alguien quiere compartir el chuletón para dos también es uno de mis grandes favoritos. Mi hija siempre pide espagueti boloñesa y lame el plato hasta que está limpio. Su interior es acogedor y en la parte trasera hay un jardín chill out muy dulce. Anuncian servicio para llevar y entrega a domicilio, pero merece la pena averiguar si se salen de un radio de 10km…

✱ Bon Lloc
Ctra. Sta. Eulalia, Jesús
Tel: 971.311.813

Bon Lloc is located directly on the roadside facing the church, with screaming scooters, trucks and cars tearing past. But it's worth stopping off for the great Ibicencan tapas, and extensive lunch and dinner menus. They do a good paella on Sundays, and the waiters are always lovely as they serve you on the wraparound terrace. A great spot to watch the world go by.

Bon Lloc está situado justo al lado de la carretera frente a la iglesia, con motos, camiones y coches estridentes pasando siempre a toda prisa. Pero merece la pena pararse aquí para probar sus magníficas tapas ibicencas y una extensa carta tanto para comer como para cenar. Hacen una paella fabulosa los domingos y los camareros son encantadores mientras te sirven en su envolvente terraza. Un lugar magnífico para ver el mundo pasar.

✱ Avalon Lounge & Restaurant
C/ del Faisà 8, Jesús
Tel: 971.192.716
avalonibiza.com

A little Thai place at the back of Bon Lloc, it's comforting to know that you can get a decent Tom Kha Gai soup, green curry or masaman on the island. This place is more of a bar disguised as a restaurant, and the kitchen is open until late. The cocktail list is not to be sniffed at either, so get yourself a Cosmo while you wait for your exotic order.

Un pequeño restaurante tailandés justo detrás del Restaurante Bon Lloc, es bueno saber que puedes tomarte una sopa Tom Kha Gai, un curry verde o un curry masaman decente en la isla. Este lugar es más un bar disfrazado de restaurante, y la cocina está abierta hasta tarde. No hay que hacerle ningún desprecio a la carta de cócteles, así que pídete un Cosmo mientras esperas tu exótico pedido.

✱ Canadian
C/ Faisán, 8, Jesús
Tel: 971.194.881
canadiancoffeeculture.co

At the famous Jesus fork sits the island's answer to Starbucks.
I love the healthy snacks and juices with supplements of your choice that make a really healthy start to the day. But if you are a coffee buff then the espresso here is considered the best on the island, and they have nice cakes too!

En el famoso cruce de Jesús se asienta la respuesta de Ibiza a Starbucks. Me encantan los aperitivos y zumos sanos con suplementos de tu elección que hacen que empieces el día de forma sana. Pero si eres adicto al café entonces el café solo aquí es considerado el mejor de la isla y además tienen buena repostería.

✱ San Francisco
C/ Cap Martinet s/n, Jesús
Tel: 971.193.319

The terrace here is always buzzing with a mix of local residents. They serve good food at great prices, have international staff, are open til late. I love their ham-and-cheese toasted sandwiches.

CLOSED - CERRADO

La terraza aquí siempre está repleta con una mezcla de residentes de la isla, sirven comida buena y a buen precio, tienen un personal muy internacional y está abierto hasta tarde. ¡Me encantan sus sándwiches calientes de jamón y queso!

✱ Ascua
C/ Faisán, 8, Jesús
Tel: 971.194.881
ascua.es

This place comes highly recommended by my friend the musician Lenny Ibizarre.
The name "Ascua" refers to the embers of their wood oven and grill, where all is created. On entering you will see a huge blackboard that changes daily depending on what's fresh, and they also have exquisite tapas and an extensive wine list.

Mi amigo Lenny Ibizarre recomienda este sitio encarecidamente. Su nombre "Ascua" se refiere a las brasas de su horno y parrilla de leña, donde se prepara todo. Al entrar verás una enorme pizarra que cambia diariamente dependiendo de lo que tengan fresco y además tienen tapas exquisitas y una carta de vinos muy asequible.

✱ Marc's Restaurante
Ctra. Cala Llonga Km 0,6, Jesús
Tel: 971.316.245
restaurante-marcs-ibiza.com

You'll find this place as you leave Jésus, headed north on the road to Cala Llonga. Tastefully decorated, it has a really good reputation and while I haven't been for years, friends say it's amazing. With a pretty garden at the back and a cosy atmosphere, it generally draws a chic crowd, and while its not cheap neither are prices extortionate.

Encontrarás este restaurante a la salida de Jesús, en dirección al norte por la carretera a Cala Llonga. Decorado con gusto, tiene muy buena reputación y aunque hace años que no voy, mis amigos dicen que es increíble. Con un bonito jardín atrás y una atmósfera acogedora, generalmente atrae a una clientela chic, y aunque no es barato, sus precios no son desorbitados.

...shops...de compras

✱ Rita Savor
**C/ Cap Martinet,
Edificio Balcón de Jesús II
Tel: 971.190.305**

I swing by here often on Saturday morning to grab some fresh croissants for breakfast with friends. Their homemade quiches and pies are a great addition to that picnic you planned, or to take away for dinner later on. The lemon meringue pie is divine...

Suelo venir aquí habitualmente los sábados por la mañana para comprar croissants frescos para desayunar con mis amigos. Sus quiches y hojaldres caseros son una deliciosa aportación para ese picnic que estás planeando, o para la cena más tarde. La tarta de limón y merengue es divina...

✱ Carnicería JR Can Español
**C/ des Cap Martinet s/n, Jesús
Tel: 971.300.269**

Whenever I drive past this place I chuckle at the bloody logo that must scare away nearly all vegetarians. This butcher stocks not only meat and cold cuts, but also local products (vegetables, bio organic eggs, baskets, hats...) and a great selection of top-brand delicatessen and wine. Everything you need, actually!

Cuando paso en coche por delante de esta tienda su logotipo de sangre me hacer reír un montón ya que debe de ahuyentar a la mayoría de vegetarianos. Esta carnicería no sólo vende carne y fiambres, también productos locales (verduras, huevos payeses, cestas, sombreros…) y una gran selección de las mejores marcas de delicatesen y vino. ¡Todo lo que necesitas!

✱ Ferretería Clapés Guasch
**Local 3, Jesús
Tel: 971.313.276**

I love a hardware store and think it's important to know which towns or villages have a good one. This has everything from paint, brushes and broomsticks to nails and anti-fly curtains. A very practical treasure trove!

Me gustan las ferreterías y pienso que es importante conocer qué pueblos o municipios tienen una buena. Aquí hay de todo, desde pintura, cepillos y escobas hasta clavos y cortinas anti moscas. ¡Una cueva del tesoro muy práctica!

✱ Comestibles Can Pascual
**Ctra. Cala Llonga, Jesús
Tel: 971.310.528
can-pascual.com**

Everyone in a 10km radius's favourite little supermarket. They seem to sell virtually everything you could possibly need, as well as fresh bread and plenty of organic produce. The shop also has a newsagent stuck to the side of it, so its great for a Sunday morning shop followed by the morning papers and magazines.

El pequeño supermercado favorito de todo aquel que vive a un radio de 10km. Parece que venden virtualmente de todo lo que podrías necesitar, además de pan fresco y montones de productos ecológicos. La tienda también tiene una papelería anexa, así que es perfecta para hacer la compra los domingos por la mañana seguido de la compra de los periódicos y alguna revista.

✱ Clínica Veterinaria Jesús
**C/ Faisán 4, Jesús
Tel: 971.312.929
Emergency Tel: 649.984.777**

This little vet practice is located in a cute small house at the back of Jesús village, -you go down the side of Bon Lloch on Carrer Faisan and then turn right. The people who run it are always very attentive and helpful, and stock cat and dog food as well as flea repellants and medicines.

Esta pequeña clínica está situada en una casita detrás del pueblo de Jesús, bajando por el lateral de Bon Loch por la Calle Faisán, y tomas la primera calle a la derecha. La gente que la regenta es encantadora y muy amable, y además venden comida de gatos y perros y medicinas.

...Jesús »Talamanca...

❊ Ses Torres
C/ de Jesús > Cap Martinet
Tel: 971.318.932

I lived in the vicinity of Talamanca for many years, and this little roadside eatery became a handy stop off to grab a takeaway on the way to the beach, usually the potato omelette or even better their rotisserie chickens which are the best on the island. If you're eating in, it has a shaded little beer garden and generally football on the TV inside.

Yo vivía en la zona de Talamanca durante muchos años y este pequeño restaurante en la carretera era muy útil cuando quería comida para llevar, normalmente me pido tortilla de patata o incluso pollo a l'ast, que es el mejor de la isla. Si prefieres sentarte a comer, tiene un pequeño jardín a la sombra y fútbol en la tele de dentro.

S'ESTANYOL BEACH Playa de S'Estanyol

My parents had a Renault 4 that my dad had taken off the side and back doors, and we would drive here every afternoon after lunch with our dog running behind. The beach hasn't changed since then, and the dusty track is pure Ibiza to me. It's not a sandy beach, more a seaweed one, but if you get here early you can grab a fisherman's hut and set up camp for the day.

Mis padres tenían un Renault 4 al que mi padre le había quitado todas las puertas e íbamos aquí todas las tardes después de comer, con nuestro perro corriendo detrás. Esta playa no ha cambiado nada desde entonces, y para mí el camino polvoriento es parte de la Ibiza auténtica. No es una playa de arena, más bien es de algas, pero si llegas pronto puedes colocarte bajo una caseta y pasar el día.

PK2
Playa de S'Estanyol
Tel: 971.187.034

This little beach restaurant on S'Estanyol beach, Has a truly authentic Ibiza vibe. The food is good, my mum loves their pizzas that are thin and crispy, and they play a deep housey kind of music which I just love.

Este pequeño chiringuito en la playa de S'Estanyol, tiene un ambiente ibicenco auténtico. La comida es buena, con pizzas crujientes y ponen música tipo deep house que me encanta.

The hard, spiny truth about sea urchins
(Echinodermata)

These guys are like small black hedgehogs of the sea, and sit underwater on rocks often just below sea level. They have nasty spines that break off into your skin when trodden on. Painful!
Common colors include black and dark tones of brown, purple, blue and red, and they move very slowly, feeding mostly on algae. Their roe is a delicacy in many cuisines, especially French. My mum and dad always loved to break their shells open and spoon the roe out and eat it raw on the beach...(yuck!)

La dura y afilada verdad sobre los erizos de mar

Estas criaturas se sientan en las rocas bajo el mar, muy a menudo justo por debajo del nivel del mar. Tienen unos pinchos puntiagudos que se clavan en la piel cuando los pisas. ¡Muy doloroso! Sus colores habituales son negro y tonos oscuros de marrón, violeta, azul y rojo, se mueven lentamente y se alimentan mayoritariamente de algas. Sus huevas son una delicia en muchas cocinas, especialmente la francesa. A mis padres les encantaba romper la cáscara y sacar las huevas con la cuchara y comérselos crudos en la playa... (¡puaj!)

Desde aquí parece no haber nada...

LOOKS FINE FROM HERE

THESE GUYS ARE VERY PAINFUL

¡¡¡Estos tipos duelen un montón!!!

* To remove the spine: Soak the affected area in warm water and with a needle break the skin surface around the top where the spine went in. Keep soaking, and eventually the spine will come out.
Para quitar la espinita: Remojar la zona afectada en agua caliente y con una aguja romper la capa de piel por encima de donde entró la espina. Remojar de nuevo. Poco a poco saldrá la espina.

5 THINGS YOU SHOULD DO
5 COSAS QUE DEBERÍAS HACER CUANDO ESTÉS AQUÍ

1. Picnic at a cove at the end of Salinas Beach
Hacer un picnic en una de las calitas al final de Salinas

2. Paella at Sa Caleta (p.77)
Paella en Sa Caleta

3. Sunset at Cap d'es Falcó (p.75)
La puesta de sol en Cap d'es Falcó

4. Discover Atlantis and the magic of Es Vedrà (p.83)
Descubrir Atlantis y la magia de Es Vedrà

5. Shop in San Jordi Market on a Saturday
Ir de compras al mercadillo de Sant Jordi un sábado

THE SOUTH: THE VILLAGES + THEIR BEACHES
EL SUR, LOS PUEBLOS Y SUS PLAYAS

The southern coast of Ibiza is often the most popular with tourists. It's easy to get to, and the beaches have calm seas, long stretches of sand and views across to Formentera island. The largest sand dunes are found here and there are some world class restaurants dotted along the largest beaches. Hotels, restaurants and shops are also plentiful in the cluster of towns in the South.

La costa sur de Ibiza suele ser muy popular entre los turistas. Es de fácil acceso y las playas tienen aguas tranquilas, largos tramos de arena y vistas a la isla de Formentera. Aquí puedes encontrar las dunas de arena más grandes y también hay restaurantes famosos esparcidos a lo largo de estas grandes playas. Hay montones de hoteles, restaurantes y tiendas en este conjunto de pueblos del sur.

Playa d'en Bossa

One of Ibiza's longest and whitest beaches on the southwestern coast, now famous for its raucous tenant Ushuaïa, with its infamous daytime parties. It's a shame about the high-rises that have built up over the years, but right at the far end you can still find a few peaceful dunes.

Una de las playas más largas y blancas al suroeste de Ibiza que es ahora famosa por su ruidoso vecino, Ushuaïa, y sus famosas fiestas alrededor de la piscina. Es una lástima que se construyeran edificios tan altos aquí, pero al final hacia la derecha todavía puedes disfrutar de sus dunas.

...eat & drink / comer y beber...

✻ Clandestino
C/ Pablo Picasso, 22
Playa den Bossa
Tel: 653.374.095

I discovered this place in the winter thanks to Charles from Bar 1805 and I loved it. Set in a little house at the back of Playa d'en Bossa, there's no view but it's all about the vibe created by friendly Pier Paolo and Sabrina who run this little gem. I love the Moules (mussels) or the lobster burger with chips.

Gracias a Charles de Bar 1805, descubrí este restaurante este invierno y me encantó. En una pequeña casa en las calles traseras de Playa d'en Bossa, no hay vistas pero la comida está deliciosa y Pier Paolo y Sabrina que lo regentan son encantadores. Me encantan los mejillones o la hamburguesa de langosta con patatas.

IBIZA - SOUTH SUR

✺ Passion
C/ de Platja den bossa
Tel: 971.305.130

Lana Love has created an undisputed top health restaurant here on this touristy strip- and right in the middle of the crazy Bossa strip! Offering a wealth of raw, vegan, vegetarian and gluten-free options, as well as a varied selection of juices and smoothies, I love her pumpkin, feta, broccoli and rocket salad and when I am extra-starving I have her not-so-healthy full English breakfast that comes with sausages, bacon, hash browns and baked beans!
Only open in summer.

Lana Love ha creado este restaurante indisputablemente saludable en Ibiza y en plena locura de la zona de Playa d'en Bossa. Ofreciendo platos veganos, vegetarianos y sin gluten, además de una gran selección de zumos y batidos. Me encanta su ensalada de calabaza, feta, brócoli y rúcula, pero cuando de verdad tengo hambre me planto aquí y pido su desayuno inglés que viene con habas, huevos, bacon, salchichas, tostada y todos los extras. Solo está abierto en verano.

...sleep...a bit
dormir...un poco

✺ Hotel Garbi
C/de la Murtra, 5, Playa d'en Bossa.
Tel: 971.300.007
hotelgarbi-ibiza.com

Recently renovated to a four-star standard, this place is colourfully lit with fluorescent pink against black-and-white furnishings for a very futuristic look. Rooms are simple but elegantly done, and face either the sea or the large pool and sun-deck. There's also a spa and onsite nightclub, MOMA, which has one of those 1970s lit-up dance floors.

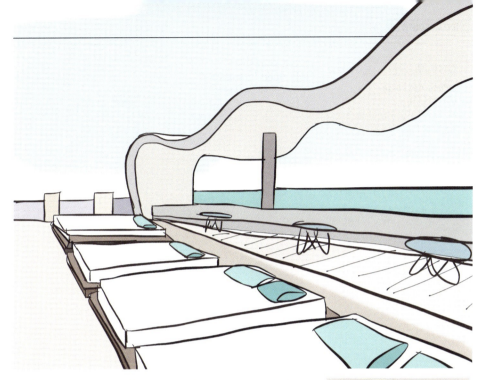

Recientemente reconvertido en un hotel del nivel de cuatro estrellas, este lugar está iluminado con luces fluorescentes rosas contrastando con mobiliario blanco y negro para un aspecto futurista. Las habitaciones son amplias pero han sido elegantemente decoradas, y miran hacia el mar o hacia la enorme piscina y solárium. Hay un spa y una discoteca, MOMA, que tiene una de esas pistas iluminadas al estilo de los años 70.

✳ Santos Ibiza Coast Suites
C/ Bruc, 3 - Playa d'en Bossa
Tel: 971.301.023
santosibizacoastsuites.com

Located directly on the beach with direct access to the sand, Santos is luxurious, fun and youthful. It has an arty decor, turquoise touches throughout and a rock 'n' roll vibe. All the suites are named after saints, there's an onsite club, amazing views of the Med and a large pool area with day beds and loungers. Situado en la playa con acceso directo a la arena, Santos reúne todo lo bueno de la tradición ibicenca y lo pasa por un filtro de lujo relajado. Ofrece una experiencia hipermoderna de boho-chic, decoración vanguardista con toques vintage, actitud rock & roll y un poco de magia. Todas las suites reciben el nombre de santos, hay un club dentro, increíbles vistas al Mediterráneo y una gran zona de piscina con tumbonas y hamacas.

✳ Useful Shop / Una tienda útil

LA SIRENA
A shopping centre in the heart of Playa d'en Bossa. It's on the main street and stocks absolutely everything- except food.
Un centro comercial que está en el centro de Playa d'en Bossa, en la calle principal. Venden absolutamente de todo excepto comida.

C/ Murtra, 4, Playa d'en Bossa
Tel: 902.404.085
lasirenaibiza.com

IBIZA - SOUTH SUR

Es Cavallet

Wilder and wavier than Salinas, this beautiful beach backed with rambling dunes has views of Ibiza town and Formentera. On a calm day the sea is outstanding, but it can get quite seaweedy when the winds are up.

Más salvaje y oleada que Salinas, esta preciosa playa con dunas tiene vistas a Ibiza y Formentera. En los días de calma el mar está impresionante, pero puede haber bastantes algas cuando se levanta el viento.

...shopping...de compras...

✱ Boheme Shop
Parking, Es Cavallet
Tel: 871.395.839

OK, if you've come straight from the airport, you park, hand over your keys (they have valet parking), head to the shop in the car park, choose a sarong, beach basket, bikini, hat and some sun screen, and you're ready to hit the sand!

Si vienes directo del aeropuerto puedes aparcar aquí, darle las llaves al aparcacoches, dirigirte directamente a la tienda en el parking a comprar un pareo, un cesto de playa, un sombrero y crema solar, ¡y estarás listo para la playa!

...eating & drinking... comer y beber...

✱ El Chiringuito
Es Cavallet
Tel: 971.395.485
elchiringuitoibiza.com

Unbeatable for its white-washed, shady dining areas at the back, everyone should experience this place at least once. The seafood is superb and lunches always lead into the evening.
As you arrive you will be drawn into their little shop, which sells gorgeous kaftans and jewellery as well as lots of other fabulous stuff.

Incomparable por su zona de comedor blanca y sombreada, todos deberían probar este restaurante aunque sólo fuera una vez. El marisco está delicioso y las comidas aquí siempre acaban con sobremesas hasta tarde. Cuando llegues te atraerá su pequeña tienda, con preciosas túnicas, joyería y aceites nutritivos, además de otros artículos fabulosos.

✱ La Escollera
Es Cavallet
Tel: 971.396.572
laescolleraibiza.com

My friend Danny, who I worked alongside years ago in the Ibiza club scene, runs this famous restaurant. It has stunning views over the deep blue to Formentera, chic Balinese inspired decor and bouganvilleas around the tables. Not to be missed. Try the grilled sardines or the T-bone steak. It's open all winter too.

Mi amigo Danny, con quien trabajé durante años en la noche de Ibiza, regenta este famoso restaurante. Con impresionantes vistas a Formentera, decoración balinesa muy chic y buganvillas rodeando las mesas, no debes perderte este sitio. Prueba las sardinas a la parrilla o el chuletón. Está abierto todo el invierno.

SAN JORGE TOWN — EL PUEBLO DE SANT JORDI

This residential suburb near the airport has a few restaurants and bars and some shops It's also a must if you like your buildings, as the majestic 15th-century church is the best preserved of the four oldest on the island. It's surrounded by a gorgeous courtyard with flowers and palm trees and next door you'll find the charming village cemetery.

Este pueblo residencial cerca del aeropuerto tiene algunos restaurantes y bares y está bien para comprar. Debes visitarlo si te gustan los edificios antiguos, ya que la majestuosa iglesia del siglo XV es la mejor preservada de las cuatro en la isla. Rodeado de un precioso patio con flores y palmeras, a su lado encontrarás el pintoresco cementerio del pueblo.

...eat & enjoy / comer y disfrutar...

✱ Vinyl Burger
Ctra. del Aeropuerto 31, Sant Jordi
Tel: 971.395.935
vinylburgeribiza.com

The tastiest possible comfort food comes courtesy of Larry from Barcelona and Pablo from Ibiza. They do the best best home made chips on the island and a variety of gourmet burgers and salads, while their USP is high-quality local produce. A DJ also spins old-school vinyl every night. Their 'broken eggs on sautéed potatoes with black pudding' is the most delicious and effective way to cure a hangover ever invented!

La comida más sabrosa viene de la mano de Larry de Barcelona y Pablo de Ibiza. Hacen las mejores patatas fritas caseras de la isla y una variedad de hamburguesas y ensaladas gourmet, mientras que su argumento de venta es la gran calidad de sus productos locales. Un DJ también pincha vinilos antiguos cada noche. Sus huevos rotos con patatas y butifarra están riquísimos y es la forma más eficaz de curar una resaca.

✱ Ferretería FSJ St Jordi
Ctra. Aeropuerto Km 3, 9
Tel: 971.395.646

A one stop shop for household essentials like mosquito net kits, painting paraphernalia, and basic bathroom and kitchenware, they also do key-cutting here. Run by Josefa and her daughter Lina, you'll find all that can be expected from a regular DIY shop, but with a female touch.

Una tienda para todos los esenciales domésticos como mosquiteras, pintura y toda su parafernalia, básicos para el baño y la cocina, y también hacen copias de llaves. Regentado por Josefa y su hija Lina, encontrarás todo lo que esperas de una tienda de bricolaje habitual pero con un cierto toque femenino.

The church was built in the 15th century for the people who worked collecting salt at the lagoons and cultivating the fields.
La Iglesia fue edificada en el XVV para las personas que trabajaban recogiendo la sal en los estanques y cultivando los campos.

FLEA MARKET
MERCADILLO
SAN JORGE / SANT JORDI

Every time I come here I think, "where do all these people come from?" And it's busier in the winter! It's really more of a vast hippy car-boot sale than a flea market, so put a few hours aside to visit. Get here early to grab the best bits, but if you want the real bargains wait until the end.

Siempre que vengo aquí pienso, "¿de donde sale toda esta gente?". ¡Y en invierno está aún más abarrotado! Es más un mercadillo hippie que un rastro, así que reserva un buen par de horas si quieres visitar este lugar. Ven pronto para hacerte con los mejores artículos, pero si quieres gangas espérate hasta el final.

Carretera Aeropuerto, San Jordi.
Tel: 971.396.669
Saturdays/sábados: 7-14h

✱ Heladería St Jordi
Ctra Aeropuerto, Edificio Las Olas
Tel: 971.599.566

An ice-cream parlour that's also much more! Owners Luca and Elise are lovely, while Luca trained at the famous University of Flavours in Italy. All their ice-creams are made daily on the premises and contain zero chemicals and dyes, while vegans will be happy that all the fruit flavours are made with soya instead of cows milk. The fabulous jazz you often hear is courtesy of Elise's musician father.

Una heladería y mucho más. Los propietarios Luca y Elise son encantadores, y Luca estudió en la a Universidad de los Sabores en Italia. Todos sus helados están hechos cada día en el mismo establecimiento y no contienen químicos o colorantes, y los veganos estarán contentos ya que todos los helados de frutas están hechos con leche de soja y no de vaca. El jazz fabuloso que a veces escuchas aquí es del padre de Elise, que es músico.

✱ Tabac St Jordi
Ctra. Aeropuerto 61 B, Sant Jordi
Tel: 971.396.589

A well stocked tabacco shop, and good to know if you're heading to the airport as it's on the same road if you come off at the Sant Jordi exit. They also sell postcards, stamps and educational children's toys for those last-minute gifts. Stationary fetishists beware, as it's a veritable treasure trove.

Este estanco está bien abastecido, es bueno saberlo si estás de camino al aeropuerto, ya que está en la misma carretera en la salida a Sant Jordi. Además venden postales, sellos y juguetes educativos para regalos de último minuto. Los fetichistas de la papelería estáis advertidos, es una verdadera cueva del tesoro.

✱ S'Hortet Verd
C/ dels Pirineus, 11, San Jordi
Tel: 971.308.030
shortetverd.info

This is a handy organic supermarket and café that sells all your health pantry needs, a wide selection of bio fruit and veg and also offers breakfasts, fresh juices, and a selection of yummy vegetarian meals. There's a playground for the kids and wifi for you, as well as holistic medical advice and even massage.

Este supermercado ecológico y cafetería vende todos los productos ecológicos que puedas necesitar, una gran selección de fruta y verdura orgánica, además ofrece desayunos, zumos naturales y una selección de comida vegetariana. Hay un parque para niños, Wifi y ofrecen masajes y consejos médicos holísticos.

SAN FRANCISCO VILLAGE — EL PUEBLO DE SANT FRANCESC

The little church of Sant Francesc de s'Estany is located within the Nature Reserve of Ses Salines. It was built in the eighteenth century to serve the salt workers. This tiny village centres around the church, a very simple building next to the salt flats, with a stone shield on the façade and a small forecourt.

Esta pequeña iglesia de San Francesc de S'Estany está situada dentro del Parque Natural de Ses Salines. Fue construida en el siglo XVIII para servir a los trabajadores de las salineras. Este pueblecito se centra alrededor de la iglesia, un edificio simple, pegado a las salineras con un escudo de piedra en su pared y un pequeño patio.

✱ San Francisco Bar
Ctra. de Ses Salines, Km 2.5,
San Francisco
Tel: 971.940.174

Cecilia and Martín, a fun-loving and devoted Argentinian couple, own this really cute restaurant which feels as much like a private garden as a business, with palm trees and flowers everywhere. The herby and spicy menu is a mix of international fare and a welcome break from the prices on Salinas beach. Home-made raviolis, Mexican quesadillas, and finely roasted pink beef served with toasted tomato bread are their best sellers along with incredibly generous burgers and to-die-for home-made deserts. They also have wifi.

Cecilia y Martín, una pareja argentina amante de la diversión es la propietaria de este coqueto restaurante que parece más un jardín privado que un negocio, con palmeras y flores por todas partes. En la carta predominan las hierbas aromáticas y especias condimentando una mezcla internacional de platos. Además es un respiro a los precios desorbitados de la playa de Salinas. Raviolis caseros, quesadillas mexicanas y ternera asada servida sobre pan tostado con tomate son sus especialidades junto a sus grandes hamburguesas y postres caseros que están para morirse. Tienen Wifi.

The Sculpture / La escultura

Near the church of San Francisco is a striking bronze sculpture by Pedro Hormigo, a tribute to the hardiness of the workers who extracted salt and carried it on their shoulders in the late 17th century. It stands facing the salt, contemplating the spectacular sunsets here.

Junto a la iglesia de Sant Francesc está la llamativa escultura de bronce de Pedro Hormigo, un tributo al sufrimiento de los trabajadores que extraían la sal y la cargaban a sus espaldas a finales del siglo XVII. Está situada mirando a las salineras y contemplando las espectaculares puestas de sol que hay aquí.

passion

MAKING HEALTHY LIVING DELICIOUS

SINCE 2002

PASSION MARINA   PASSION SANTA EULARIA   PASSION PLAYA D'EN BOSSA   PASSION BFIT

Cap d'es Falco

This strip of pebbles between the sea and the salt flats gets the sunset every evening in a glorious explosion of colours. If you're on a budget, bring your own bottle of bubbly and enjoy the sundown here otherwise grab a spot at the gorgeous Experimental Beach Restaurant.

Desde este largo tramo de guijarros entre el mar y las salineras puedes ver la puesta de sol cada tarde en una gloriosa explosión de colores. Si tienes poco presupuesto, llévate tu propia botella de cava y disfruta de la puesta, por el contrario reserva una mesa en el Restaurante Experimental Beach.

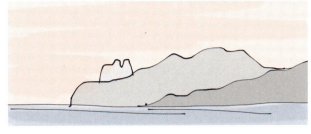

Experimental Beach
Playa d'es Codolar, Salinas
Tel: 664.331.269

The chic bohemian terrace overlooking the sea and sunset is simply a-mazing. I feel like I'm repeating myself at times when I go on about the sunsets, but here they really are out of this world. The restaurant serves French-based cuisine and isn't cheap, but with the view and live music it's worth every penny.

La terraza chic y bohemia con vistas al mar y a la puesta de sol es simplemente alucinante. A veces siento que me estoy repitiendo cuando hablo de las increíbles puestas de sol, pero aquí realmente son algo fuera de este mundo. El restaurante sirve cocina francesa y no es barato, pero junto con la vista y la música en directo vale cada céntimo.

IBIZA - SOUTH SUR

Las Salinas

Ibiza's most famous beach, Salinas, stretches far... and is edged with low-lying woods and dunes. It transforms into a series of little rocky coves before reaching the old watchtower at the far end.. It's a lovely walk in the winter, and the beach is absolutely heaving in the summer due to its selection of beach restaurants.

Salinas es la playa más famosa de Ibiza, se extiende larga distancia y está flanqueada por pequeños bosques y dunas. La playa se transforma en pequeñas calitas a medida que vas acercándote a la torre de vigía. El paseo hasta la torre es precioso en invierno y por supuesto, la playa está a tope en verano debido a su selección de restaurantes.

✱ Jockey Club
Playa de Las Salinas
Tel: 971.395.788
jockeyclubibiza.com

The Jockey Club family are very close to my heart, and I've spent many a weekend here enjoying their company and food.
If you want to treat yourself, get a lounger and settle in for the day with the DJ playing deep house in the background, fresh fruit smoothies and cocktails and an amazing all-day menu. Don't forget to take a peek at the little shop before you leave: their polo shirts and beach towels with their logo on are Ibiza classics.

Le tengo mucho cariño a la familia del Jockey Club y he pasado muchos fines de semana aquí disfrutando de su compañía y su comida. Si quieres darte un capricho, reserva una hamaca y quédate todo el día disfrutando del sonido deep house sonando desde la cabina del DJ. Tienen batidos y cócteles de fruta fresca y una carta deliciosa todo el día. No te olvides de echar un vistazo en su tienda antes de irte, los polos y las toallas con su logo son clásicos de Ibiza.

✱ Sa Trinxa
Playa de Las Salinas
Tel: 637.826.183
satrinxa.com

A total old school classic, I go here when I want to spend the whole day at the beach, but not necessarily on it. At the very end of Salinas beach, it's a bit of a walk but worth every step. Take a mask and snorkle, because the sea-life here is mental, fish are very friendly and the water translucent. And all with Jon Sa Trinxa's signature Balearic tunes in the background. Bring some extra cash for the boutique, which manages to nail all the trends each summer.

Un clásico de siempre, vengo aquí cuando quiero pasar el día en la playa, pero no necesariamente en la arena. Situado al final de la playa de Salinas, hay que caminar un poco pero merece la pena cada paso. Llévate unas gafas y tubo de bucear, porque la vida marina aquí es alucinante,

los peces son muy chulos y el agua es translúcida. Y todo con los temas baleáricos característicos de Jon Sa Trinxa de fondo. Trae dinero extra para la boutique, que consigue acertar con las tendencias de cada temporada.

✺ Boutique Hostal Salinas
Ctra. Sa Canal, Las Salinas
Tel: 971.308.899
hostalsalinas.com

This place is a popular spot for locals and regular visitors. The owners and long-time island residents Duesi, Anita and David have done an amazing job and if I was coming for a fun, beachy holiday I would certainly stay here. Just a three-minute walk over the dunes to Salinas beach, they do good value, yummy food and the laid-back, party atmosphere means it's perfect for après-beach sessions on the terrace.

Este hostal es famoso entre los lugareños y los visitantes habituales. Los propietarios y viejos residentes de la isla, Duesi, Anita y David han hecho un trabajo increíble con este sitio. Si viniera para unas vacaciones de playa, me hospedaría aquí seguro. A tan sólo tres minutos a pie de la playa cruzando las dunas de Salinas, aquí hacen comida deliciosa a buen precio y su ambiente de fiesta relajada lo convierten en un lugar perfecto para una sesión después de la playa.

✺ Can Pep Tixedó
Ctra. de Las Salinas

This unprepossessing supermarket near the exit to Es Cavallet is a gem. Stop en route to the beach for home made sandwiches, Argentinian pasties - or even a lilo! They tend to be quite busy so be prepared to wait your turn at the till.

Este deslucido supermercado cerca de la salida de Es Cavallet es una joya. Párate de camino a la playa para un buen bocadillo, empanadas argentinas, ¡y hasta una colchoneta! Suele estar lleno así que prepárate a esperar tu turno en la caja.

✺ Can Salinas
Ctra. de Las Salinas, Km3.7
Tel: 971.396.563

As you drive to Salinas or Es Cavallet Beach you will spot this little farmhouse just near the road. Manel is the king of the Fideua (noodle paella), as the sign for this place suggests! A great pitstop before a lazy afternoon at the beach.

En la carretera a Salinas o Es Cavallet verás esta pequeña finca cerca de la carretera. Manel es el rey de la fideuà, como sugiere el cartel de este sitio. Perfecto para comer después de una tarde larga en la playa.

...past the airport... pasado el aeropuerto...

✺ Restaurante Sa Caleta
Platja d'es Bol Nou, Sa Caleta
Tel: 971.187.095

Go right around the little roundabout as you leave the airport and follow the stunning coastal road. Restaurante Sa Caleta has a little pebble beach in front with red cliffs, and, open all year, their fish and rice dishes are to die for. Nearby you'll find the remains of the first Phoenician settlement on the island. I myself like to dive in for a quick swim before I sit down to an array of seafood starters followed by a fideua (noodle paella). And they're open until 1am!

Gira alrededor de la pequeña rotonda al salir del aeropuerto y conduce junto a la costa oeste por un tramo precioso. El restaurante Sa Caleta está bien señalizado y se refugia entre dos acantilados de tierra rojiza, con una pequeña calita de piedras en frente. Está abierto todo el año. Sus platos de pescado y arroz están de muerte. Cerca encontrarás unas ruinas arqueológicas que son los restos del primer asentamiento fenicio de la isla. A mí me encanta pegarme un baño en el mar seguido de una selección de entrantes y una fideuà.

IBIZA - SOUTH SUR

Cala Jondal

This beach gives you a choice of pebbles or sand. There are a few chiringuitos to choose from, all with a mixed clientele - some more low-key than others, some for the party crowd and others for the foodies. Take your pick and enjoy the view as the yachts roll in.

Esta playa te da a elegir entre cantos rodados y arena. Hay varios chiringuitos para elegir, todos con una clientela mezclada, algunos más relajados que otros, algunos más fiesteros y otros más gastronómicos. Escoge y disfruta de las vistas y de los yates anclar aquí uno tras otro.

✹ Tropicana
Cala Jondal
Tel: 971.187.520
tropicanaibiza.com

At the far right of Cala Jondal beach you can sit under the shade of the pines and order endless jugs of Sangria. Try the fried baby squid and after lunch have an amazing massage. There's also a fab little boutique where it's hard not to spend.

En el extremo derecho de Cala Jondal puedes sentarte a la sombra de los pinos y pedir infinitas jarras de sangría. Pídete los chipirones fritos y luego date un increíble masaje. También tienen una boutique donde es difícil no comprarse algo.

✹ Es Savina
Cala Jondal
Tel: 971.802.766 - 674.404.645

Lovely Susie from Yoga Retreats recommends this little place, and she's so right! It sits between the more pricey restaurants on Cala Jondal, with a small terrace shaded by juniper trees and actually has better access to the sea. The delicious Mediterranean menu is excellent value, and for those who are just in the market for a cold beer, cocktail or glass of chilled wine it has its own little beach bar called Joy. Grab a sunbed on the sandy area out front and enjoy the book you brought, along with the sea breeze washing over you.

La encantadora Susie de Yoga Retreats recomienda este pequeño establecimiento y tiene toda la razón. Se sitúa entre los restaurantes más caros de Cala Jondal, con una pequeña terraza cobijada por la sombra de las sabinas y lo que es más, tiene mejor acceso al mar. Su deliciosa carta mediterránea está muy bien de precio y para aquellos que simplemente quieran una cerveza fresca, un cóctel o una copa de vino tiene su propio bar en la playa llamado Joy. Reserva tu hamaca en la arena y disfruta de un libro y de la refrescante brisa marina.

✹ Yemanja
Cala Jondal
Tel: 971.187.481
yemanjaibiza.com

This amazing beach restaurant just changed hands but the owner, who also owns its swishy neighbour Blue Marlin, swears it will remain the same as ever. Open all year round, they serve delicious fresh fish and amazing seafood starters and are known for their Champagne sangria. I also love the refreshing gazpacho here, which they serve in a glass adorned with edible greens. Este magnífico restaurante de playa acaba de cambiar de dueño, ahora es propiedad del también dueño del lujoso Blue Marlin, aunque jura que lo dejará igual. Abierto todo el año, sirven delicioso pescado fresco y magníficos primeros de marisco y su sangría de cava es legendaria. También me encanta el refrescante gazpacho, que lo sirven en una copa adornada con verduras.

✱ Blue Marlin
Cala Jondal
Tel: 971.410.117
bluemarlinibiza.com

A stunning location and good music right on the beach is how it all started years ago - a free party beneath the stars. But it's since become a mojito-champagne-bikini fest, and now your zone on the sand will cost! If you want to dance your arse off with the oligarchs, spend and be seen spending this is the place to be.

Todo empezó hace unos años con una situación privilegiada y buena música en plena playa, con una fiesta gratuita bajo las estrellas. Pero desde que se ha convertido en un festival de mojito-champagne-bikinis, ¡tu trocito de arena ahora tiene precio! Si quieres bailar con los oligarcas, gastar y que la gente te vea derrochando, éste es tu sitio.

✱ Es Xarcú
Es Porroig
Tel: 971.187.867

This place is strictly for when I am feeling like a seafood treat, because it is not cheap - despite the fact it's a simple shack. The king prawns or the salt-baked sea bass are the dishes to try, and it's also a lovely reminder of the old days as you sit and enjoy the simplicity of this stony little bay.

Este sitio es estrictamente para cuando quiero darme el capricho de una buena comida de marisco, porque, ¡no es nada barato para ser un simple chiringuito! Tienes que probar las gambas rojas o la lubina salvaje a la sal, y además me recuerda a los viejos tiempos cuando te sientas y disfrutas de la sencillez de esta pequeña calita de cantos rodados.

✱ Ses Boques
Playa de Ses Boques, Es Cubells
Tel: 606.081.570

Joan and his wife Lourdes opened this little rustic beach bar in the late 1970s. Sitting at the edge of a secluded cove when you drive down from the church of Es Cubells, they do incredibly tasty no-frills cuisine served at little wooden tables in the shade of a pine forest by the sea. Go for the lobster stew, but all the fish here is good. Simple Ibiza at its best.

Juan y su mujer Lourdes abrieron este pequeño chiringuito a finales de los años 70. Situado al filo de una calita aislada bajando por el camino junto a la iglesia de Es Cubells, sirven cocina sencilla y sabrosa en sus pequeñas mesas de madera a la sombra del bosque de pinos junto al mar. Ve para probar la caldereta de langosta, pero todo el pescado aquí está bueno. Lo mejor de la Ibiza básica.

BICYCLES
Bicicletas

BICICLETAS JUAN FERRER

Juan opened this shop over 20 years ago and his love of cycling is evident. It's by far the best place to buy top-of-the-range road bikes, mountain bikes and BMX's for the kids, and he also sells cycling clothes and accessories. Always in a good mood, Juan is also your man if you need your bike repaired.

Juan abrió esta tienda hace más de 20 años y su pasión por el ciclismo es evidente. Es el mejor sitio, con diferencia, para comprarte una bicicleta de primera marca, un mountain bike y BMX para niños, y también vende ropa y accesorios de ciclismo. Juan, que siempre está de buen humor, es un genio a la hora de arreglar tu bicicleta.

Carrer d'Atzaró, 14, Casas Baratas
Tel: 971.391.401
bicicletasjferrer.com

IBIZA - SOUTH SUR

Es Cubells

This tiny village is located south of Sant Josep and has two restaurants, a grocery store and a lovely little square. The church sits high on the cliffs, with spectacular views over the sea - a real wedding hot spot.
Well worth the drive.

Este pequeño pueblo está al sur de San José y tiene dos restaurantes, una tienda de comestibles y una placita ideal. La iglesia es impresionante y se asienta sobre los acantilados con unas vistas espectaculares sobre el mar, convirtiéndola en un lugar perfecto para una boda.

* The Church of Es Cubells was built in 1864 by Carmelite monk Francesc Palau, who spent long periods of his life on the rock of Es Vedrà. It sits high up on the cliffs, with spectacular views out to sea.
La Iglesia de Es Cubells fue construida en 1864 por el monje carmelita Francesc Paau que pasó largos periodos de su vida en la roca de Es Vedrà. Está encaramada en lo alto del acantilado, con unas vistas espectaculares al mar.

⊛ Bar Restaurante Llumbi
Es Cubells
Tel: 971.802.128

My friend Marita loves this little restaurant and understandably so. Sitting on the edge of the cliff next to the church, it has the most impressive views across the island, and the food is good and very reasonably priced.

A mi amiga Marita le encanta este pequeño restaurante y entiendo muy bien por qué. Enclavado al filo de un acantilado junto a la iglesia, tiene las vistas más impresionantes de la isla, la comida es buena y a muy buen precio.

Cala d'Hort

For islanders this is kind a magical beach, mainly because the islets of Es Vedrà and Es Vedranell rise out of the water just in front. It's a busy beach but has heavenly turquoise waters so it's definitely snorkeling territory. I like to dive off the rocks by the fishermen's huts on the left. There are a few good restaurants and a great little boutique in the middle.

Para nosotros, los isleños, es una especie de playa mágica, principalmente porque los islotes de Es Vedrà y Es Vedranell se levantan sobre el mar justo enfrente. Es una playa concurrida pero tiene aguas turquesas, así que definitivamente es territorio para hacer snorkel. Me gusta sumergirme desde las rocas junto a las casetas de pescadores. Hay tres restaurantes muy buenos y una pequeña boutique muy coqueta en medio.

⊛ Ca Na Vergara
Cala d'Hort
Tel: 971.935.036

This traditional Ibicencan restaurant is a bit of a classic with many islanders, it has the stunning backdrop of the sea and the islands of Es Vedrà and Es Vedranell. Owned and run by the Vergera family, it serves really good traditional rice, fish and meat dishes.

Este restaurante tradicional ibicenco es una especie de clásico para muchos isleños, con el mar y las islas de Es Vedrà y Es Vedranell como telón de fondo. Propiedad de la familia Vergera, sirve platos ricos y tradicionales de arroz, carne y pescado.

⊛ El Carmen
Cala d'Hort
Tel: 971.187.449

My friends love coming here in the summer. They do a particularly tasty paella, and you can eat and enjoy the dramatic sea views. You can also watch the kids on the beach from the terrace. Try the steamed mussels as a starter!

A mis amigos les encanta venir aquí en verano, preparan una paella muy sabrosa, y mientras comes puedes disfrutar de sus vistas al mar y ver a los niños en la playa desde la terraza. ¡Los mejillones al vapor también están muy ricos!

ES VEDRÀ ISLAND La isla de Es Vedrà

This island in the south west of Ibiza 2.5km out from Cala d'Hort beach, reminds me of that 1970s sci-fi film "Close Encounters of the Third Kind." It's uninhabited but for a few wild goats, blue lizards and falcons. The legends abound, and it's said to be the third most magnetic spot on Earth, a semi-dormant volcano and the home of the legendary Sirens, the mermaids who lured Odysseus from his ship in Homer's 'Odyssey'. It's hard to decipher fact from fiction, but what is known is that the Phoenicians never worshipped the island as the birthplace of their goddess, Tanit, patron of fertility and a strong symbol of Ibiza to this day, and that it was home to an exiled Carmelite monk in 1855.
As for spotting any actual UFOs? The tower that faces Vedrà just before Cala D'Hort is the perfect spot to wait for them to make contact, as some people believe there's a secret UFO base under the sea here and that Es Vedrà is the gateway! ...Meanwhile, some of my friends have actually witnessed powerful visions near here, (but who knows what they were drinking, or eating!!) so among us islanders it certainly lives up to its reputation as a truly mystical place...

Este islote al suroeste de Ibiza y a unos 2,5km de la playa de Cala d'Hort siempre me recuerda a la película de ciencia ficción "Encuentros en la tercera fase". Está deshabitada a excepción de cabras montesas, lagartijas azules y halcones.
Las leyendas abundan, y se dice que es el tercer punto más magnético de la Tierra, un volcán inactivo y el hogar de las sirenas legendarias, que atrajeron a Odiseo desde su barco en la Odisea de Homero.
Como podéis ver, es difícil separar la verdad de la ficción. Lo que sí se sabe es que los fenicios adoraban la isla como lugar de nacimiento de su diosa Tanit, la patrona de la fertilidad y símbolo de Ibiza hasta hoy, y que un monje carmelita estuvo exiliado aquí en 1855.
¿En cuanto al avistamiento de OVNIs? La torre frente a Es Vedrà, justo antes de llegar a Cala D'Hort, es un lugar perfecto para esperar a que hagan contacto ya que mucha gente cree que hay una base de OVNIs secreta bajo el mar aquí y que Es Vedrà es su portal.
Sin embargo, algunos amigos míos han sido testigos de visiones muy fuertes cerca de aquí (¡¡pero quién sabe lo que habían bebido o comido!!), así que entre nosotros los isleños ciertamente está a la altura de su reputación como lugar verdaderamente místico...

ROSÉ WINE

Available only on Ibiza

Chevron Villette Vigneron - South of France

Contact: +34 609 641 722 - 619 037 453
info@pure-pink.es

Atlantis

If you're feeling adventurous, and fit, drive towards Cala d'Hort and turn left before the road starts to go downhill, to reach the tower "des Savinar". To the left of the tower is a path that leads steeply down the hill to the sea. The walk down takes about 20 minutes and you will find a stunning quarry area at the edge of the sea with cut-out and rectangular pools formed in the stone, which was cut and transported by sea to build the cathedral of Ibiza. There's a small cave here where ancient stonemasons took refuge years ago and which has been home on occasions to hippies who began to call this place "Atlantis", supposedly influenced by the magic island of Es Vedrà next door.

Si tienes espíritu aventurero y estás en buena forma, conduce hacia Cala d'Hort y gira a la izquierda antes de que la carretera empiece a bajar, para alcanzar la Torre d'es Savinar. A la izquierda de la torre hay un camino empinado que baja hasta el mar. La bajada es a pie y tarda unos 20 minutos. Cuando llegues encontrarás una increíble cantera al filo del mar con rocas esculpidas y piscinas rectangulares en la piedra, que fue cortada para ser utilizada en la construcción de la catedral de Ibiza. Es un paisaje alucinante. También hay una pequeña cueva aquí donde los antiguos mamposteros se refugiaban y que en ocasiones ha servido de hogar para hippies, quienes empezaron a llamar a este sitio "Atlantis" bajo la supuesta influencia de la mágica isla de Es Vedrà.

♡ 5 THINGS YOU SHOULD DO
5 COSAS QUE DEBERÍAS HACER CUANDO ESTÉS AQUÍ

1. Sunset + dinner at Sunset Ashram (p.107)
   Puesta de sol + cena en Sunset Ashram

2. Naked tanning at Punta Galera (p.111)
   Tomar el sol desnudo en Punta Galera

3. Fish dinner at Can Pujol (p.95)
   Cenar pescado en Can Pujol

4. Shopping at Sluiz (p.103)
   De compras en Sluiz

5. Catch a live gig at Ibiza Rocks (p.92)
   Ver un concierto en vivo en Ibiza Rocks

THE WEST
San Antonio San José, San Agustín & beaches

El Oeste, Sant Antoni, Sant Josep, Sant Agustí y las playas

IBIZA - SAN ANTONIO

WEST OF THE ISLAND + SAN ANTONIO
EL OESTE DE LA ISLA Y SANT ANTONI

Located west of the island and boasting some of the best sunsets on the island, San Antonio was once the most beautiful bay in Ibiza. These days it's more famous for its raucous West End and for being a tourist trap, but the surrounding coastline still hosts some of the wildest and beautiful scenery in Ibiza.

Situado al oeste de la isla y presumiendo de las mejores puestas de sol de la isla, San Antonio antiguamente era la bahía más bonita de Ibiza. Hoy en día es más famosa por su ruidoso West End y por ser una trampa para turistas, pero la costa que lo rodea sigue albergando algunos de los paisajes más salvajes y hermosos de Ibiza.

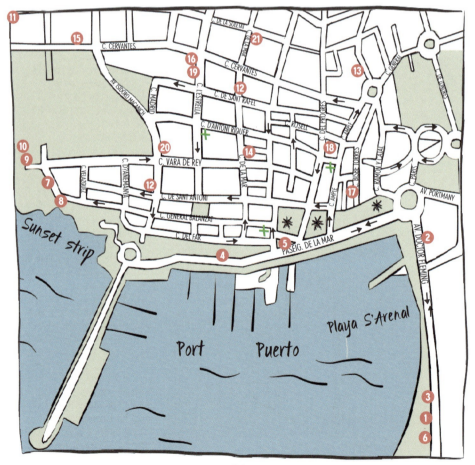

S'ARENAL BEACH AND THE MARINA
LA PLAYA DE S'ARENAL Y LA MARINA

This beach extends South until Port d'es Torrent and is perfect for those who don't want to drive anywhere. I'm not entirely sure how clean the sea is in high season due to all the boats but it looks okay to me! This urban stretch of sand is busy all day and also tons of fun as the sun goes down, when the action starts and bars crank it up.

Esta playa se extiende al sur hacia Port d'es Torrent y es perfecta si no quieres conducir. No estoy segura de lo limpio que esté el mar en temporada alta debido a los barcos que fondean aquí, ¡pero a mí me parece bastante limpia! Este tramo urbano de arena está repleto todo el día y con la puesta de sol, cuando los bares abren sus puertas, empieza la acción.

...eat & drink
comer y beber...

❶ Bar De Tulp
Avda. Dr. Fleming 16, San Antonio
On the main beach and in prime position for lounging by day and sunset viewing by night. They have tapas and Spanish food with a Dutch influence, the mismatched furniture inside makes this a fun place to visit. Enjoy a cocktail as the sun descends and the chill-out tunes come on. They also provide blankets in case it gets nippy at night.

En la playa principal y en primera línea para tumbarse durante el día y ver la puesta de sol al anochecer. Tienen tapas y comida española con influencia holandesa, su decoración con un mobiliario desigual lo convierten en un lugar divertido. Tómate un delicioso cóctel mientras cae el sol y suena la música chill out. Además te proporcionan mantas por si tienes frío por la noche.

❷ Plastik
Avda. Dr. Fleming, 5, San Antonio
Tel: 600.688.158
plastikibiza.com
This used to be a record shop, but has become really popular little bar-slash-club. Always a good place to start the night and get you in the mood.

Este local solía ser una tienda de discos, pero se ha hecho muy popular como bar-club. Un buen lugar para empezar la noche y animarte para la fiesta.

❸ Orange Corner
Avda. Dr. Fleming, 2, San Antonio
I've heard that this is a great "sit back with a sea view and unwind on a lounger" kind of place by day, Balearic tunes included. And you can join the party with some of the finest DJs by night. It's an official pre-party bar, a ticket outlet for clubs in San Antonio and literally a few steps away from Eden and Es Paradis.
They make exotic cocktails and have a delicious menu.

IBIZA - SAN ANTONIO

What is it about?
HUEVO DE COLÓN

This sculpture sits on the roundabout as you arrive in San Antonio. Ever wondered what it stands for? It's linked to the hypothesis of an "Ibizan Columbus". Built of reinforced concrete and standing six metres tall, 'the egg' as locals refer to it, was created by three men: Antoni Hormigo, Julio Bauzá and Julio Ojeda. In the middle there is an iron replica of the Santa María, one of the ships used by Christopher Columbus on his first voyage, and the prow points westward, towards America.

Habrás visto esta escultura en la rotonda situada a la entrada de San Antonio. ¿Alguna vez te has preguntado qué significa? Se basa en la hipótesis de que Cristóbal Colón era ibicenco. Construida de hormigón armado y con seis metros de altura, 'el huevo' como lo llaman los ibicencos, fue la creación de tres hombres: Antonio Hormigo, Julio Bauzá y Julio Ojeda. En su centro hay una réplica de hierro de la Santa María, una de las carabelas que Cristóbal Colón llevó en su viaje, y la proa apunta al oeste, en dirección a América.

He oído que éste es un lugar perfecto para relajarse en una tumbona, con vistas al mar durante el día, y todo con sonidos baleáricos de fondo. Pero también está la noche donde hay fiesta y puedes escuchar a algunos de los mejores DJs. También venden entradas para discotecas en San Antonio, y está a pocos pasos de Edén y Es Paradis.
Sirven exóticos cócteles y tienen una deliciosa carta.

❹ Rita's Cantina
Paseo Marítimo
Tel: 971.343.387
ritascantina.com

Rita's is like walking into a bar in Cuba. It's in a building with high ceilings and stunning murals. The atmosphere inside is always great. Famous for its breakfasts; I am a fan of their club sandwiches but they also do great nachos and crepes!!!

Entrar en Rita's es como entrar en un bar en Cuba, situado en un edificio con techos altos y magníficos murales. El ambiente aquí siempre es muy divertido. Es famoso por sus desayunos; soy fan de su *club sandwich* pero también sirven unos nachos y crepes riquísimos.

❺ Villa Mercedes
Paseo del Mar, San Antonio
Tel: 971.348.543
villamercedesibiza.com

It was once an old villa that belonged to one of the island's most important families, this elegant restaurant and lounge bar has a colonial décor and its tables are all candlelit, making it a very romantic spot. They have Mediterranean food and great cocktails, I love the Moroccan themed chill-out area.

Era una antigua finca que pertenecía a una de las familias más importantes de la isla. Este restaurante y sofisticado lounge bar con una decoración colonial y mesas iluminadas por velas, lo convierten en un lugar muy romántico. Tienen cocina mediterránea y magníficos cócteles. Me encanta su zona chill out de temática marroquí.

❻ Casa Thai
Avda. Isidor Macabich, 8
Tel: 971.343.562

This place is good value for money, and I find myself here often in the summer. It's a very basic little place with minimal décor, but the service is always good, and the food is tasty. The chicken curry is good and so is the Pad Thai, as well as the spring rolls and chicken satay.

La comida aquí está a muy buen precio, y suelo venir bastante en verano. Es un establecimiento pequeño y muy básico con una decoración simple y minimalista, pero el servicio siempre es rápido y la comida está deliciosa. El curry de pollo está buenísimo y el Pad Thai también, además de los rollitos de primavera y el satay de pollo.

SUNSET STRIP AND AROUND
PASEO DE LA PUESTA DE SOL Y ALREDEDORES

People flock from all over the island to witness the sun sinking into the horizon here, which is how this parade of bars and restaurants lining the coast along the northwest of San Antonio got its name. With the clearest view of the spectacle anywhere on the island, the stunning show is greeted with cheers from the crowds that have gathered every evening. A real Ibiza ritual.

La gente viene en masa desde todos los puntos de la isla para presenciar cómo el sol se hunde en el horizonte, que es como este conjunto de bares y restaurantes que bordean la costa del noroeste de San Antonio recibió su nombre. Con la vista más clara de la puesta de sol de toda la isla, esta impresionante espectáculo recibe el aplauso de las multitudes que se reúnen aquí cada atardecer. Un ritual de Ibiza.

...eat & drink...
comer y beber...

❼ Café del Mar
**General Balanzat 38,
San Antonio
Tel: 971.348.706
cafedelmaribiza.com**

Ibiza's original sunset café. This iconic bar first opened in 1980 making the sunsets of San Antonio world famous, not to mention the chillout music. We used to drive here every weekend and catch that speciual moment when there was just a handful of people sitting on the rocks. Now it's packed and a globally recognised brand with its own record label.

El lugar original para ver la puesta de sol. Este emblemático bar fue fundado en 1980 e hizo las puestas de sol de San Antonio famosas en todo el mundo, por no mencionar su música chill out. Solíamos ir cada fin de semana para pillar la puesta cuando sólo había un puñado de personas sentadas en las rocas. Y ahorra se ha convertido en una marca mundialmente reconocida con su propio sello discográfico.

❽ Savannah Beach Club
**C/ del General Balanzat, 38,
San Antonio
Tel: 971.348.031
savannahibiza.com**

On the same strip as Café del Mar and Café Mambo, I always think of Savannah as being for the more laid-back crowd. The daiquiris here are damn tasty, my favourite being the strawberry, and they have a delicious menu, so grab some nosh as the sun dips below the horizon.

En el mismo tramo de Café del Mar y Café Mambo, siempre pienso en Savannah como un lugar para una clientela más tranquila. Los daiquiris aquí están de muerte y tienen una carta riquísima, así que te sugiero que te pidas algo mientras contemplas el sol desaparecer en el horizonte.

IBIZA - SAN ANTONIO

9 Mambo Café
C/ de Vara del Rey, San Antonio
Tel: 971.346.638
cafemamboibiza.com

This legendary pre-party bar and sea-fronted restaurant in San Antonio holds events every single night of the summer, and has hosted many famous DJ, while the opening party at the beginning of the season is a sort of official kick-off for all the locals. Owner Javier Anadón opened it almost 20 years ago and these days his sons, Christian and Alan, are in charge. Definitely one of my pre-party spots when I go out on the West side.

Este legendario bar prefiesta y restaurante frente al mar en San Antonio celebra eventos todas las noches del verano y ha acogido a todo DJ famoso que puedas imaginar, mientras que la fiesta de apertura al principio del verano es una especie de apertura oficial de la temporada para la gente local. Su propietario, Javier Anadón, lo abrió hace casi 20 años y hoy en día sus hijos Christian y Alan son los encargados. Definitivamente uno de mis locales preferidos para empezar la noche cuando estoy por esta zona.

10 Mint Lounge Bar
Sunset Strip, San Antonio
Tel: 971.595.903.

Javier Anadón created this spot as Café Mambo's little sister bar a few years ago. And with a prime spot on the Sunset strip, it really took off. The menu is Italian-influenced, offering pizzas in funky asymmetrical shapes with gourmet toppings like fig and Gorgonzola, on the menu as well as a selection of homemade pastas. They also have a fantastic cocktail menu - I love the passion fruit caipirinhas!

Javier Anadón abrió este bar como una ramificación de Café Mambo hace unos años. Gracias a su situación privilegiada en este tramo del paseo, su éxito fue inmediato. La carta es de influencia italiana y ofrece pizzas en formas asimétricas con ingredientes gourmet como higo y gorgonzola, además de una selección de pastas caseras. Su carta de cócteles también es fantástica, ¡me encantan las caipiriñas de fruta de la pasión!

11 Golden Buddha
Paseo de Caló des Moro, San Antonio
Tel: 971.345.633

My lovely friends Ramona and Eddy run this gorgeous sun-worshipping spot just a bit further up from the Sunset strip. With Balinese inspired decor and a large sun deck facing the sea, it's a strong competitor to the more famous sunset locations and has a great menu serving tapas and typical Mediterranean dishes as well as delicious curries. Both the prawn and the chicken curry are fantastic and they are famous for their mojitos.

Mis encantadores amigos Ramona y Eddy regentan este precioso establecimiento perfecto para adorar al sol sólo un poco más al norte del paseo de la puesta de sol. Con una decoración inspirada en Bali y una gran terraza mirando al mar, es un fuerte contendiente para ver la puesta y tiene una carta magnífica que incluye tapas y platos típicos mediterráneos además de deliciosos curries. Tanto el curry de gambas como el de pollo son fantásticos y son famosos por sus mojitos.

12 Curry Club
Ctra. San Antonio, 38, San Antonio
Tel: 971.343.604

I love the chicken tikka masala here, which they serve with all the traditional bits on the side. Set in a tropical and beautifully lit garden it's a great spot to start the night. With ample

servings and great value for money, this really is an authentic Indian dining experience - in the heart of San Antonio.

Aquí me encanta el Pollo Tikka Masala, que sirven con las guarniciones tradicionales. Está en un precioso jardín tropical y es un lugar genial para empezar la noche. Sirven buenas raciones, y está muy bien de precio; así que es una auténtica experiencia gastronómica india en el corazón de San Antonio.

⑬ Tijuana Tex-Mex
C/ de Ramón i Cajal, 23
San Antonio
Tel: 971.342.473

I love a good fajita and the atmosphere here is always really lively. Toni the owner has made it fun here with phones on the tables so you can call the table next door, and chalks for kids to colour with.
There's lots of detail in the décor that reminds me of an Indiana Jones set. Authentic Mexican dishes and Mexican beer. Not to mention the tequila!

Me encantan las fajitas y el ambiente de este restaurante es siempre muy animado. El dueño Toni ha creado un lugar muy divertido con teléfonos en cada mesa y tizas de colores para los más pequeños, hay muchos detalles en la decoración que me recuerdan a una cueva tipo Indiana Jones. Platos mexicanos auténticos y cerveza mexicana. ¡Por no mencionar su tequila!

⑭ The Ship Inn
Plaza de Mercado, San Antonio
Tel: 971.342.130.
theshipibiza.com

A favourite hangout for workers, this is the perfect place to get your face known and have a great start to your stay. They serve hot snacks all day and host late-night pool competitions. There's also a notice board, giving advice on places to stay, jobs and more…so a great stopoff for anyone planning on staying all summer! Open every day from 11 to 6 a.m, yep, these guys are hard-core. They also show live sports every day throughout the year and all the big football matches.

Un favorito entre los trabajadores, éste es el lugar perfecto para darte a conocer y empezar bien tu estancia. Sirven aperitivos calientes todo el día y organizan competiciones de billar por la noche, además hay un tablón de anuncios donde se anuncian apartamentos de alquiler, trabajos y más… ¡ya sabes dónde ir si planeas quedarte todo el verano! Abierto todos los días desde las 11:00 hasta las 6:00, sí, esta gente no duerme. También emiten los eventos deportivos durante todo el año y todos los partidos de fútbol importantes.

⑮ Ample 32
C/ de la Soletat, 64, San Antonio
Tel: 971.348.132
ample32.com

I have only visited this cosmopolitan bar once during the Pintxos route in San Antonio in March, and I felt like I could have been in London or Madrid. Tucked far away from the madding crowd of San An, I remember the food looked exquisite and there were wonderful sea views from the terrace and pool area.

Sólo he visitado este bar cosmopolita una vez durante la ruta de Pintxos en San Antonio en marzo, y me sentí como si estuviera en Londres o Madrid. Alejado de la locura de San Antonio, recuerdo que la comida tenía un aspecto exquisito y había magníficas vistas al mar desde su terraza y zona de piscina.

⑯ Zebra
C/ de la Soletat, San Antonio
Tel: 971.347.867
zebra-ibiza.com

I discovered this bar last year on the corner of a road in San Antonio if your are coming 'round the back from the north side. This little eatery is worth every penny, and has a superb and varied menu at a reasonable price. The oven-roasted chicken is divine and they do pastas, risottos and curries as well.

Situado junto a la carretera de San Antonio si vienes por atrás desde el norte, este pequeño restaurante realmente vale cada céntimo y tiene una carta deliciosa y variada a un precio razonable. El pollo asado es divino y también hacen pastas, risottos y curries.

SHOP/TIENDA: KISS MY FAIRY

DRESS-UP & MAKE-UP
This is the perfect stop-off for those essential party dressing-up pieces, but most importantly they do body painting and make up. Book in advance as on certain nights like the Zoo Project just outside San Antonio requires you to transform yourself into a tiger or any wild animal you can think of. They also sell discounted club tickets.

DISFRÁZATE + MAQUÍLLATE
Este lugar es perfecto para disfraces de fiesta, pero lo más importante es que hacen pintura corporal. Reserva con antelación porque hay noches como The Zoo Project, a las afueras de la ciudad que requiere que te pintes como un tigre u otro animal salvaje que te apetezca. También tienen entradas con descuento para las discotecas.

Avda. Dr Fleming, San Antonio
Tel: 971.803.561 - 674.704.996
kissmyfairy.com

17 El Sapo
C/ Bisbe Torres, 3, San Antonio
Tel: 971.343.540

The first Peruvian restaurant on the island serving quality food from South America, and while I have yet to visit, I've only had good feedback so I'm happy to recommend it. All my friends say you have to try the chilli mash!

Éste es el primer restaurante peruano en la isla donde sirven comida de calidad de Sudamérica, y aunque todavía no lo haya visitado me han hablado muy bien, así que no me importa recomendarlo. ¡Todos mis amigos dicen que hay que probar el puré con chilis!

18 Menjabé
C/ Progreso, 34, San Antonio
Tel: 636.368.956

You don't have to be a vegetarian to love this place. The falafel in pitta is freshly prepared, and they do a delicious hummus served with a spicy garnish. The food is incredibly good value and I like to buy tubs of hummus to take home to share with my daughter.

No tienes que ser vegetariano para que te guste este local donde no sirven carne. El falafel en pan pitta lo preparan al instante y elaboran un hummus delicioso servido con guarnición picante. La comida tiene un precio increíblemente bueno y me gusta comprar recipientes de hummus para llevarme a casa y compartir con mi hija.

19 Ibiza Rocks Hotel
C/ Cervantes, 27, San Antonio
Tel: 971.340.137
ibizarocks.com

This hotel is the venue for the island's hottest live weekly gigs. Showcasing the huge names every Wednesday and the world's best DJs on Fridays. Check the line-up online and get yourself down here for some amazing performances, preferably from the top VIP area if you don't prefer the mosh pit downstairs.

Este hotel es donde montan conciertos semanales en vivo en la isla. Cada miércoles tocan aquí los grandes nombres del momento y los viernes los mejores DJs del mundo. Entérate online y vente a disfrutar de actuaciones increíbles en vivo desde de la zona superior del VIP o si no, desde la pista de abajo.

20 Restaurante Benítez
C/ Madrid Edificio Reino 1, San Antonio
Tel: 971.345.420

I love the fact they give you a little tapa with each drink here. Serving a variety of typical Spanish dishes, they also offer a set price day menu and cheap breakfasts too!

Me encanta que aquí te den una pequeña tapa con tu bebida. Sirven una variedad de tapas típicas españolas, ¡además ofrecen un menú del día y un desayuno muy baratos!

...some shops...
...algunas tiendas...

21 Peter The Butcher
C/ de la mar, 24
Tel: 971.342020
peterthebutcheribiza.com

This little butcher opened in 1999 and has been supplying island residents with the finest quality meats prepared the English way ever since. They also stock a fine selection of cheeses. You can buy directly from the shop, or online and get it delivered, and their BBQ packs, breakfast boxes and special dinner menus are a genius idea.

Esta pequeña carnicería abrió en 1999 y desde entonces vende carne de gran calidad preparada al estilo inglés a los residentes de la isla. Además ofrece una gran selección de quesos. Puedes comprar directamente de la tienda, online o hacer que te lo lleven a casa, y sus packs para la barbacoa, cajas de desayuno y menús de cena especiales son una idea genial.

...headed north
...al norte...

Putumayo
Ctra. Cap Negret 6,
Cala Gracio, San Antonio
Tel: 605.146.531

An old school bar and café on the way to Cala Gracioneta with different live music every day. They do delicious cakes, scones and smoothies too, and there's also pool table. Open til late.

Un viejo bar con cafetería de camino a Cala Gracioneta con música en directo diferente cada día. Elaboran pasteles, pastas inglesas y batidos deliciosos, y hay un billar. Abierto hasta tarde.

...Sunset + sleep
puesta de sol...dormir

Hostal La Torre
Urb Cap Negret, 25, San Antonio
Tel: 971.342.271
hostallatorre.com

This relatively unknown little spot sits perched on the cliffs of Cap Negret north of San Antonio, and has truly unbeatable views of "Sa Conillera" island as well as amazing sunsets – some say the best on the island. The restaurant serves home-made Mediterranean specialties, and I love bagging a spot on the large patio where you can sip your drink of choice, and relax with the panoramic sunset as your backdrop. Rooms start at 50 euros for a single and go up to 180 for a triple, with breakfast included.

Este establecimiento relativamente desconocido está encaramado en las colinas de Cap Negret al norte de San Antonio, y tiene unas vistas inmejorables del islote de Sa Conillera, además de unas puestas de sol increíbles, algunos dicen que son las mejores de la isla. El restaurante sirve platos mediterráneos caseros, y me encanta sentarme en su gran patio donde puedo tomarme una bebida y relajarme con una de esas puestas como telón de fondo. Las habitaciones cuestan a partir de los 50 euros por una individual hasta los 180 euros por una triple, con desayuno incluido.

Ibiza Rocks Hotel At Pikes
Camí de Sa Vorera, San Antonio
Tel: +44.207.952.2919.
ibizarockshouse.com

Wham!'s Club Tropicana video was shot here and Freddie Mercury had his own room - now called the Freddy Mercury Suite. What else? There's a pink tennis court, a dressing-up room, a bar right on the pool and of course the infamous Ibiza Rocks after-parties during the summer. I have the best time every time I find myself here, and the weekly Sunday Roast always feels like a big family gathering for local expats.

Aquí se filmó el vídeo Club Tropicana de Wham! y Freddie Mercury tenía su propia habitación, ahora llamada Suite Freddie Mercury. ¿Algo más? Hay una pista de tenis rosa, un vestuario para disfrazarse, un bar junto a la piscina y por supuesto las famosas after-parties de Ibiza Rocks durante el verano. Siempre que vengo aquí me lo paso genial, y sus asados los domingos son una buena excusa para que los residentes británicos de Ibiza reúnan a la familia.

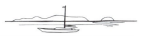

PORT D'ES TORRENT

The name means "mouth of a stream", but this popular tourist beach is surrounded by way too many shops and hotels for my liking. It gets packed in the summer, and the maze of streets can be confusing if you've never been here before. Despite this there are a couple of really worthwhile places to visit. To get here from Sant Josep you turn left off the roundabout before San Antonio, then just border the bay and go right at the next roundabout.

El nombre significa "puerto del torrente", pero esta playa turística tan popular está rodeada de demasiadas tiendas y hoteles para mi gusto. Se llena en verano y el entresijo de calles colindantes puede ser confuso si no has estado aquí antes. A pesar de esto, hay un par de lugares que merece la pena visitar. Para llegar aquí desde San José gira a la izquierda por la rotonda antes de San Antonio, luego bordea la bahía y ve a la derecha en la próxima rotonda.

...eat & drink comer y beber...

❶ C'an Pujol
C/ des Caló, Port d'es Torrent
Tel: 971.341.407

Love fish? Well this is the best place for it! My brother Thor and his girlfriend Karyn love it too and it's been a fave for years. Sitting at the far southern end of San Antonio Bay with a lovely sea view, it is arguably the best seafood restaurant on Ibiza and mainly because if owner Lluc Torres does not find good fresh fish at the market that day he won't open! Their Alioli is the best and you must try the "all i pebre" which means garlic and pepper and "the bullit de peix" which is a fish stew for a main. Their rice dishes are another of their specialities. In fact it's all good!

¿Te gusta el pescado? Pues éste es el mejor restaurante para ello. A mi hermano Thor y a su novia Karyn les encanta. Está al sur, al otro extremo de la Bahía de San Antonio, con una magnífica vista al mar. Es indiscutiblemente el mejor restaurante de pescado de la isla, especialmente por la simple razón de que si su propietario Lluc Torres no encuentra buen pescado fresco en el mercado ese día, ¡no abre! El Alioli aquí es increíble y hay que probar el "all i pebre" o el "bullit de peix" de segundo. Sus platos de arroz son otra de sus especialidades. ¡La verdad es que todo está bueno!

❷ Kumharas
C/ de Lugo, 2,
Port d'es Torrent
Tel: 971.85.740
kumharas.org

"click"

This place is everything a sunset bar should be. It is very unpretentious and with that original Ibiza trance vibe about it. There's a little hippy market, comfy sofas, cushions everywhere, and of course a magnificent sunset. It can be a bit hard to find, but

IBIZA - PORT D'ES TORRENT

A Place with a story
Un sitio con historia

VIDEO TORRES & CINE REGIO
This place opened on April 5, in 1931, when the movies were still silent! And in 1972 owner Vicente Torres Ferrer and wife María received a medal for being pioneers of film culture here on the island. Vicente, María and their kids and grandchildren still run the cinema and store, which is still the best video shop on the island. Yes, I know we have iTunes now but you can't download good independent films, and this is where the island film buffs still come. They also stock a wide range of old and new video games.

Se fundó el 5 de abril de 1931, cuando las películas todavía eran mudas. En 1972, su propietario Vicente Torres Ferrer y su esposa María recibieron la medalla por ser los pioneros de la cultura filmográfica en las isla. Vicente, María, sus hijos y nietos siguen regentando el cine y la tienda, que sigue siendo el mejor videoclub de la isla. Ya sé que ahora tenemos iTunes pero no se puede descargar una buena película independiente, y aquí es donde siguen acudiendo los cinéfilos de la isla. Además tienen una gran variedad de videojuegos nuevos y antiguos.

Carrer de la Soledat, 58
Tel: 971.340.082

just follow the road along the coast from San Antonio headed south west through Port des Torrent (see map) and keep your eyes open for the sign. With its stone tower it also stands out along the San Antonio bay. The menu is mainly vegetarian with a couple of meat choices.

Este local es todo lo que un bar orientado a la puesta de sol debería ser, ya que es un sitio modesto y con un ambiente trance. Además de su buen ambiente, hay un pequeño mercadillo, sofás cómodos, cojines por todas partes y por supuesto una puesta de sol magnífica. Puede ser un poco difícil de encontrar, pero sigue la carretera junto a la costa de San Antonio en dirección sur, cruza Port d'es Torrent (ver mapa) y mantén los ojos abiertos para no pasar de largo su señal. Su torre de piedra hace que resalte en la bahía. Su carta es principalmente vegetariana con un par de platos de carne.

❸ The Olive Tree
C/ Cantabria 40,
Port d'es Torrent
Tel: 971.340.907

This cosy gastro-restaurant in a recently renovated pub is located south of the bay in the area of Port d'es Torrent (see map) and is fast becoming popular with island residents. The Sunday roast is a firm favourite on the island and it's the perfect meeting place for a good catch-up over a home-cooked meal, with the footie on in the background. They're open all week and the prices are very reasonable and with large portions. They also serve a wide selection of draught beers, including Guinness!

Este acogedor restaurante en un local recientemente renovado está situado al sur de la bahía en la zona de Port d'es Torrent (ver mapa) y rápidamente se está haciendo muy popular entre los residentes. Los asados en domingo son un firme favorito en la isla y es el lugar de encuentro ideal para una comida casera, con fútbol de fondo. Abren toda la semana y los precios son muy asequibles. También sirven una gran selección de cervezas en caña, ¡incluyendo Guiness!

✴ Relish Ibiza
C/ d'es Caló, Port d'es Torrent
Tel: 971.808.809
relishibiza.com

Everyone who stumbles on this little restaurant in San Antonio bay seems to end up coming back! I've heard reports that the slow-cooked leg of lamb is really tasty, and the pasta carbonara too. They also do a killer Sunday roast.

Todo aquel que prueba este pequeño restaurante en la bahía de San Antonio parece volver una y otra vez. Me ha llegado información de que la pierna de cordero asada lentamente al horno es realmente buena, y la pasta carbonara también. Hacen un asado los domingos para morirse.

NOT ALL
THOSE WHO
WANDER
ARE LOST

NO TODOS
LOS QUE
DEAMBULAN
ESTÁN
PERDIDOS

J.R.R. TOLKIEN

IBIZA - SAN JOSÉ

SAN JOSÉ   SANT JOSEP DE SA TALAIA

What feels like a drive-through village has a surprisingly good little selection of eateries and shops along its central road. It's also the last village before you turn right to some of the loveliest western beaches, so it's perfect for a pre-beach breakfast or a post-beach dinner.

Te sorprendería ver la cantidad de restaurantes y tiendas que tiene este pequeño pueblo a lo largo de su carretera central. Además es el último pueblo antes de girar hacia las playas más bonitas del oeste, siendo perfecto para pararse a desayunar antes de la playa o parar a cenar después.

...eat & drink
comer y beber...

❶ Bar Ca'n Bernat Vinya
C/ de Pere Escanelles, San José
Tel: 971.800.703

An old-fashioned village cafe that has barely changed in decades, with little tables that sit in the shade in the orchard opposite. Always popular with local older men, who sit around with their berets on playing cards. Plus they do a great sandwiches!

Una antigua cafetería que no ha cambiado en décadas, con sus mesitas a la sombra en el huerto de enfrente. Es popular entre los señores locales, que con sus boinas puestas juegan a las cartas. ¡Preparan unos bocatas riquísimos!

❷ La Movida Café
C/ de Pere Escanelles, San José
Tel: 971.800.002

This place is next to the church and always full of village locals. They do Mediterranean food and are also known for their delicious burgers. It's a nice place for a relaxed dinner, and also very affordable considering the quality of the food.

Esta cafetería junto a la iglesia siempre está llena de gente del pueblo. Preparan cocina mediterránea y también son conocidos por sus hamburguesas. Un lugar bonito para una cena relajada, además es muy asequible considerando la calidad de la comida.

❸ Racó Verd
Ctra. Port d'es Torrent,
San José. Tel: 971.341.407

The lovely owners Claire and Sam have created a little gem with this place. Admittedly I don't get here often because I am an Easterner. Try their classic tapas and awesome Mexican plate, while you can have breakfast or lunch in the garden at the back. There's live music four times a week with Bossa Nova/Brazilian night on Tuesday, Rock and Blues on Thursday, unplugged Fridays and flamenco on Saturday. You will find it opposite San José church on the road. Oh, and here stands one of San José's

oldest olive trees!
Los encantadores propietarios, Claire y Sam, han creado una pequeña joya en este local. Debo admitir que no vengo muy a menudo porque vivo al este de la isla. Prueba sus tapas clásicas y sus deliciosos platos mexicanos, también puedes desayunar o comer en el jardín de atrás. Hay música en directo cuatro veces a la semana con noche de Bossa Nova los martes, Rock y Blues los jueves, acústico viernes y flamenco los sábados. Encuéntralo frente a la iglesia de San José en la carretera. Ah, ¡y aquí encontrarás los olivos más ancestrales de San José!

❹ Es Galliner
C/ de l'Ajuntament, 2, San José
Tel: 971.803.554

"The hen coop"- allegedly and originally named on account of how noisy and popular it can be. But actually this is a little haven of taste, style and great service. Owned by local lady Pepa, this is a family-run restaurant that satisfies both local tastes and international ones. They offer butter croissants for breaky but this gem of a restaurant is really worth visiting for their fantastic value 10 euro 3-course set menú at lunch. Classic Spanish fare spiced up with savvy extras such as grilled veg with honey, stuffed potatoes, and really surprising salads. Standard Spanish tapas available as well.

El Gallinero, supuesta y originalmente nombrado por lo ruidoso y popular que puede ser. Pero de hecho es un paraíso de sabores y estilo y con un servicio muy bueno. Propiedad de Pepa, es un restaurante familiar que satisface a los paladares locales e internacionales. Ofrecen desayunos, pero este restaurante merece una visita por sus fantásticos menús del día de 3 platos por tan sólo 10 euros. Cocina clásica española con extras especiales como verduras a la parrilla con miel, patatas rellenas y ensaladas realmente sorprendentes. Tienen las clásicas tapas españolas.

❺ Café Can Llorenç
C/ Can Pou, 2, San José
Tel: 971.801.601

A sweet little town house in the centre of San José, serving superb tapas and little stacked sandwiches. Every Sunday they also do a homemade, thick chocolate drink with "churros" (batter sticks sprinkled with sugar) - an old school Ibiza classic.
Una encantadora finca urbana en el centro de San José, que sirve tapas sabrosísimas y pequeños sándwiches. Cada domingo preparan el tradicional chocolate con churros, un viejo clásico aquí en Ibiza.

❻ Destino
Plaza de la Iglesia, San José
Tel: 971.800.703

Asian and Moroccan tapas served on a cosy terrace with little Hispanic arches facing the church of San José. There's no menu here, so just check the counter indoors and choose. My favourites are the tajine, the lentils with cumin and the Thai dishes.
Tapas de inspiración asiática y marroquí en una acogedora terraza con pequeños arcos hispánicos mirando hacia la iglesia de San José. Aquí no hay carta, así que mira en la barra dentro y haz tu elección. Mis favoritas son Tajine, las lentejas con comino y los platos tailandeses.

❼ Tobacconist-Tabacos
CAN GRAO TABACS

I have heard that this cigar shop is really special. Bartolo Grao's family opened it in 1929, and it was the only store in the village way back then. Worth a little peak inside even if you're a non-smoker.
He oído que este estanco es muy especial. La familia de Bartolo Grao lo fundó en 1929 y era la única tienda en el pueblo por aquel entonces. Merece la pena echar un vistazo a su interior aunque no seas fumador.
C/ de Pere Escanelles, 23, San José
Tel: 971.800.561

⑧ Es Vergé
Ctra. Sant Josep Cruce Cala Vadella
Tel: 971.800.041
esverge.com

Located in a little red town house on the side of the road as you leave San José going towards San Antonio. This affordable little restaurant is a favourite of my friend Jaime Fiorito, a resident DJ on the island. The pizzas are all made in a traditional pizza oven using fresh Ibizan produce. They also do fajitas and kebabs, and the outdoor terrace is buzzing in the high season with the post-beach posse. Closed Mondays.

Situado en una pequeña casa urbana roja al lado de la carretera justo a la salida de Sant Josep para San Antonio. Un restaurante realmente asequible que es el favorito de mi amigo Jaime Fiorito, DJ residente de la isla. Las pizzas están hechas en un horno tradicional y utilizando productos frescos de la isla. También hacen fajitas y kebabs y la terraza está siempre a rebosar en temporada alta por las tardes. Cerrado los lunes.

✳ Chimi Churri
Ctra. Cala Conta, San José
Tel: 971 80 42 15
esverge.com

Love this place! A German/Argentinian steak house with top quality grilled meats, home-made burgers and schnitzel, and extremely generous portions. They also do an amazing variety of beers and the staff are always warm and friendly. You can really stuff yourself for under 20 euros! Closed Tuesdays.

¡Me encanta este sitio! Un asador alemán-argentino con carnes a la parrilla, hamburguesas caseras y schnitzel, las raciones son muy generosas. También tienen una gran variedad de cervezas y el servicio siempre es cordial y simpático. ¡Puedes salir rodando de aquí por menos de 20 euros! Cerrado los martes.

...a few shops
...unas tiendas...

⑨ Silk Ibiza
C/ Pere Escanellas, 19, San José
Tel: 971.801.698
silkibiza.es

I've had amazing feedback regarding this shop on the main street. So if you've just bought a house and need furniture, cushions, bed linen, or some extra design pieces, get over here and have a look.

He oido muchas cosas buenas sobre esta tienda. Así que si acabas de comprar una casa y necesita muebles, cojines, ropa de cama, o necesitas algunas piezas de diseño originales, ven a echar un vistazo.

⑩ Pescadería Oliver
C/ de Can Cantó, 3, San José
Tel: 971.800.420

Valeriano Iglesias started as a young man selling fish out of a van in the square, blowing a seashell to call his clients. He now owns this little fishmonger, which is always has the freshest catch of the day. Working alongside his sister Asunción, he sells to most of the restaurants in the area.

Valeriano Iglesias empezó de joven a vender pescado de una furgoneta en la plaza, haciendo sonar una caracola para llamar a sus clientes. Ahora es el propietario de esta pescadería pequeña que siempre tiene la pesca del día. Trabaja con su hermana Asunción y ambos abastecen a la mayoría de restaurantes de la zona.

⑪ Carnisseria Can Toni
C/ de Can Cantó, 3, San José
Tel: 971.800.707

Toni Ribas works with farmers on the island to ensure you get the best meat. Try his home-made "Sobrasada", an Ibicencan pepper sausage. He is open all year.

Toni Ribas trabaja con granjeros de la isla para asegurar que siempre tiene la mejor carne. Prueba su sobrasada casera y las salchichas con pimiento de Ibiza. Está abierto todo el año.

✱ Villa Toscana
Vedra y Vedranells, San José
Tel: 646.184.112

If you're visiting with a group of friends, this Mediterranean-style villa set on a private road in the hills of Es Cubells is perfect to book for a holiday treat. It has a large pool with Jacuzzi and a barbecue area, and all the bedrooms come with a spectacular sea view. The best room even has a hot tub overlooking the garden.

Si estás de visita con un grupo de amigos, esta villa de estilo mediterráneo en un camino privado en las montañas de Es Cubells es perfecta para reservar durante tus vacaciones. Tiene una piscina grande con jacuzzi y zona de barbacoa. Todas las habitaciones tienen vistas espectaculares al mar y la mejor habitación incluso tiene un jacuzzi con vistas al jardín.

✱ Les Jardins de Palerm
Can Pujol d'en Cardona, San José. Tel: 971.800.318
jardinsdepalerm.com

I haven't actually been to Les Jardins for years but a close friend of mine always stayed here and I loved visiting him. He even went on to build a house inspired by the place! It is basically a luxury finca in the hills surrounded by beautiful gardens, and even though it feels super secluded it's only a short walk from the centre of San José village. Just too perfect.

Hace años que no visito Les Jardins pero un buen amigo siempre se hospedaba aquí y me encantaba visitarle. Incluso se construyó una casa inspirada en este hotel. Es básicamente una finca de lujo en las montañas rodeado de jardines preciosos y aunque te sientas muy aislado, está a un paseo del centro del pueblo de San José. Simplemente perfecto.

✱ Can Xuxu
Es Porroig, San José
Tel: 971.187.867

This beautifully restored hotel in the hills near Cala Tarida has dark wood interiors and four poster beds that remind me so much of Bali. The pool is surrounded by tropical palms and there's a fabulous terrace where you can sip your cocktail and enjoy stunning sunset views.

Este hotel que ha sido bellamente restaurado en las montañas junto a Cala Tarida tiene madera oscura en su interior y camas de cuatro postes que me recuerdan mucho a Bali. La piscina está rodeada de palmeras tropicales y hay una terraza fabulosa donde puedes tomarte un cóctel y disfrutar de sus impresionantes vistas a la puesta de sol.

✱ Ses Pitreras
C/ Valladolid, 1-3, San Agustín
Tel: 971.345.000
sespitreras.com

If you're into great architecture and design then this place ticks all the boxes. A contemporary space that has preserved the original Ibiza spirit. Only seven rooms – each one completely unique. I love the wood decking at the pool, and thank heavens for the yummy room service.

Si te va la arquitectura y el diseño entonces este lugar es perfecto para ti. Un espacio contemporáneo que ha preservado el espíritu original de Ibiza. Sólo tiene siete habitaciones, cada una completamente única. Me encanta el entarimado de madera junto a la piscina y su servicio de habitaciones es realmente delicioso.

✱ Las Brisas
Es Porroig
Tel: 971.802.193
lasbrisasibiza.com

This is one of the first high-end hotels that opened on the island, and sits on one of the most outstanding clifftop locations in Ibiza. The view from the pool is just breathtaking.

Éste es uno de los primeros hoteles de alta categoría en la isla y está encaramado en lo alto de una montaña en una zona privilegiada de Ibiza. La vista desde la piscina es impresionante.

On The Road to San José…
En la carretera a San José

✱ Bar Stop
Crta. Cala Conta + Cala Tarida
Tel: 971.346.985

Bar Stop sits at the junction between Cala Tarida and Cala Conta and is one of those popular meeting places for the locals in the area. It's always busy and always loud, and they have a parrot in the bar that ads to all of that! It's a perfect stop for a quick coffee or drink, and they serve up typical Mediterranean home-made food and have a cheap day menu as well as tapas and burgers. They also have live Spanish music on the weekends. It's open all year except over the Christmas period.

Bar Stop está en el cruce entre Cala Tarida y Cala Conta y es un punto de encuentro para la gente local de la zona. Siempre lleno, siempre ruidoso, ¡además hay un loro! Una parada clásica para un café o una copa, sirven cocina casera mediterránea y tienen menú del día además de aperitivos, tapas y hamburguesas. También tienen música española en vivo los fines de semana y abren todo el año excepto durante la Navidad.

✱ Botiga Can Jordi
Ctra. Ibiza >San José
Tel: 971.800.182

I love the simplicity of this place. It is more than a century old and has a supermarket, a basket shop, a post office, a bar, an art gallery…and they also do live music! Known to some as the 'Can Jordi Blues Station,' famous international musicians have been known to turn up for impromptu jam sessions.

Me encanta este lugar, más bien por su simpleza. Tiene más de un siglo y es a la vez supermercado, tienda de cestos, correos, bar y galería de arte… ¡y tienen música en directo! Conocido por muchos como 'Can Jordi Blues Station', músicos de fama internacional se han presentado y han hecho sesiones de música improvisadas.

Shops...tiendas

✱ Sluiz
Ctra. Ibiza >San José, Km 8
Tel: 981.800.005

I love the original take on interiors the Dutch guys running this colourful store have. This was their original outpost, before they grew warehouse style and opened the ginormous sister shop in Santa Gertrudis. I still prefer this one, where apart from all the funky furniture they stock a long rail of fabulous American vintage clothing. Great for presents and they're open on Sundays.

Me encanta la visión decorativa de los holandeses que dirigen esta tienda tan colorida. Ésta era la tienda original antes de que creciera al estilo de unos grandes almacenes y abriera su gigantesca filial en Santa Gertrudis. Yo sigo prefiriendo ésta, donde aparte de mobiliario chulo puedes encontrar un largo perchero de ropa de la marca American Vintage. Perfecto para regalos y además abren los domingos.

✱ Happinez
Ctra. Ibiza >San José
Tel: 971.800.917

Roughly 2 kilometres before San José if you are coming from Ibiza you will see a large colourful store on your left which is great for buying original presents, fashion, home décor, and more,... It's run by dutch Family. with great taste!

Aproximadamente 2 kilómetros antes de San José, si vienes de Ibiza, verás una tienda colorida a la izquierda que es ideal para comprar regalos originales, ropa, objetos de decoración para el hogar y más...¡Lo lleva una familia holandesa que tiene un gusto buenísimo!

✱ km5
Ctra. Ibiza > San José
Tel: 971.396.349
km5-lounge.com

I'm always saying this, but oh! how we enjoyed this place years ago when it was smaller and emptier and infused with that effortless Ibiza chic. It actually started as a little bar-slash-disco, and has since become one of the island's most celebrated restaurants – and still a great place for meeting people. Sip your vodka lemon in the beautiful gardens and chat into the night, and if the parking here is a dusty affair – all a part of the experience!

Siempre digo esto, ¡pero cómo solíamos divertirnos en este sitio hace unos años cuando era mucho más pequeño, menos concurrido e infundía ese toque chic desenfadado de Ibiza! De hecho empezó como un pequeño bar con una pista de baile y desde entonces se ha convertido en uno de los restaurantes más afamados de la isla, aunque sigue siendo un sitio magnífico para reunirse con los amigos. Tómate una copa en su jardín y acabarás charlando toda la noche, y sí, el aparcamiento aquí es polvoriento, pero forma parte de la experiencia.

Can Bellotera, On the way to Ibiza town from San José...
Can Bellotera...entrando en Ibiza desde San José...

✱ Vino & Co
Ctra. San José > San Jordi
Tel: 971.305.324
vinoyco.com

High quality wine wholesalers. A family run shop done with incredible taste.

Mayoristas de vinos de alta cálidad. Una tienda familiar hecho con un gusto impecable.

✱ La Gourmandise
Ctra. San José > San Jordi
Tel: 627.681.930

This place is in an area of Can Bellotera and Sa Carroca, a few kilometres from Ibiza town on the San José road. It's a French patisserie where you can stop off for a breakfast, or grab a pastry, some cupcakes, a salad or tart to take away.

A unos kilómetros de Ibiza ciudad en la carretera a San José está Can Bellotera y Sa Carroca donde se encuentra esta pastelería francesa donde puedes pararte a desayunar o comprar una empanada, ensaladas o tartas para llevar.

IBIZA - SAN JOSÉ

SAN AGUSTÍN VILLAGE — EL PUEBLO DE SANT AGUSTI

I call it the forgotten village of Ibiza. Tiny and pretty as a picture, follow the narrow lane that gently winds up from the main road to a square where the impressive 200-year-old whitewashed church stands proudly. A few little bars, a gallery and a simple local shop pretty much sums up the village, but this is the real, unadulterated rural Ibiza. I love it, and so will you!

Yo lo llamo el pueblo olvidado de Ibiza. Tan pequeño y bonito como una postal, para llegar sigue el estrecho camino que sube la colina desde la carretera principal llegando a una plaza donde se encuentra la imponente iglesia encalada de 200 años de antigüedad. Unos bares pequeños, una galería y una tienda local conforman el pueblo; ésta es la verdadera Ibiza. ¡Os encantará!

✱ Can Berri Vell
Plaza Major, San Agustín
Tel: 971.344.321

Find this romantic little restaurant at the very top of the village, facing the church in the square. Located in the courtyard of a seventeenth century house, this is the perfect place to come with your lover for a candlelit meal for two.

Encuentra este restaurante pequeño y romántico en lo alto del pueblo, frente a la iglesia en la plaza. Situado en el patio de una casa del siglo XVII, es el lugar perfecto para venir con tu amante para una cena para dos a la luz de las velas.

✱ Village Shop / Tienda
Plaza Mayor, San Agustín

This dark little shop remains completely unchanged since I used to run in as a kid to get pipas (salted roasted sunflower seeds). The family who run it also have the bar next door. Here they still add up pencil on a piece of paper.

Esta tienda pequeña y oscura permanece totalmente inalterada desde que solía correr a ella de niña para comprar pipas. La familia que la regenta también tiene el bar de al lado. Siguen haciendo la cuenta con papel y lápiz.

THE CHURCH OF SAN AGUSTÍN is simple and very beautiful with its typiclly white washed walls, a single arbor and side chapels that were added in the mid nineteenth century. With its stunning location out in the campo perched up on the hill it's really worth a visit. One of my best friends got married here and it was a idillic day, however they did get divorced later...!

LA IGLESIA DE SANT AGUSTÍ es simple y muy bonita con sus típicas paredes encaladas, y una planta sencilla con capillas a los lados que se añadieron a mediados del siglo XIX. Su situación en el campo en lo alto de la colina hace que merezca la pena visitarla. Uno de mis amigos se casó aquí, ¡aunque se divorció después...

BEACHES IN THE WEST PLAYAS EN EL OESTE

I personally think that the west of the island has some of Ibiza's most unusual and beautiful beaches and coves.
Cala Tarida, Cala Conta, Cala Molí, Cala Vadella, Cala Codolar, Cala Carbó and Cala d'Hort are all on the same strip on the western side of the island. They all have beach restaurants, white sand and crystal-clear waters. Ideal for snorkelling and spending a perfect day.

Creo que el oeste de la isla presume de las playas y calas más inusuales y bonitas de Ibiza.
Cala Tarida, Cala Conta, Cala Molí, Cala Vadella, Cala Codolar, Cala Carbó y Cala d'Hort están todas en el mismo tramo oeste de la costa. Todas tienen chiringuitos, arena blanca y aguas cristalinas. Perfectas para hacer snorkel y para pasar el día.

Cala Tarida

This beach was stunning years ago, before mass tourism took over. Its white sand and crystal-clear waters are shallow for quite a distance, and it has a nice selection of beach restaurants. It's also quite unique in that a little islet sits close to the beach in the middle of the bay.
Esta playa era preciosa hace años, antes de que fuera ocupada por el turismo en masa. Es una playa de arenas blancas y aguas cristalinas y poco profundas. Además tiene una buena selección de restaurantes. También es única porque tiene un pequeño islote cerca de la playa justo en medio de la bahía.

✱ Aisea Terraza-Bar
Hotel Club Cala Tarida
Cala Tarida, San José
Tel: 971.806.167
aiseaibiza.com

This is a new little beach place that's been really nicely done, with recycled wood and a simple outdoor terrace. They serve mainly tapas and seem to have a bit of live music going on in the afternoons.
My proofreader loves their selection of mojitos.
Éste es un chiringuito nuevo que ha sido muy bien reformado, con madera reciclada y una terraza muy simple. Sirven principalmente tapas y parece que tienen música en directo por las tardes.
A mi correctora de textos le encanta su variedad de mojitos.

✱ Ses Eufabies
Cala Tarida, San José
Tel: 971.806.328
eufabies.com

Built in the fifties when there was nothing but sea and sand, I love the rustic look of this place.
My friend Carolina recommends the angler fish and the grilled sardines, and it's all very reasonable. Try and reserve the little table outside on the edge of the rock, which they always set with a candle. So romantic!
Construido en los cincuenta cuando no había nada más que mar y arena, me encanta el aspecto rústico de este sitio. Mi amiga Carolina recomienda el rape y las sardinas a la parrilla, y sus precios son muy razonables. Intenta reservar la pequeña mesa que siempre preparan con una velita junto a las rocas. ¡Tan romántico!

Cala Vadella

Not the easiest beach to reach, but it's worth the effort. An unsung hero of the sunset-viewing spot, so get here before sundown to watch the sun drop into the sea framed perfectly by mountains on either side. There's also a diving school here.

No es una playa de fácil acceso, ¡pero merece la pena el esfuerzo! Un lugar olvidado para la puesta de sol, llega antes del anochecer para ver cómo el sol se hunde en el mar con un marco perfecto de montañas a ambos lados. También hay una escuela de buceo aquí.

✺ María Luisa
Cala Vadella, San José
Tel: 971.808.012.

A highly rated Sunday special according to friends, I've never been but its reputation is good. They say the seafood paella and fish here are superb and it's perfect for a lazy family day at the beach.

Dicen mis amigos que éste es un lugar perfecto para pasar un domingo, y aunque yo nunca he estado, he oído que aquí la paella y el pescado son deliciosos. y es perfecto para un día de playa relajado con la familia.

✺ Can Jaume Beach Bar
C/ Castelldefels, 5, Cala Vadella,
Tel: 971.808.127
canjaume.com

If you are in the area, this place is not to be missed. Everything on the menu is delish and not too expensive, and it's set back away from any wind so perfect for a long chilled-out lunch. Also a top sunset viewing spot.

¡Si estás en la zona no debes perderte este sitio! Todo en la carta está delicioso y no es demasiado caro, y está protegido del viento así que es perfecto para una comida relajada. Además es un lugar perfecto para la puesta de sol.

Cala Moli

Not as sandy as its neighbours and primarily made of pebbles, be sure to wear suitable footwear to enter the water. It's well worth it once you're in as this is a great spot for snorkelling. There's a bar at the beach with a pool.

No tan arenosa como sus playas vecinas, predominan los guijarros, así que asegúrate de llevar calzado adecuado para entrar en el agua. Merece la pena una vez que estás dentro ya que es un lugar magnífico para hacer snorkel. Hay un bar con piscina en la playa.

Cala Codolar

A friend first brought me here a few years ago - dare I say - and it's been one of those little Ibiza surprises. With clear turquoise water and not as busy as the neighbours, it's a lovely option in the middle of summer when everywhere is heaving. Take a mask and some fins, as it's perfect for a snorkel by the cliffs. There's also a sweet little shack on the beach for toasted ham-and-cheese sandwiches or hamburgers.

Una amiga me trajo aquí por primera vez hace unos años y me atrevería a decir que es una de esas pequeñas sorpresas que guarda Ibiza. Con aguas turquesas y no tan concurrida como sus playas vecinas es una buena opción en medio del verano cuando el resto de playas están abarrotadas. Llévate las gafas y unas aletas, ya que el mar aquí es cristalino y perfecto para hacer snorkel. También hay un pequeño chiringuito en la playa para sándwiches calientes de jamón y queso o hamburguesas.

ES CUCÓ SUPERMERCADO
Calle 4 de Cala Conta
Tel: 971.343.270

My dear friend Anabel Zamora swears by this place, which sits on the road that leads to Cala Conta and Cala Bassa, just after the roundabout. It's the neighbourhood supermarket and has a bar attached. They stock newspapers and magazines as well as a good selection of vegetables, fruit, organic products, bread and wine, as well as meat for the BBQ. Open daily.

Mi querida amiga Anabel Zamora habla maravillas de este sitio, que está al lado de la carretera que lleva a Cala Conta y Cala Bassa, justo después de la rotonda. Es un supermercado para los vecinos y por supuesto tiene un bar al lado. Venden todos los periódicos y revistas además de una buena selección de verduras, fruta, productos ecológicos, pan y vino, también venden carne para la barbacoa. Abierto cada día.

Cala Conta (Cala Comte)

I love this corner of the island. There's a wildness to the long sand-swept approach, and on the beach the sand is bleached white and the pine trees are twisted by the wind. As far as I'm concerned it's also by far the best place to watch the sunse. You can also choose to swim at the beach or walk around to one of the little coves for a naked dive.

Me encanta este tramo de roca erosionada en la isla, tiene algo de salvaje, y en la playa la arena es blanca y los pinos han sido retorcidos por el viento. Para mí, éste es el mejor sitio para contemplar la puesta de sol en Ibiza. Puedes elegir entre un baño en la playa o acercarte a una de las calitas para sumergirte en el agua desnudo.

✱ Sunset Ashram
Cala Conta, San José
Tel: 661.347.222

This stunning restaurant was created by Manel Aragonés, who really has the most beautiful eyes on the planet! It sits perched on a little headland at Cala Conta Beach. Islanders

flock here in the late afternoon for sunset dining so it gets pretty booked up. The shop at the front is great for a little tunic or an extra sarong, and when the sun dips you will understand how it got its name.
Este magnífico establecimiento fue fundado por Manel Aragonés, que tiene los ojos más bonitos del planeta. Está encaramado sobre una punta en la playa de Cala Conta. Los isleños vienen aquí por la tarde y se llena en temporada alta. La tienda en frente es perfecta para comprar una túnica o un pareo, y cuando se ponga el sol entenderás su nombre.

✱ S'Illa Des Bosc
Cala Conta, San José
Tel: 971.806.161
silladesbosc.com

I love Sunset Ashram next door but this restaurant serves delicious seafood and is really popular with the locals, always a good sign. Book a table and then go for a dip at Cala Conta or take a dive into the clear waters of Cala Contita to the right.
Me encanta Sunset Ashram pero al lado está este restaurante que sirve deliciosos platos de pescado y marisco y es muy popular entre la gente de aquí, lo que siempre es buena señal. Reserva una mesa y luego vete a dar un baño en la playa de Cala Conta o sumérgete en las aguas cristalinas de Cala Contita a la derecha.

Cala Bassa

This beach is so beautiful in winter, but sadly gets very full in the summer. There are a few restaurants, none of them cheap, too many loungers and a regular boat service from San Antonio. I recommend a visit at the end of the day or very early in the morning, but avoid the masses over the weekend...and take a picnic!
Esta playa extensa es tan bonita en invierno, pero es una pena en verano porque está abarrotada. Hay varios restaurantes, y ninguno es barato, demasiadas tumbonas y un servicio de barco frecuente a San Antonio. Recomiendo visitarla al final del día o muy pronto por la mañana, pero evita las masas durante el verano... ¡y llévate un picnic!

Cala Carbo

A lovely little cove with a white sandy beach that is very popular with families and has two great little seafood restaurants. If you swim to the exit of the creek you can watch the sunset from the sea.
Una divina cala con arenas blancas que es muy popular entre familias y tiene dos magníficos restaurantes de pescado. Si nadas a la salida de la cala puedes ver la puesta de sol desde el mar.

✱ Can Vicente
Cala Carbó, San José
Tel: 971.808.155.

Owner Vincente fell in love with this little cove as a kid and years later, in 1981, decided to open a restaurant here. With the help of his wife Ana, they've created a delightful place serving top-notch paellas and fish.
I recommend the Avocado Mexican Style and any of the rice dishes. All equally good!
Vicente se enamoró de esta pequeña cala cuando era niño y años después, en 1981, decidió abrir este restaurante. Con la ayuda de su mujer Ana han creado un lugar precioso con una bonita terraza donde sirven una riquísima paella y pescado. Recomiendo el Aguacate a la Mexicana o cualquiera de los platos de paella. ¡Todo rico!

TAKE

A

SWIM

IN

THE

SEA

THE NORTHWEST COAST (North from San Antonio)
LA COSTA NOROESTE (al norte de Sant Antoni)

If you drive north past San Antonio hugging the coast you will discover the most delightful little coves and beaches including rocky cliffs to swim off. All are perfect sun basking spots and get the sun all day including glorious sunsets.

Si conduces hacia el norte pasando San Antonio y tirando por la costa, descubrirás pequeñas calas, playas encantadoras y acantilados donde nadar. Todos son lugares perfectos para tostarse al sol todo el día, y ver unas impresionantes puestas de sol.

Cala Gracio & Cala Gracioneta

Cala Gració is a very popular beach with the locals, and Cala Gracioneta is its baby sister, with a fantastic beach bar. Both have turquoise waters and white sand.

Cala Gració es una playa muy popular entre los residentes y Cala Gracioneta es su pequeña hermana, pero hay un chiringuito magnífico. Ambas tienen aguas turquesas y arena blanca.

● El Chiringuito de Cala Gracioneta
Cala Gracioneta, San Antonio
Tel: 971.348.338
chiringuitoibiza.com

Set in a magical little bay, this restaurant next to the beach serves up traditional Mediterranean food including fantastic paellas. It is a popular location for weddings as you get the whole bay to yourself, and they do great watermelon cocktails!

Situado en una calita mágica, este restaurante junto a la playa sirve cocina tradicional mediterránea incluyendo paellas fantásticas. Es un lugar popular para bodas ya que tienes toda la cala para ti, y ¡preparan unos cócteles de sandía riquísimos!

Cala Salada & Cala Saladeta

To get here you take a windy drive north through the forest from San Antonio that ends on a beach with cliffs either side and clear, turquoise waters. It has to be said that a lot of these coves get very full in the high season and are not as idyllic as they are in low season. Cala Saladeta next door is often quieter due to its tricky access by foot. There's a good restaurant on the left side which I've heard does a great seafood paella.

Para llegar, coge la carretera con curvas de San Antonio dirección norte a través del bosque y acaba en esta encantadora playa de arena con acantilados a ambos lados y aguas cristalinas. Tengo que decir que muchas de estas calas se llenan mucho en temporada alta y no son tan idílicas como en temporada baja. Cala Saladeta está al lado y a menudo es más tranquila debido a su complicado acceso a pie. Hay un restaurante a la izquierda que he oído hace una buena paella de marisco.

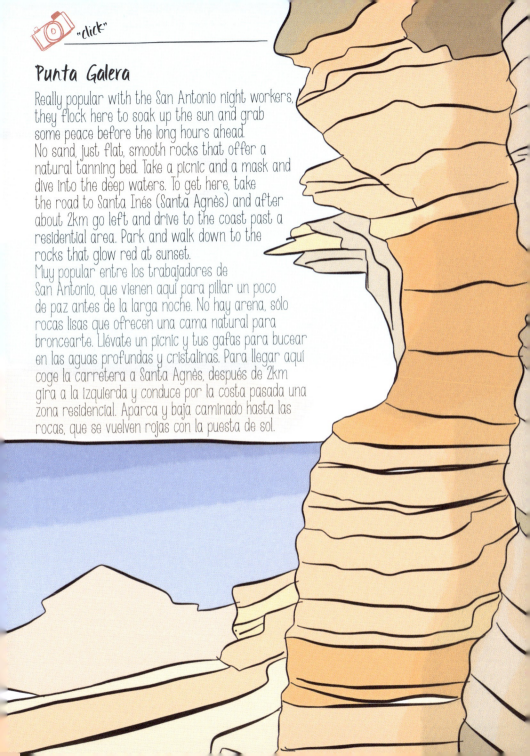

Punta Galera

Really popular with the San Antonio night workers, they flock here to soak up the sun and grab some peace before the long hours ahead. No sand, just flat, smooth rocks that offer a natural tanning bed. Take a picnic and a mask and dive into the deep waters. To get here, take the road to Santa Inés (Santa Agnès) and after about 2km go left and drive to the coast past a residential area. Park and walk down to the rocks that glow red at sunset.

Muy popular entre los trabajadores de San Antonio, que vienen aquí para pillar un poco de paz antes de la larga noche. No hay arena, sólo rocas lisas que ofrecen una cama natural para broncearte. Llévate un picnic y tus gafas para bucear en las aguas profundas y cristalinas. Para llegar aquí coge la carretera a Santa Agnès, después de 2km gira a la izquierda y conduce por la costa pasada una zona residencial. Aparca y baja caminado hasta las rocas, que se vuelven rojas con la puesta de sol.

HOW TO MAKE REAL ALIOLI
COMO HACER EL VERDADERO ALIOLI

by Mark Watkins (Le Grande Beuffe)

15 minutes - 15 minutos

You will need:
1 pestle
1 mortar
a bit of patience

Ingredients:
1 egg yolk,
200ml olive oil,
2-6 garlic cloves

Method:
Mix the yolk, add the crushed garlic, start adding oil slowly, keep pestle going, and going while adding the oil. Be sure not to overbeat as mixture will then split.

Necesitarás:
1 mano de mortero
1 mortero
y un poco de paciencia

Ingredientes:
1 yema,
200ml aceite de oliva
2-6 dientes de ajo

Método:
Mezclar la yema, añadir el ajo picado y el luego aceite poco a poco, mezclar y mezclar. Es importante no mezclar más de 15 minutos porque se dividirán los elementos.

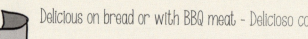

Delicious on bread or with BBQ meat - Delicioso con pan o carne a la brasa

---

* Fake alioli recipe: Mix mayonnaise, crushed garlic and some plain yoghurt. Add salt to taste.
Receta de alioli falso: Mezcla mayonesa, ajo triturado y un poquito de yogur. Añade una pizca de sal.

SANTA INÉS VILLAGE IN THE NORTH WEST
EL PUEBLECITO DE SANTA AGNÈS EN EL NOROESTE

This teeny, tiny village is perhaps best known for its almond blossom, which blooms every February in the light of the full moon. Residents flock to Pla de Corona, the area around, to see this unique spectacle. The little restaurant here serves the best tortilla on the island and there's a little supermarket too. I never tire of the view up to the church from the long straight road you approach along.

Este diminuto pueblo es quizá más conocido por la floración de sus almendros, que florecen cada febrero a la luz de la luna llena. Los residentes se dirigen al Pla de Corona para contemplar este espectáculo único y su pequeño restaurante sirve la mejor tortilla de la isla. Hay también un pequeño supermercado y nunca me canso de observar la iglesia desde esta carretera larga y recta que conduce al pueblo.

✺ Can Cosmi
Plaza de la Iglesia, Santa Inés
Tel: 971.805.020
This is where they serve that famous tortilla, which is a mere potato and egg fritata - but boy they do it well! Eat yours on the cute little terrace overlooking the church square with stray cats wandering around under your table, before popping into the great little grocery next door. My advice is to book a table early and then take a walk around the s stunning almond groves.

Aquí es donde sirven la famosa tortilla española, ¡está riquísima! Cómete la tuya en su pequeña terraza con vistas a la iglesia donde los gatos callejeros deambulan y vienen a sentarse bajo tu mesa, antes de ir a comprar tus verduras en la tienda de al lado. Mi consejo es reservar una mesa pronto y luego ir a darte un paseo entre los magníficos campos de almendros.

✺ Las Puertas del Cielo
Santa Inés
A short walk or drive to the left of Can Cosmi and you will reach a little shack near the edge of a cliff with stunning views on clear days of the Mediterranean stretching to Mallorca island. It's very basic so I just grab a drink and take in the fabulous view.

Por un caminito a la izquierda de Can Cosmi está este pequeño kiosko encaramado en lo alto de un acantilado con vistas al Mediterráneo y la isla de Mallorca en dias claros. Es un sitio muy básico, así que normalmente me tomo una bebida y disfruto de sus fabulosas vistas.

✺ Cas Sabater
Plaza Corona, 3, Santa Inés
Tel: 971.805.051
cas-sabater.com
If you love leather and go for the original homemade stuff, don't pass this little

shop without stopping in for a look. With a workshop on site, they've been open since 1988.
Si te gusta el cuero y los artículos de piel artesanales, pásate y entra a echar un vistazo en esta tienda. Tiene un pequeño taller y lleva abierto desde 1988.

✱ Es Cucons
C/ Camí des Pla de Corona, 110
Tel: 971.805.501
escucons.com

A heavenly restored farmhouse from the sixteenth century, set in the valley near Santa Inés. All the rooms are charmingly decorated and the restaurant offers exquisite Mediterranean food. It's so Ibiza!
Una finca rústica celestial del siglo XVI, situada en el valle cerca de Santa Inés. Todas las habitaciones están decoradas con mucho encanto y el restaurante ofrece exquisita comida mediterránea. ¡Es tan Ibiza!

✱ Casa Datscha
San Antonio > Santa Agnès, Km3
Tel: 971.344.075
casadatscha.net

Friends who stay here tell me that the welcome is friendly and really genuine. It's supposed to be the perfect kind of place to relax away from the madness, and it's only ten minutes from San Antonio town! You can choose from a luxury suite, an apartment, pool suite or a studio.
Mis amigos que se han hospedado aquí me han dicho que la bienvenida es muy cálida, la gente amable y realmente genuina. Es el lugar perfecto para relajarse lejos de la locura, cuando de hecho está a sólo diez minutos de San Antonio. Puedes elegir entre una suite de lujo, un apartamento, suite junto a la piscina o un estudio.

✱ Can Tixedó
Carretera San Rafae>Sta Inés, Km5
Tel: 971.345.248

Located at the crossroads in the countryside near San Antonio. It's a great little place to sit and enjoy breakfast or the traditional meals served throughout the day. They also make fierce mojitos, caipirinhas and daiquiris all made with fresh ingredients. Inside is an art gallery and the store attached sells local craftwork. They host a market selling organic and local products every Saturday from 10 to 4pm.
Situado en el cruce en medio del campo cerca de San Antonio, y es un lugar magnífico para sentarse y disfrutar de un desayuno o probar los platos tradicionales que sirven durante todo el día. También hacen mojitos, caipiriñas y daiquiris que están de muerte, preparados con ingredientes frescos. Dentro, hay una galería de arte mientras que la tienda de al lado vende productos de artesanía local. Cada sábado de 10:00 a 16:00. tienen un mercadillo donde vende productos ecológicos y locales.

HOLIDAY HOUSE RENTAL
ALQUILER DE CASAS DE VACACIONES
with a special touch
con un toque especial

IBIMIMOSA

Jaap Van Praag, an island resident and friend of mine, started this rental company a few years ago. They have a selection of charming hand picked villas and properties, all in superb locations. The team's mission is to find you a perfect place where you can feel at home while on holiday. They meet and take you to the property to make sure you are satisfied.
Jaap Van Praag, un amigo y residente desde muchos años, empezó esta empresa de alquiler hace unos años. Tienen una selección de encantadoras villas y propiedades en excelentes ubicaciones. La misión del equipo Ibimimosa es encontrar el lugar perfecto donde puedas sentirte como en casa durante tus vacaciones. Te reciben y te llevan a la propiedad para asegurarse de que estás contento.

Tel: 696.688.887 · ibimimosa com

5 THINGS YOU SHOULD DO
5 COSAS QUE DEBERÍAS HACER CUANDO ESTÉS AQUÍ

1. Sunday market in San Juan village (p.128)
El mercadillo de los domingos en el pueblo de San Juan

2. Lunch or dinner at Cala Xuclar (p.127)
Comer o cenar en Cala Xuclar

3. Tapas at Can Sulayetas (p.119)
Tapas en Can Sulayetas

4. Drumming in Benirràs on Sunday (p.124)
Los tambores en Benirràs los domingos

5. Shop + dream at the Natasha Collis Showroom (p.122)
Ir de compras o soñar en la tienda de Natasha Collis

THE NORTH
San Juan, San Miguel & the beaches

El Norte, Sant Joan, Sant Miquel y las playas

THE NORTH: TOWNS + BEACHES
EL NORTE, LOS PUEBLOS Y LAS PLAYAS

The north of Ibiza reminds me of the Provence region of France. It's greener and more cultivated than the rest of the island, and the Northerners as I like to call them find it hard to leave their local villages and come south. But I suppose that the same thing applies for the Southerners! But the North does have some of the most secluded and beautiful beaches, coves and cliffs, as well as some quaint *pueblos* along the way. The local hippies certainly prefer it, with the main village of San Juan becoming a bit of a long-haired hang out on Sundays when they have the local artisan market.

El norte de Ibiza me recuerda a la región de la Provenza en Francia. Es más verde y más cultivada que el resto de la isla, y para los norteños, como a mí me gusta llamarlos, es difícil abandonar sus pueblos locales y acercarse al sur. Pero supongo que lo mismo les ocurre a los sureños. El norte tiene calas, playas y acantilados muy aislados y bonitos, además de pueblecitos pintorescos por el camino. Los hippies locales prefieren esta zona, donde su pueblo principal, San Juan, se ha convertido en el centro de reunión los domingos gracias a su mercadillo artesanal.

...eat, drink & enjoy
bebe, come y disfruta...

⊛ Can Sulayetas
Venda de Rubió, San Miguel
Tel: 971.334.567
can-sulayetas-ibiza.com

Tete has been running this place for years and it used to be my local when I lived up the hill just next door. They serve all types of sandwiches on local farmer's bread and I particularly like their omelette – made with fresh eggs from their chickens! The last time I was here five of us ate handsomely for 50 euros total. There's a little supermarket stuck to the restaurant and the terrace painted all different colours. They also have free WiFi, and on Sundays the place fills up with loads of island residents who come from all over. It's open all year, which makes it a perfect winter spot.

Hace años que Tete regenta este establecimiento y solía ser mi bar local cuando vivía aquí al lado en las montañas. Sirven todo tipo de bocadillos de pan payés y a mí particularmente me gusta su tortilla, hecha con huevos frescos de sus propias gallinas. La última vez que estuve aquí, éramos cinco y comimos por 50 euros. Hay un pequeño supermercado pegado al restaurante y la terraza está pintada de diferentes colores. También hay WiFi y los domingos se llena de residentes de la isla que vienen de todos los rincones. Está abierto todo el año, haciéndolo un lugar ideal en el invierno.

Es Portitxol

Sometimes I come here in the summer with a picnic and my mask and snorkelling gear. It's an idyllic little bay with fishing huts and slipways, but a bit of a trek if you are not already staying in the North. By car from Sant Miguel town, you head to the Illa Blanca Urbanisation and then park up and take the path on the left. This will take you to Cala des Moltons, the most idyllic little cove, and the views along the way are well worth the walk.

A veces en verano me vengo aquí con unas gafas y snorkel. Es una cala idílica con casetas de pescadores. Está bastante lejos si no te hospedas en el norte. En coche desde San Miguel, ve hacia la urbanización de Illa Blanca y luego aparca y coge el camino a tu izquierda. Esto te llevará a la Cala des Moltons, una calita idílica y las vistas en todo el camino hacen que merezca la pena venir hasta aquí.

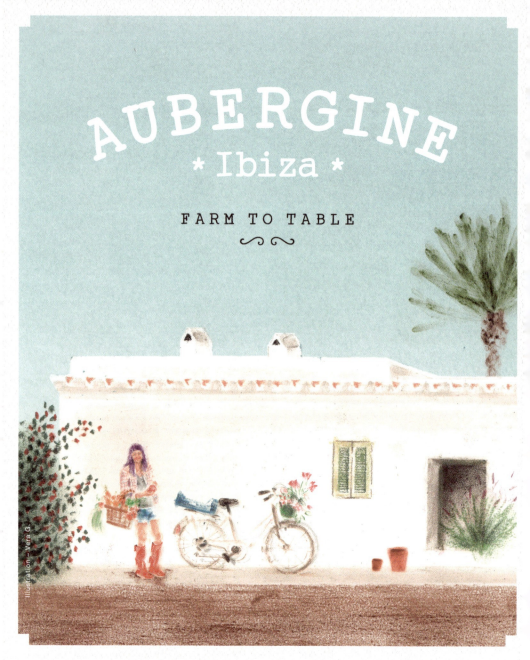

SAN MIGUEL SANT MIQUEL DE BALANSAT

I love walking up to the church in the village of San Miguel. It was built between the fourteenth and eighteenth centuries, and stands strong overlooking the land all around. There are a few shops on the way up and on Thursdays there's a craft market in the square before the church, selling only Ibizan products. You can also catch the "ball pagès", a folkloric dance practised by local group at the top in the afternoon. The village below the church has a selection of little bars and restaurants. If you drive down past the road to the church you will eventually reach the Puerto de San Miguel bay. A nice beach to have lunch and swim.

Me encanta caminar hasta la iglesia en el pueblo de San Miguel. La iglesia fue construida entre los siglos XIV y XVIII, y vigila majestuosamente el campo que la rodea. Hay un par de tiendas en el camino que valen la pena visitar. Los jueves hay un mercado artesanal en la plaza de camino a la iglesia donde sólo venden productos ibicencos y puedes ver el "ball pagès", una danza folclórica que bailan grupos locales por la tarde. El pueblo tiene varios bares y restaurantes, pero si al final del pueblo giras a la derecha justo antes de subir a la iglesia, llegarás al puerto de Puerto de San Miguel. Una bonita playa para almorzar y nadar.

...drink & snack ...beber y picar...

✱ Estanco Can Xicu
C/ de Missa 7, San Miguel
Tel: 971.334.416

My dad loved this little Ibicencan bar. It's like time has stood still, in this old post office with its wooden bar and counter painted blue. It's at the top just before the church. The view is amazing from up here, and you have to try their homemade hierbas.

A mi padre le encantaba este pequeño bar auténtico. Es como si el tiempo se hubiera detenido aquí, en esta antigua oficina de correos con su barra de madera pintada de azul. Lo encontrarás justo antes de la iglesia. Desde aquí arriba la vista es increíble y tienes que probar sus hierbas ibicencas caseras.

...shopping de compras...

✻ Natasha Collis Fine Jewellery
Can Josepet, C/ de Missa 5
Tel: 971.334.654
natashacollis.com

Even the walk to Natasha's shop-slash-studio is a lovely experience and, housed in a 500-year-old building, it's like stepping into a little piece of history. Everything is hand-made here, and so delicately beautiful. She works with 18ct yellow, white and pink gold as well as silver, and her designs are encrusted with diamonds, rubies, emeralds, sapphires and tourmalines. Gorgeous.

Incluso el paseo hasta la tienda-estudio de Natasha es una experiencia encantadora y al estar situado en un edificio de 500 años de antigüedad es como si entraras en la historia. Todo aquí es artesanal, muy bonito y delicado. Trabaja con oro amarillo, blanco y rosado de 18 quilates y sus diseños están incrustados con diamantes, rubíes, esmeraldas, zafiros y turmalinas. Precioso.

✻ Dario Bomé
C/ de la Iglesia 10, San Miguel
Tel: 971.334.833

Up the road to the church of San Miguel, this little bazaar-like treasure trove has always been a favourite of my mum's. Her Dutch friend travels all the way from Holland just to visit once a year! Inside there's a selection of Indian-inspired pieces, lots of leather and accessories and everything feels like a one-off.

Subiendo la carretera hacia la iglesia de San Miguel, está esta pequeña cueva del tesoro estilo bazar que siempre ha sido la favorita de mi madre. Su amiga holandesa viaja desde Holanda especialmente para visitar esta tienda una vez al año. Dentro hay una selección de prendas de inspiración india, montones de cuero y accesorios, todas las piezas parecen ser únicas.

✻ La Luna Nell'orto
Carretera del Puerto, San Miguel
Tel: 971.334.599
lunanellorto.com

A firm favourite with lots of my friends, I haven't been for a while but I can still remember sitting under the fig tree with lamps and candles all around while enjoying the most incredible Italian food. They do fab home-made pasta and vegetarian crepes, as well as good meat and fish dishes. It's a lovely location for a wedding reception too.

Un firme favorito entre muchos de mis amigos, hace tiempo que no voy pero puedo recordar sentarme bajo una higuera con pequeñas lamparillas y velas alrededor mientras disfrutaba de la cocina italiana más increíble. Hacen pasta casera y crepes de verdura, además de ricos platos de carne y pescado. Es un lugar encantador para un banquete de boda.

...down at the bay abajo en la bahía...

✻ Kiosko Can Tothom
Puerto de San Miguel
Tel: 971.334.128

This little place is right on the beach and also open in the winter. It's such a perfect pit stop for a cold beer and a snack after a walk around the cove.

Este pequeño kiosko justo en la playa también está abierto en invierno. Me parece perfecto para una parada rápida para pillar una cerveza y picotear algo después de caminar alrededor de la bahía.

✻ Port Balanzat
C/ Port San Miguel
Tel: 971.334.527
restauranteportbalansat.com

Known for its amazing seafood and their top dish the 'bullit de peix', a traditional Ibicenco fish stew with vegetables, served with rice and saffron-infused alioli.

Este local es conocido por sus magníficos platos de pescado y marisco, pero su mejor plato es el bullit de peix, un guisado de pescado tradicional ibicenco con patatas y alioli con aroma de azafrán y servido con arroz a banda.

A quaint restaurant on the road...
Un restaurante en la carretera...

❋ Aubergine Ibiza
Carretera de San Miguel km 9.9
Tel: 971.090.055
info@aubergine.com

I snuck this new restaurant in at the last minute because I had the most delicious dinner here and just had to add it. Their dishes are all prepared with freshly picked organic vegetables. We ordered a selection of dips, a beetroot, mozzarella, and fresh basil salad and a steak wok with vegetables. It is Set in an old finca and we sat outside in the lush gardens enjoying the surroundings. I need to go back soon as the menú is so divine...

Al último minuto colé este restaurante recién abierto porque disfruté de la más deliciosa cena aquí y tenía que añadirlo. Sus platos están elaborados con verduras orgánicas de la isla. Pedimos una selección de dips riquíssimos, una ensalada de remolacha, mozzarella y albahaca y un wok de entraña con verduras. Situado en una antigua finca, nos sentamos en los jardines disfrutando del entorno. Tengo que volver pronto,...me quedan cosas en el menu por probar...

...sleep ...dormir...

❋ Can Planells
Venda de Rubio, 2, San Miguel
Tel: 971.334.924
canplanells.com

Staying at this converted farmhouse is supposed to be an absolute delight, as I've heard it's just bursting with charm and family history. Set in a garden surrounded by orange groves and almonds, the owners are lovely and with just eight rooms and a heavenly swimming pool it promises a true Ibiza experience.

Hospedarse en esta finca convertida es una verdadera delicia, según me han dicho, está llena de encanto e historia familiar. Situada en un jardín rodeado de huertos de naranjos y almendros, la familia Planells, sus propietarios, son muy cordiales y atentos. Sus ocho habitaciones y piscina maravillosa prometen una verdadera experiencia ibicenca.

❋ Hotel Rural Cas Pla
Venda del Rubio, 59, San Miguel
Tel: 971.334.587
caspla-ibiza.com

If you want utter peace and tranquillity in Ibiza, this is where to find it! Set in the rural hills outside San Miguel, a few days here, with its serene surroundings and spacious rooms is the perfect place to recharge your batteries.

Si quieres vacaciones de verdad con paz y tranquilidad, aquí es donde puedes encontrarlas. Situado en las montañas a las afueras de San Miguel, hospedarse aquí con sus tranquilos jardines y habitaciones amplias te ayudarán a cargar las pilas.

❋ Hotel Hacienda Na Xamena
Urbanización Na Xamena, San Miguel
Tel: 971.334.500
hotelhacienda-biza.com

I was first wowed by this hotel when it opened about 43 years ago, and the views still take my breath away. Set on the edge of a cliff, you can see for miles, and the waterfalls tumbling down the side of the cliff are incredible. This was the first five-star hotel on the island, and this year it has just had a huge makeover. The rooms all have sea views and a Jacuzzi (except for the singles). Some even have private rooftop pools, so it's not surprising celebrities love it. The restaurant and pool area is not to be missed.

Cuando este hotel abrió hace unos 43 años me dejó pasmada y sus vistas siguen impresionándome. Está situado sobre un acantilado desde donde puedes ver el mar desde kilómetros y las cascadas suspendidas que bajan por el lado del acantilado lo hacen aún más increíble. Éste fue el primer hotel de cinco estrellas de la isla, y este año le acaban de hacer una buena reforma. Todas las habitaciones tienen vistas al mar y jacuzzi (excepto las individuales). Algunas incluso tienen piscinas privadas en la azotea, no nos sorprende que a las celebridades les encante. El restaurante y la zona de la piscina es para no perdérselo.

BENIRRÀS

Hippy market here every sunday
Mercadillo Hippy cada domingo

I come to this cove more for the vibe than for the beach itself as I find that the gritty sand here lets it down a bit. The restaurants are good, there's a funky fashion boutique and a great juice bar, so it has everything else covered. And beyond that, Benirràs has a unique atmosphere that's inviting and friendly. The kids like to rent pedalos or kayaks. I myself often grab a lounger, and I always bring a mask in case I decide to take a long swim out to the island of Es Cap Bernat, which stands long and tall in the centre of the bay. It is one of the original hippy beaches and there's a mass exodus here every Sunday when people from all over the island come to listen to, or play the drums at sunset. It's packed in high season.

Voy a esta cala más por su ambiente que por la playa ya que encuentro que su arena sucia decepciona. Pero los restaurantes son buenos, hay una boutique de moda muy funky y un magnífico bar de zumos, así que tiene todos los ángulos cubiertos. Y más aún, Benirràs tiene una atmósfera única muy atractiva y acogedora. Los niños pueden alquilar patines o kayaks. Yo a menudo me cojo una hamaca, y siempre me traigo las gafas y tubo de bucear por si decido nadar hasta la isla de Es Cap Bernat, que es un islote alto en el centro de la bahía. Es una de las playas hippies originales, cada domingo la gente acude en masa desde toda la isla para escuchar a percusionistas tocar a la puesta de sol. Está llena todos los días en temporada alta.

...drink, eat & chill
beber, comer y relajarse...

✳ Benirràs 2000
Cala Benirràs
Tel: 971.333.313
This is a relaxed, unassuming restaurant serving traditional Mediterranean food, including a really good paella, of course, which is what I always order. They also do a mean roasted leg of lamb and the service is impeccable. It's always full of Spanish families and very reasonably priced, the kids spend hours on the pool table at the side and they don't mind you getting sand on the floor.

Un restaurante tranquilo y sin pretensiones que sirve cocina tradicional incluyendo una buena paella, que por supuesto es lo que siempre pido aquí. También preparan una pierna de cordero asada riquísima y el servicio es impecable. Siempre está lleno de familias españolas y los precios son muy razonables. Los niños se pasan horas en su mesa de billar y aquí no les importa que el suelo se llene de arena.

✳ Elements
Cala Benirràs
Tel: 971.333.136
elements-ibiza.com
Kiko runs this cool bohemian beach restaurant, and he's a charmer! Us girls like to come here for a catch-up over a glass or two on the terrace in the summer and just soak up the atmosphere, accompanied by sexy deep house tunes. They have a Mediterranean menu and a little pizzería at the end that also does burgers and chips and they are open until late.

Kiko, que dirige este restaurante de playa bohemio, es de lo más encantador. Suelo venir con mis amigas a menudo en verano a charlar y tomarnos unas copas o dos de vino en la terraza y a disfrutar del ambiente, acompañadas de melodías deep house. Tienen un menú mediterráneo y una pequeña pizzería en un extremo que también hace hamburguesas y patatas. Están abiertos hasta tarde.

✳ Sejuiced
Cala Benirràs
sejuiced.eu
Owner Cliff has created a fab little natural juice and smoothie bar within Elements restaurant. I love the "Ibiza Delight," which is like a liquid breakfast made with banana, oats, honey, strawberries…and soya milk, it's soooo good! You can add all sorts of superfood shots, like a dose of spirulina to start the day with energy.

El propietario Cliff ha creado un bar de batidos y zumos naturales dentro del restaurante Elements. Me encanta el "Ibiza Delight", que es como un desayuno líquido con plátano, avena, miel, fresas… y leche de soja, ¡está tan rico! Puedes añadir todo tipo de superalimentos, como una dosis de espirulina para empezar el día con energía.

✳ Rocamar
Cala Benirràs
Tel: 971.333.532

With a prime position on this northern hippy beach, you can actually watch the sun set into the sea from here. The food is good too, but I tend to just order a gin tonic and watch that sun descend across the bay.

Su posición privilegiada en el centro de esta playa hippie, te permite ver una de las mejores puestas de sol de la playa. La comida también es buena, pero suelo pedirme sólo un gin tonic y ver el sol descender.

...shopping
de compras...

✳ Deseo
Cala Benirràs
Tel: 607.248.596
More than your average beach boutique, this place is a must if you're searching for that perfect summer outfit for the beach / villa party you've just been invited to! I love their faded kaftans, cute little bikinis and tiny jean shorts, which come in all different colours. And then there's the heavenly selection of jewellery…

Más que tu típica tienda de playa, este lugar es esencial si buscas ese modelito de verano perfecto para la playa o para una fiesta privada a la que te han invitado. Me encantan sus túnicas desteñidas, minúsculos bikinis y sus vaqueros cortos, que vienen en distintos colores. Y luego está su preciosa selección de joyería.

IBIZA - THE NORTH EL NORTE

PORTINATX

The most Northern beach on the island and a fifteen-minute drive from San Juan which is the nearest village. The sea is translucent here, making it a favourite with snorkellers and scuba divers, and on a clear day you can see all the way to Mallorca.

La playa más al norte de la isla, está a unos 15 minutos en coche de San Juan, el pueblo más cercano. El mar aquí es translúcido, convirtiéndolo en lugar favorito para hacer snorkel y bucear, y en los días claros puedes ver hasta Mallorca.

❋ El Puerto Restaurante
Playa Puerto de Portinatx
Tel: 971.320.776

I have never eaten here but it's very popular with locals and tourists, and has a great view of the sunset. They do all the basics, a fish stew, paella and grilled meats, as well as lobster and crayfish if you're feeling extravagant.

Nunca he comido aquí pero sé que es una joya junto al mar y muy popular entre los residentes locales y turistas, y tiene vistas magníficas de la puesta de sol. Preparan todos los platos básicos, guisado de pescado, paella, carnes a la parrilla, además de langosta y bogavante.

❋ Hostal La Cigüeña
S'Arenal Petit, 36,
Cala Portinatx
Tel: 971.320.614
laciguenya.com

This cute beachfront hostal is constantly buzzing. You can rent a room or a complete apartment, but get in there at the start of the season because it fills up fast! It also has a small beach bar, La Cigüeña, with a covered terrace, so you can sit in the shade drinking your sangria. They serve snacks in the day and stay open til late – sometimes very late!

Este hostal coqueto en la playa está siempre lleno. Puedes alquilar una habitación o un apartamento completo, pero ve a principios de temporada porque se llena muy rápido. También tiene un pequeño chiringuito en la playa, La Cigüeña, con terraza cubierta, para poder sentarte a la sombra mientras bebes una sangría. Sirven aperitivos durante el día y está abierto hasta tarde, ¡a veces hasta muy tarde!

❋ S'Illot Des Renclí
Carretera Portinatx, km 25.3,
Tel: 971.320.585

This rocky cove with clear turquoise waters is ideal for snorkelling. A little restaurant of the same name serves up delicious fish dishes and has amazing sea views and lovely shaded tables under the pine trees.

La calita rocosa con aguas color turquesa es ideal para el snorkel. Un pequeño restaurante del mismo nombre sirve deliciosos platos de pescado y tiene unas vistas magníficas al mar y mesitas bajo los pinos.

Portinatx Lighthouse
FARO DE ES MOSCARTER

Just after Caló d'en Serra to the left of the beach there is a stunning dirt path that leads to the lighthouse on some austere and dramatic cliffs.

Hay un camino espectacular que llega al faro que está sobre unos acantilados increíbles. Está justo después del cruce de Caló d'en Serra, a la izquierda de la playa por un camino de tierra.

Cala Xuclar

This unspoilt cove at the bottom of a steep, dusty track is surrounded by trees and fisherman's huts, with wooden slipways that are perfect for private sunbathing. Crystal-clear waters and a rocky bottom invite you in for a snorkel, and I like to jump off the rocks with all the kids. It's a great escape, complete with a kiosk-style bar serving fresh fish every day.

Esta calita virgen al final de un camino empinado y polvoriento está rodeada de árboles y casetas de pescadores, con gradas de madera perfectas para tomar el sol en privado. Aguas cristalinas y fondo rocoso que te invitan a bucear, además me gusta saltar desde las rocas con todos los niños. Es un lugar magnífico para escaparse con un chiringuito estilo quiosco que sirve pescado fresco cada día.

✱ Chiringuito Cala Xuclar
Cala Xuclar, Portinatx
Tel: 607.233.019

This beach shack restaurant has been the setting for many a memorable evening with my friends, eating and sipping wine until the moon comes up. The only restaurant here and run by siblings Carlos and Sara, they offer a variety of fresh fish each day as well as great tapas for starters and mixed salads. To make a reservation, you have to send a text message two days in advance! Once here, be warned that there's no cell coverage.

Este chiringuito restaurante ha sido escenario de muchos momentos memorables con mis amigos, comiendo y bebiendo buen vino hasta que saliera la luna. El único restaurante de la playa está regentado por los hermanos Carlos y Sara, quienes ofrecen una variedad de platos de pescado fresco además de magníficas tapas de primero y una variedad de ensaladas. Para reservar, tienes que enviar un mensaje de texto dos días antes. Una vez aquí, que sepas que no hay cobertura móvil.

Cala Xarraca

You'll find this bay on the way to Portinatx, and despite being considered an insiders' secret, it gets pretty full in the summer. With clear waters it's also perfect for snorkelling and finding shells. There's a good seafood restaurant, and mud baths by the cliffs to the left of the cove.

Encontrarás esta bahía de camino a Portinatx y a pesar de ser considerada un secreto, se llena bastante en verano. Sus aguas cristalinas son perfectas para el snorkel y encontrar conchas. También hay un restaurante de pescado y marisco aquí, y hay baños de barro en el acantilado de la parte izquierda.

IBIZA - THE NORTH EL NORTE

SAN JUAN VILLAGE SANT JOAN DE LABRITJA

"click"

This sleepy drive-through village remains pretty much unchanged since the 1960s. One of Ibiza's most unspoilt spots, it's still the meeting point for a lot of the local hippys who gather on Sundays for the authentic little market.

Este pequeño pueblo aletargado permanece intacto desde los años 60. Uno de los lugares mejor conservados de Ibiza, sigue siendo un punto de reunión para muchos de los hippies locales que se reúnen los domingos para un mercadillo auténtico.

...eat, drink & shop
comer, beber y comprar...

✺ Vista Alegre
C/ d'Eivissa, 1, San Juan
Tel: 971.333.008

A great place for morning coffee before setting off to a nearby beach, this is the main bar in San Juan village and was a real meeting point in the 1970s for the local hippies. Stop in on a Wednesday to sample their famous "bullit de peix" fish stew.

Un lugar magnífico para el café de la mañana antes de marcharse a una playa cercana, éste es el bar principal de San Juan y era un verdadero punto de reunión para los hippies locales en los años 70. Párate un miércoles para probar su famoso bullit de peix, un delicioso guisado de pescado.

✺ Bar Restaurant San Joan
C/ San Vicente, San Juan
Tel: 971.333.141

A simple Ibicencan bar with no frills whatsoever, this place is always crammed with locals. Grab a coffee and sit outside opposite the beautiful church.

Un bar ibicenco simple sin ningún tipo de florituras, este establecimiento siempre está lleno de gente de Ibiza. Pídete un café y siéntate fuera frente a la preciosa iglesia de San Juan.

✳ Sabores Naturales
C/ Juan Vicent Ferrer, 4, San Juan
Tel: 609.938.475

On your right as you enter the village, this little restaurant only uses vegan products and does great pizzas as well as home-made bread, pastries and cakes using no white sugar. And one of the few places in Ibiza you'll find authentic Chai tea.

A tu derecha cuando entras en el pueblo. Un pequeño restaurante que sólo cocina con productos veganos. Hacen pizzas riquísimas además de panes, hojaldres y pasteles caseros sin usar azucar blanco. También es uno de los pocos sitios donde encontrarás auténtico té Chai.

✳ The Giri Café
Plaza de España 5, San Juan
Tel: 971.333.474
cafe.thegiri.com

Stunning interior design. Think raw stone walls with gorgeous glass details, and all beautifully lit. They open for lunch and dinner and do a modern take on the classic Mediterranean menu. There's a stylish urban bar that does great cocktails. Be warned, it's not cheap.

Un diseño interior precioso; imagina paredes de piedra vista con preciosos detalles de cristal y una iluminación exquisita. Abierto para comer o cenar y sirven una versión moderna de los clásicos mediterráneos. En su barra estilo urbano preparan cócteles deliciosos. Ojo, no es una opción barata.

✳ Lisi Peluquería y estética
C/ Ibiza 16, local 2, San Juan
Tel: 971.935 648

My friends in the north and in a radius of 15 km come to this beauty parlour. Hairdresser, waxing, manicures, facials and other beauty treatments, and all reasonably priced.

Mis amigas en el norte y en un radio de 15 km vienen a este salón de belleza. Peluquería, depilación, manicura, tratamientos faciales y más. Todos a un precio razonable.

✳ Peixateria San Juan
Plaza d'Espanya 2, San Juan

For years these local fishermen just supplied most of the restaurants in the area, then David Torres and Javier Ramón Marí decided to open their own store in the village! My very close friend Charity who lives in the neighbourhood says they have the best fish on the island.

Durante años los pescadores locales sólo abastecían a los mejores restaurantes de la zona, entonces David Torres y Javier Ramón Marí decidieron abrir su propia pescadería en el pueblo. Mi intima amiga Charity me dice siempre que tienen el mejor pescado de la isla.

...rest & sleep descansa y duerme...

✳ Gare du Nord
C/ de Sa Cala, 11
Tel: 6.89.104.062
garedunordibiza.com

A recently opened bed and breakfast just on the outskirts of San Juan village in the heart of the countryside. It's affordable and cosy and serves heavenly breakfasts.

Un pequeño hotelito en el campo al norte cerca del pueblo de San Juan que acaban de abrir. Es asequible y acogedor y hacen desayunos celestiales.

✳ The Giri Residence
San Juan
Tel: 971.333.345
thegiri.com

A boutique hotel with a fusion of Scandinavian and Balinese design which still manages to respect the 200-year-old property. In the countryside and just behind the village of Sant Joan, it's the "real Ibiza" – with a touch of luxury. It has a swimming pool and a spa. Not a cheap option.

Este hotel ha sido restaurado con una fusión de diseño escandinavo y balinés pero respetando la finca centenaria. Rodeado de campo y cerca del pueblo de San Juan, es la verdadera Ibiza, pero con un toque de lujo. Tiene piscina y un spa.

 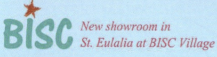

New showroom in
St. Eulalia at BISC Village

C/Venda de Parada 10
07814 Santa Gertrudis, Spain
Tel. : +34/971197644
Online Shop : www.aurobelle.com
E-mail : aurobelle@gmail.com

CALA SAN VICENTE — SANT VICENT DE SA CALA

This was once the most remote village on the island. You can get here from Sant Juan or from San Carlos. It has a quaint church and nearby is a lovely sandy bay with a few not-so-quaint hotels. There is a Púnic sanctuary up the hill which I've mentioned at the back of the guide and a few nice restaurants and bars down at the beach.

Una vez fue la aldea más remota de la isla. Se puede llegar desde Sant Juan o desde San Carlos. Tiene una pintoresca iglesia y cerca hay una bahía arenosa con algunos hoteles no tan pintorescos. Hay un santuario púnico en la colina que he mencionado en la parte posterior de la guía además de buenos restaurantes y bares en la playa.

✺ On The Beach
Cala San Vicente
Tel: 971.320.115
onthebeachibiza.com
This is a gorgeous chillout slash lounge restaurant on the the beach that hosts great little parties with live gigs and DJs throughout the summer. They also have a yummy kitchen that serves fusion food and vegetarian or, if you prefer, tapas and burgers, as well as juices and cocktails.

Un precioso restaurante y bar chill out en la playa que monta pequeñas fiestas con conciertos en vivo y DJs durante todo el verano. Tienen una cocina deliciosa que sirve comida asiática y vegetariana o, si lo prefieres, tapas y hamburguesas. Además sirven riquísimos zumos y cócteles.

✺ Can Gat
Cala San Vicente
Tel: 971.320.123
Can Gat was the first house ever built on this beach so it has the best sea views. Their lobster paella and fish dishes are out of this world and worth coming all the way for.
Can Gat fue la primera casa construida en esta playa, y tiene vistas privilegiadas. Su paella de langosta, pescado al grill y bullit de peix son excelentes y una buena razón para venir.

✺ Hidden
C/ Cala San Vicente, 5
Tel: 971.320.253
hidden-bar.com
Set back from the beach, this original place has the best cocktails and a mini-golf which the kids love, as well a sweet gardens to sit back and enjoy that cocktail.
Llegando a la playa, está este lugar original que tiene los mejores cócteles y un mini-golf, que a los niños les encanta, rodeado de jardines para sentarse a disfrutar de ese cóctel.

LIFE IS A BEACH

5 THINGS YOU SHOULD DO
5 cosas que deberías hacer cuando estés aquí

----

1. Walk up to the Church of Puig de Missa (p.134)
   Subir andando a la iglesia de Puig de Missa

2. Eat a fish stew at Bigotes in Cala Mastella (p.154)
   Comerte un Bullit de Peix en el Bigotes de Cala Mastella

3. Shop at Las Dalias Hippy Market (p.150)
   Ir de compras al mercadillo hippie de Las Dalias

4. Have a paella in Pou des Lleó (p.155)
   Comerte una paella en Pou d'es Lleó

5. Go by boat to Tagomago island for lunch (p.157)
   Ir en barco a la isla de Tagomago para comer

THE EAST + SANTA EULALIA
EL NORTE Y SANTA EULÀRIA DES RIU

The Eastern part of Ibiza comprises a varied selection of coves and beaches, as well as the main town of Santa Eulalia, which is unique in that it has the only river in the Balearics running through it. The church of Santa Eulalia, Es Puig de Missa, sits perched on top of the hill, and was declared a site of scenic beauty by the Ministry of Culture in 1952 and a historical monument in 2002. This town has fabulous restaurants and a gorgeous beach with a wide promenade. It has a residential vibe off-season, being home to so many of the island's expat residents, and really comes alive in the summer.

La parte este de Ibiza comprende una selección variada de calitas y playas, además del pueblo de Santa Eulalia que es único porque tiene un río que lo atraviesa. La iglesia de Santa Eulalia, Es Puig de Missa, se encara perfectamente en lo alto de la colina y fue declarado paraje pintoresco por el Ministerio de Cultura en 1952 y monumento histórico en 2002. Este pueblo tiene restaurantes fabulosos y una playa preciosa con un amplio paseo que realmente cobra vida en verano. Tiene un ambiente más vacacional, siendo el hogar de muchos extranjeros que residen en la isla.

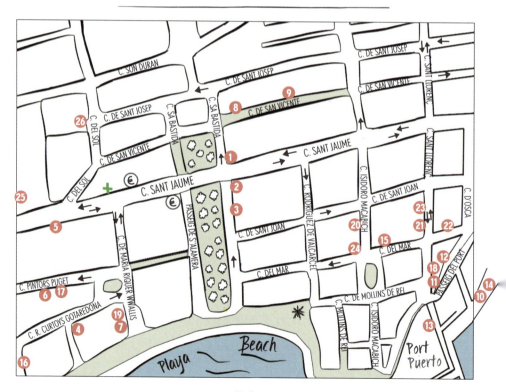

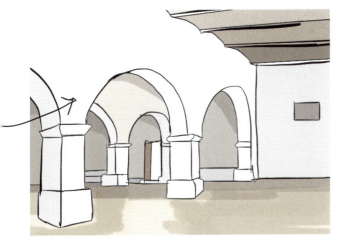

...eat & drink
comer y beber...

1 Royalty
C/ San Jaime, 51, Santa Eulalia
Tel: 971.331.819
My parents used to sit here when they first visited the island and found themselves in Santa Eulalia to meet friends. Around since the 1930s, they have proper old-school Spanish waiters and a selection of really good value tapas.

Mis padres solían sentarse aquí cuando visitaban la isla y quedaban en Santa Eulalia para ver a sus amigos. Abierto desde los años 30, ofrece un servicio clásico y una magnífica selección de tapas a muy buen precio.

2 Can Cosmi
C/ San Jaime 44, Santa Eulalia
Tel: 971.807.315
One of the three oldest cafés in this town, and said to be the first place on the island to make the famous toasted bread with tomato, garlic rubbed in, plus parsley. A family business since 1948, they serve traditional tapas all day and you can get a beer and a Pincho for €1,80.

Una de las cafeterías más antiguas del pueblo, éste fue el primer lugar de la isla en hacer la famosa tostada de pan con tomate, ajo y perejil. Un negocio familiar abierto desde 1948, sirven tapas tradicionales todo el día y puedes pedirte una caña y un pincho por 1,80€.

3 Croissant Show
Paseo de Salamera, Santa Eulalia
Tel: 971.319.610
The truth is, they do the best coffee in Santa Eulalia. I nearly always have mine here, along with a butter rich croissant. It reminds me of a patisserie in Paris with its showcase of French pastries.

La verdad es que, ¡hacen el mejor café de Santa Eulalia! Suelo tomarme el mío aquí junto a un croissant de mantequilla. Me recuerda a una pastelería en París con su gran mostrador de pasteles franceses.

4 Sa Vida Sana
C/ Ricardo Curtoys Gotarredona, 3, bajo 2 - Santa Eulalia
Tel: 971.338.536
My brother introduced me to this delicatessen-slash-café a few years ago, and I always come here when I'm in the neighbourhood. It's the perfect place for a healthy home-made lunch, with its salad bar and great set menú. I love the roast beef and the couscous salad – but it's all scrummy!

Mi hermano me trajo a este delicatessen-cafetería hace unos años, y siempre vengo cuando estoy en el barrio. Es el lugar perfecto para una comida casera sana, con su mostrador de ensaladas y un magnífico menú del día. Me encanta la ternera asada con ensalada de couscous, ¡todo está riquísimo!

5 Taco Paco
C/ San Jaime, 1, Santa Eulalia
Tel: 971.807.556
A great Mexican restaurant that's been charmingly decorated in a sort of mish-mash style. Old leather sofas are mixed up with recycled chairs and lanterns, and fairy lights outside create a lovely atmosphere. You can't leave without trying the nachos with guacamole, melted cheese and crème fraîche.

Un restaurante mexicano genial que ha sido decorado con mucho gusto en una especie de batiburrillo de estilos. Viejos sofás de piel mezclados con sillas recicladas y farolillos, las lamparillas fuera crean un ambiente encantador. No puedes marcharte sin probar los nachos con guacamole, queso fundido y crème fraîche.

❻ Samos Deli
C/ Pintores Puget, Santa Eulalia
Tel: 971.338.863
samos-group.com

This little German bakery is famous for its yummy breads, but they also do all sorts of cheeses, sausages and pretzels too. You can also grab a pastry and coffee to have on the spot.

Esta pastelería alemana es famosa por sus deliciosos panes, pero también tiene una selección de quesos, salchichas y pretzels. Puedes comprar una pasta y un café y tomártelo aquí mismo.

❼ Restaurante Cana Suni
C/ Mariano Riquer 6, Santa Eulalia
Tel: 971.319.177

One of the best value places in town, and the lovely couple who own this place do amazing home-cooked, typically Spanish food. Its popular with the locals, which is a good sign. They really serve something for everyone, a set menu, normal menu, and delicious specials written on a board. Afterwards you can take a nice stroll down the promenade by the sea.

Uno de los sitios más económicos del pueblo, y la encantadora pareja que lleva este local hace una comida casera española muy rica. Es muy popular entre los lugareños, lo que es una buena señal. Aquí realmente sirven para todos los gustos, un menú del día, un menú normal, y luego una pizarra con deliciosas especialidades. Y después de comer puedes darte un agradable paseo por el paseo marítimo.

❽ Chiang Mai
C/ San Vicente, 25, Santa Eulalia
Tel: 971.331.307

This authentic Thai restaurant is on a walking street which runs sideways from the Town Hall and is definitely worth visiting. I order the selection of starters and a green chicken curry to follow. Plus it's very reasonably priced and there's a takeaway option too.

Este restaurante tailandés está en una calle peatonal cerca del ayuntamiento, es un restaurante preferido mío y vale la pena probarlo. Siempre me pido una selección de primeros seguido de un curry verde de segundo. Delicioso. Además los precios son razonables y puedes pedírtelo para llevar.

❾ Kathmandu
C/ San Vicente, 49, Santa Eulalia
Tel: 971.339.635
kathmanduibiza.com

If you like your Indian food like I do, then this place on the "restaurant street" is for you. They do great kormas, tikkas and biryanis, all served with heaps of naan bread. My favourite is their luscious, creamy chicken tikka masala, and they have a very reasonably priced set menu that allows you to choose from ten different starters, main dishes and desserts.

Si te gusta la comida india como a mí, entonces este establecimiento en la calle de restaurantes es para ti. Hacen deliciosos kormas, tikkas y biryanis, todo servido con montones de pan naan. Mi favorito es su pollo tikka masala deliciosamente cremoso, y tienen un menú a precio muy razonable que te permite elegir entre diez primeros, segundos y postres.

❿ Kokoro Sushi Lounge
C/ San Juan 38, Santa Eulalia
Tel: 971.332.089

This restaurant in the marina opened last summer but has already got an outstanding reputation for serving the best Japanese fusion food in Santa Eulalia. The décor is lovely and it's really worth a visit. The fish dishes are also amazing.

Este restaurante en la marina que abrió el verano pasado ya se ha ganado

una reputación excelente por servir la mejor cocina de fusión japonesa del pueblo. También sirven unos platos de pescado riquísimos.

...down by the Marina
por el Puerto deportivo...

⑪ El Puntal
C/ San Lorenzo, 21, Santa Eulalia.
Tel: 971.807.523.

My dear friend Danny Bussard first took me here one afternoon for some tapas, and they have a great wine list as well. But I've since discovered their big English breakfasts, which are a great way to start to the day! Find it just before the entrance of the Marina.

Mi amigo Danny Bussard me trajo aquí por primera vez una tarde de tapas, y además tienen una carta de vinos muy buena. Desde entonces, he descubierto que preparan un buen desayuno inglés, que es una forma magnífica de empezar el día. Encuéntralo a la entrada de la marina.

⑫ Ring o' Bells
C/ del Mar, 14, Santa Eulalia
Tel: 971.331.943

Hayden and Yvette run this great British pub at the entrance to the Marina, and are so friendly and welcoming. You can grab a pint for just €2,50, in which case they have Carling as well as Estrella. Or in my case make it a Bloody Mary and a game of darts or pool, thank you very much! There's also Wifi and a multi-screen TV, so you can sit back and watch the sports. Snacks are available and they have authentic Mr Whippy ice-cream for the kids.

Hayden e Yvette regentan este pub inglés a la entrada de la marina y son muy simpáticos y amables. Puedes beberte una pinta por 2,50€, tanto de Carling como de Estrella. Para mí, un Bloody Mary y una partida de dardos o billar, ¡gracias! También hay WiFi y TV multi-pantalla, para que puedas relajarte y ver el deporte. Hay aperitivos disponibles y tienen el auténtico helado Mr Whippy para los niños.

⑬ Guaraná
Puerto Deportivo, 8, Santa Eulalia
Tel: 971.395.444
guaranaibiza.com

This is the only nightclub in "Santa" (as us locals call the town). They host live music and DJs, and the terrace is perfect for sipping a long drink on a summer's evening while watching everyone stroll past along the Marina.

Ésta es la única disco de "Santa" (como la llamamos nosotros los isleños). Presentan música en vivo y DJs, y la terraza es perfecta para tomarse una copa por la noche en verano mientras observas a la gente pasear por la marina.

TEATRO ESPAÑA
The cinema ✳ El cine

Driving through Santa Eulalia you can't miss this old cinema, built in 1929 and recently restored to its former glory. It is like an real old theatre inside with stunning curved balconies. It screens a mixture of films including some in English with subtitles. Just check the posters outside for info.

Al cruzar por el centro de Santa Eulalia no puedes pasar por alto este viejo cine. Fue construido en 1929 y ha sido restaurado recientemente devolviéndolo a su antigua gloria. Dentro es como un viejo teatro con elegantes balcones curvados. Emiten una mezcla de películas incluyendo algunas en inglés con subtítulos. Echa un vistazo a su cartelera fuera.

C/ San Juame, 81, Santa Eulalia
Tel: 971.331.943
santaeulariadesriu.com

⑭ Bollywood
Puerto Deportivo local 16, zona 4 Santa Eulalia
Tel: 971.331.253

This is my mum's absolute undisputed favourite Indian on the island, and one of mine too. The owners are super friendly and attentive and the food is really aromatic and fresh. I always have the chicken tikka masala while my daughter prefers the korma, and you just *have* to get a side order of cheese naan, you won't regret it! It's down in the port area with views of the boats. They also do takeaway.s here.

Este sitio es de los favoritos de mi madre, y a mí también me chifla. Los propietarios son encantadores y la comida es aromática y fresca. Suelo comer pollo tikka masala y mi hija prefiere el korma, y tienes que pedirte naan de queso, ¡no te arrepentirás! Está en el puerto deportivo y tiene vistas estupendas a los barcos. También hacen comida para llevar.

⑮ Cafeteria Alberto's
C/ del Mar, 17, Santa Eulalia
Tel: 971.332.064

This breakfast and tapas bar has been around for 40 years or so and is a great option for that morning hunger. It has cute little tables just at the entrance looking onto the street.

Un bar de desayunos y tapas que lleva abierto unos 40 años y es una opción magnífica para saciar el hambre matutino. Tiene mesitas en la calle muy monas.

...shops tiendas...

⑯ White Island Corner Shop
C/ Juan Tur Tur, Santa Eulalia
Tel: 971.338.832

A little piece of Britain in Spain, this is where I get my little treats over the winter, from Richmond sausages and pork pies to Wensleydale cheese, crumpets and Monster Munch crisps. The owners are sweet and friendly and always up for a little chat.

Un pedazo del Reino Unido en España, aquí es donde vengo a comprar pequeños caprichos en invierno, desde salchichas Richmond a empanadas de cerdo, queso Wensleydale, Crumpets y patatas Monster Munch. Los propietarios son muy dulces y amables y les va mucho la charla.

⑰ Arroz y Bambú
C/ Pintores Puget, Santa Eulalia
Tel: 971.336.621
arroz-y-bambu.com

If you need ingredients for a curry or other Asian meals, then this place will have everything you're after. All reasonably priced, they offer spices and other specialities from Thailand, Indonesia, the Philippines, India, Mexico, Ecuador...

Si necesitas ingredientes para un curry u otro plato oriental, ésta es la tienda donde encontrarás todo lo necesario. Todo a buen precio, ofrecen especias y otras especialidades de Tailandia, Indonesia, Filipinas, India, México, Ecuador...

⑱ La Zapatería
C/ San Lorenzo, 21, Sta Eulalia
Tel: 971.332.991

All us girls love shoes and Santa Eulalia has many shoe shops but this little shop near the marina always has a surprisingly original selection. Peering in through the window is never enough!

A todas nosotras nos gustan los zapatos y Santa Eulalia tiene muchas tiendas de zapatos pero esta pequeña tienda cerca de la marina siempre tiene una selección sorprendentemente original. ¡Nunca me basta con echar un vistazo a su escaparate!

⑲ Queens & Kings of Joy Fashion
C/ Mariano Riquer Wallis s/n, Santa Eulalia
Tel: 971.807.878

This is where you can find all the trendy Ibiza brands in one shop. They get new items every week, and you can shop your entire new beach look here, from flip-flops to a straw hat, and everything in between. Owner Irma always welcomes you with a smile.

Aquí es donde puedes encontrar todas las marcas de moda de Ibiza en una sola tienda. Reciben prendas nuevas cada semana, y puedes comprar tu look entero de playa, desde chanclas a sombreros de paja. Su propietaria Irma siempre te recibe con una gran sonrisa.

㉑ Piratas y Princesas
C/ Isidoro Macabich, 20, Santa Eulalia
Tel: 620.995.453

My friend set this up kids' store last year with her sister after having had her own baby, funny how that tends to happen! She's created a haven of top quality white and 100% cotton designs for your very own princess or pirate.

Mi amiga y su hermana abrieron esta tienda para niños el año pasado después de tener su propio bebé, ¡algo gracioso que suele ocurrir con las primerizas! Ha creado un oasis de diseños de gran calidad en algodón 100% para tus princesas o piratas.

㉑ Octopus Shop
C/ San Lorenzo, 22, Santa Eulalia
Tel: 971.807.492
octopusshop.puzl.com

I check this little quirky shop out every time I go into Santa, as it has such original things for kids and grownups alike. Fantastic for stocking fillers, they sell everything from fun games to colourful lamps and cardboard build-it-yourself insects. It's toyshop heaven.

Cada vez que voy a Santa Eulalia echo un vistazo a esta tienda ya que tiene objetos muy interesantes para niños y mayores. Es fantástico para llenar los calcetines de pequeños regalos en Navidad, venden de todo, desde juegos divertidos a lámparas coloridas e insectos que tienes que construir tú mismo. ¡Un paraíso de juguetes!

㉒ Sugar Chic Ibiza
C/ del Mar, 19, Santa Eulalia
Tel: 971.330.014

This place is cupcake heaven! And owners Isabel and Antonio have also created a store that looks good enough to eat – it feels like the walls are made of icing, and the chairs and tables of candy. You can sit here and have a cup of tea and cake, buy a selection to take home or even take classes on making them yourself.

ES MERCAT
The market/Mercado

♡ the olives stuffed with chilis / me encantan las guindillas

I love this busy market, which generally gets overlooked by visitors because it's hidden at the back of Santa Eulalia town. It offers a range of high quality vegetables and local produce, and has a butcher, a store selling German specialities, a hardware store, a seamstress and even a guy who fixes shoes. So it's a must!

Me encanta este mercado tan concurrido, generalmente los visitantes lo pasan por alto porque está escondido en la parte trasera de Santa Eulalia. Ofrece una variedad de verduras y productos locales de gran calidad y tiene carnicerías, una tienda que vende especialidades alemanas, una ferretería, una costurera e incluso un reparador de calzado. ¡Un esencial!

C/del Sol o Carrer Son Duran.
Open: 07:00 - 14:00

ON THE ROAD
En la carretera

THE FRUIT MARKET
TIENDA de COMESTIBLES

This is a great roadside grocery store on the way to Santa Eulalia from Ibiza, that is open every day...Sundays too, so it's great if you run out of food and need to stock up last minute. They have amazing bread here and a vast vegetable stand with all sorts of exotic fruit. There's also some pottery outside in the entrance in case you need to buy a few plates.

Una tienda de comestibles en la carretera cuando estás llegando a Santa Eulalia desde Ibiza. Abierto todos los días y los domingos, así que es genial si se te ha quedado vacía la nevera y necesitas llenarla. Tienen un pan delicioso y un gran puesto de verduras con montones de frutas exóticas. También hay cerámicas a la entrada por si quieres comprarte un plato o dos...

Carretera Ibiza > Santa Eulalia

¡Este sitio es un paraíso de las magdalenas! Y los propietarios Isabel y Antonio han creado una tienda tan bonita que está para comérsela, parece que las paredes están hechas de cobertura de azúcar y las sillas y mesas de caramelo. Puedes sentarte y tomarte un té y un trozo de pastel, comprar una porción para llevarte a casa o incluso apuntarte a las clases para hacerlos tú mismo.

㉓ Polen
C/ San Lorenzo, 14, Santa Eulalia
Tel: 634.843.374

Alice opened this sweet little health shop last summer and stocked it with an amazing selection of quality products. Think bio/eco food and drinks, and healthy snacks for the kids.

Alice abrió esta pequeña tienda sana el verano pasado y la llenó de una increíble selección de productos de calidad como bebidas y comida bio/eco y picoteos sanos para los niños.

㉔ El Ramo De Flores
C/ I. Macabich, 22, Santa Eulalia
Tel: 971.330.186 – 659.830.882
ramodeflores.com

This little corner florist is open all year, including holidays and Sunday mornings. Whatever the occasion, they have an incredible selection of fresh cut flowers and always arrange them beautifully.

Esta tiendecita en la esquina frente a la plaza del cañón está abierta todo el año, incluyendo días festivos y domingos. Independientemente de la ocasión, siempre tienen una gran selección de flores recién cortadas y hacen unos ramos preciosos.

...sleep and relax
dormir y relajarte...

㉕ Buenavista
Avda. Padre Guasch, 9, Santa Eulalia
Tel: 971.330.003
ibizabuenavista.com

This hotel is up a little lane on the hill that leads to the church of Puig de Missa as you drive into Santa Eulalia town. It's classically Spanish in style with a lot of stately charm, and was the first hotel built in Santa Eulalia. Set in spectacular gardens and with incredible panoramic sea views, it's a family run business, and has a regular clientele. It also has its own restaurant, a swimming pool and a sun deck.

Este hotel está en la colina de camino a la iglesia de Puig de Missa a la entrada de Santa Eulalia. Tiene un estilo clásico español con mucho encanto y fue uno de los primeros hoteles construidos en Santa Eulalia. Situado entre unos jardines espectaculares y unas vistas panorámicas al mar, es un negocio familiar y tiene una clientela habitual. Además tiene su propio restaurante, piscina y solárium.

㉖ Ca's Catalá
C/ del Sol, Santa Eulària
Tel: 971.338.649 - 662.311.094
cascatala.com

My friends Lulu and Mathew run this sweet boutique hotel that looks small from the outside but surprises you when you go inside with its large living room, its pool and terrace and its lovely rooms all decorated with lots of taste. It's also very reasonably priced.

Mis amigos Lulu y Mathew llevan este hotel con mucho encanto en el pueblo, que parece pequeño desde afuera, pero que sorprende cuando entras, con grán salón, su terraza amplia alrededor de la piscina y sus habitaciones todas decoradas con un montón de estilo. Y muy razonable de precio.

✸ Aguas de Ibiza Lifestyle & Spa
Salvador Carnacho, 9,
Santa Eulalia
Tel: 971.319.991
aguasdeibiza.com

This five-star resort is run by one of Ibiza's oldest families. The rooms have stunning sea views, there are three indoor and three outdoor swimming pools plus an amazing spa. To top it off, they serve a really great breakfast on the rooftop terrace.

Este complejo de cinco estrellas está dirigido por una de las familias más antiguas de Ibiza. Las habitaciones tienen vistas increíbles al mar, tienen tres piscinas interiores y otras tres exteriores y un spa. Además, sirven el mejor desayuno en la terraza de la azotea.

✸ Insotel Fenicia Prestige Suites
C/ Narcisos, Santa Eulalia.
Tel: 971.807.000
insotelhotelgroup.com

In prime position where the river meets the sea, this five star hotel has a magnificent entrance and reception, a stunning pool area and a spa on the ground floor. It's perfect for families or couples, and has all the facilities for large receptions and corporate gatherings.

Este hotel de cinco estrellas tiene una entrada y recepción majestuosas, su zona de piscina es impresionante y además presume de uno de los mejores spas de la isla. Es perfecto para familias y parejas y tiene todas las instalaciones necesarias para grandes banquetes y reuniones empresariales.

Cala Olivera

A sandy little cove surrounded by rocks and pine trees that remains totally unspoilt and wild.
It's a long way down a dusty dirt track, but the little shack at the end serving home-made specials is worth the drive. Be prepared to fight for a spot on the beach though, as it's only 30 metres in length. If the beach is too full climb up onto the rocks on the right and dive into the crystal-clear sea.

Esta pequeña calita de arena rodeada de rocas y pinos permanece totalmente virgen y salvaje. El camino es largo y polvoriento, pero el pequeño chiringuito al final sirve cocina casera que merece la pena el trayecto. Prepárate a luchar por tu sitio en la playa, ya que sólo tiene 30 metros de largo. Si la playa está llena, sube por las rocas a la derecha y zambúllete en su mar de aguas cristalinas.

✱ Chiringuito de Cala Olivera
Cala Olivera, Roca Llisa
Tel: 619.617.556

I don't know who they are but the people running this shack set back from the beach have created a heavenly little eatery for people who want to hide away from the masses. I come here for the omelettes, and the fresh fish of the day is always good. I think I had some incredibly good sardines last time I came.

No sé quien lleva este bar pero han conseguido crear un pequeño restaurante para aquellos que quieren alejarse de las aglomeraciones. Vengo aquí por sus tortillas y pescado fresco del día, que siempre está muy rico. Creo que una vez comí aquí unas sardinas increíblemente buenas.

✱ Casa Piedra
Ctra. Cala Llonga, Polígono 18,
Tel: 971.196.558
restaurante-casapiedra-ibiza.com

This little restaurant is so worth a visit for it's lovely atmosphere and delicious food. A favourite amongst the locals, it sits overlooking a lemon grove just on the outskirts of Cala Llonga.

Merece la pena visitar este pequeño restaurante por su encantador ambiente y comida deliciosa. Un favorito entre la gente local, está situado mirando hacia un huerto de limoneros en las afueras de Cala Llonga.

Cala Llonga

A deep bay with a wide sandy beach that gets rather ruined in the summer due to the overflow from its large hotels. Still, it's great if you have kids because it has a little park at the back beneath the shade of the pines and a selection of restaurants on the beach front and others set back in the urbanization.

Una bahía profunda con una playa ancha de arena que en verano se estropea debido a la gran cantidad de turistas que emanan de sus grandes hoteles. Aún así, es perfecta para niños porque hay un pequeño parque detrás, bajo la sombra de los pinos, y varios restaurantes en la playa y en a la entrada a la urbanización.

✱ The Terrace
C/ Cala Llonga, 68
Tel: 657.556.457

This little British-run roadside restaurant on the way down to Cala Llonga Beach is perfect for hungry kids. They do tapas, excellent main dishes and the sangria is great. I love the

"patatas bravas"– fried chunky chips with hot sauce, and they do some great puddings too. It's good quality and reasonably priced.

Este pequeño restaurante de carretera en el camino a la playa de Cala Llonga es perfecto para niños hambrientos. Hacen tapas, excelentes platos principales y la sangría aquí está muy rica. Me encantan las patatas bravas y también hacen postres deliciosos. Buena calidad a un precio muy razonable.

Cafetería Los Albatros
C/ Cala Llonga

My hyper Spanish friend Pepito runs this place. It's great for going to watch the football as they have a huge screen set up for the matches and the food's classically Spanish.
There's a kids menu and Pepito is a fan of never letting you go thirsty.
On some ocassions they do cheese fondue which is from a friend's mother's Swiss recipe, so ask them to keep you posted!

Mi amigo español Pepito, que siempre va a cien, dirige este local. Es genial para ir a ver el fútbol, ya que tienen una gran pantalla para ver los partidos desde la terraza y la comida es tradicional y buena.
Hay un menú infantil y Pepito nunca te dejará la copa vacía. A veces hacen Fondue de queso de una receta original suiza. ¡Entérate!

...eat, drink, & party
comer, beber y goza...

Amante
Sol d'en Serra, Cala Llonga
Tel: 971.196.176
amanteibiza.com

This cool hangout in between Cala Llonga and the Golf Club has amazing sea views and is perfect for romantic dining, weddings and other big get-togethers. Full moon dining seems to be a "thing" here, and they also show outdoor movies so check what's coming on: limeinthecoconut.es

Este precioso restaurante entre Cala Llonga y el Club de Golf tiene unas vistas impresionantes al mar y es perfecto para bodas y otros grandes eventos. Las noches de luna llena son muy populares aquí y además ponen películas al aire libre. Echa un vistazo a sus estrenos en: limeinthecoconut.es

...sleep & rest
dormir y descansar...

Can Pere
C/ Jesús-Cala Llonga, Roca Lisa, Jesús
Tel: 971.196.600

This elegantly restored finca hotel has stone walls and beamed ceilings, as well as impressive views from a stunning hilltop location. Each of the four suites has a modern bathroom with Jacuzzi, although I've heard the Wifi connection could be better. But with Balinese daybeds with curtains that blow in the breeze surrounding the swimming pool, life doesn't get much better than this.

Esta encantadora finca reconvertida en hotel tiene muros de piedra y techos de sabina, además de unas vistas impresionantes desde su situación privilegiada en lo alto de la montaña. Cada una de las cuatro suites tiene un baño moderno con jacuzzi, aunque he oído que su WiFi podría funcionar mejor. Pero con sus camas balinesas con cortinas que vuelan con la brisa alrededor de la piscina, la vida no podría ser mejor.

Can Domo
C/ Jesus- Cala Llonga km 7.6,
Tel: 971.331.059 - 618.550.897
candomo.com

This chic little paradise has been created by Alejandra and José, and sits in a secluded 17th-century farmhouse on a hilltop near Roca Llisa in Cala Llonga. The charming rooms have whitewashed beams and cosy benches, and a pool with hammocks is surrounded by olive trees and flower-filled gardens.

Este paraíso pequeño y chic creado por Alejandra y José está situado en una finca del siglo XVII en lo alto de una colina cerca de Roca Llisa y Cala Llonga. Sus habitaciones son muy acogedoras y han sido decoradas con vigas blanqueadas y cómodos asientos, su piscina con hamacas está rodeada de olivos y jardineras llenas de flores.

LA GALERIA ELEFANTE
SANTA GERTRUDIS

We are shopowners,
colourful beachcombers,
dreamers, collectors, nomadic
drifters, global travellers,
theatrical deserters,
mothers of sons, star gazers,
floating sisters, weavers and traders
and lovers of beautiful things,
enjoying barefoot shadows,
on this indigo island

La Galería Elefante is open all day everyday

Carretera San Miguel, Km 3.2, Santa Gertrudis, 07814, Ibiza, Spain
Tel: +34 971 197 017 • www.lagaleriaelefante.com

Es Canar...north of Santa Eulalia...
Es Canar... al norte de Santa Eulalia...

✱ Lamia Cafe
C/ Pou Des Pujols, Es Canar
Tel: 971.807.699

Husband and wife team David and Carla run this lovely café, which is down a little side street in Es Canar. They do a delicious selection of beautifully presented, home-made Italian food. And don't forget to have a shot of limoncello at the end.

El matrimonio entre David y Carla lleva esta agradable cafetería, en una pequeña calle de Es Canar. Preparan una selección deliciosa de platos italianos caseros. ¡No te olvides de tomarte un chupito de limoncello al final!

✱ Babylon Beach
Punta Es Farallo, Es Canar
Tel: 971.332.181
babylonbeachbar.com

This restaurant-slash-beach bar really has it all, and looks gorgeous. Think Ibizan driftwood chic, with original little details in every corner. It's become one of the most popular hangouts in the northeast of the island, and you can either come for lunch with the whole gang (there's a great kids play area at the back) or dinner, with the tables out front looking right out to sea. There are also loungers or bean bags for all-day lounging in the sun, and a beach-shack-style bar for drinks. To get there take the road to Cala Nova from Santa Eulalia and look for the sign on the right.

Este restaurante – chiringuito realmente lo tiene todo y además es precioso con su madera reciclada y pequeños detalles originales en cada esquina. Se ha convertido en un punto de reunión muy popular entre la gente del noreste, y puedes venir para comer con todos tus colegas (ya que hay una zona para niños atrás) o cenar, con mesas mirando directamente al mar. También hay tumbonas o pufs para relajarse todo el día al sol y una barra estilo cabaña para tus copas. Para llegar hasta aquí coge la carretera de Es Canar desde Santa Eulalia y busca la señal a la derecha.

✱ Es Farallo
C/ Es Canar
Tel: 971.330.785
esfarallo.com

Perfect for a proper Sunday lunch Ibicenco style, they do great fresh fish dishes, paellas, grilled meat and tapas. I love the baby fried squid and the pepper steak, but there's a good choice of vegetarian options too. On Saturday nights they also host a stand up monologues thingy, which is fun...all in Spanish though.

Perfecto para una buena comida de domingo a la ibicenca, preparan delicioso pescado fresco, paellas, carnes a la parrilla y tapas. Me encantan los chipirones y el entrecote a la pimienta, pero hay una gran selección de platos vegetarianos. Los sábados por la noche también organizan veladas de monólogos, es muy divertido.

✱ Can Suldat
Ctra. Es Canar, KM5, Santa Eulalia
Tel: 635.228.582

I love this place, they do goulash and a great sirloin steak, but the cheese fondue is what this place is famous for. In this little overgrown rustic finca, a meal feels a bit like dining with friends at home. They have a live guitarist on the weekend and Peter, the owner, makes a superb limoncello served in a big ice bowl.

Aquí hacen goulash además de un solomillo riquísimo, pero es famoso por su fondue de queso. Comer en esta finca rústica es como comer con amigos en casa. También tienen música de guitarra y Peter el dueño sirve un limoncello riquísimo.

✱ Cas Pagés
Ctra. San Carles, Santa Eulalia
Tel: 971.319.029

A favourite of mine when I'm up in the northeast, this place is run by sisters Carmen and Lucia who have created one of the best traditional restaurants in Ibiza in the basement of their own home. In winter, they have a fire blazing away inside and in the summer the little shaded terrace at the back is just heavenly. Famous for their BBQ, this place is a meateaters must. I love the "Sobrasada," which is a roasted local sausage. Like all good old-school Ibiza eateries, they don't take credit cards nor can you reserve in advance. Just get here early if you want a good table. Only cash.

Uno de mis favoritos cuando voy al norte, este establecimiento lo llevan las hermanas Carmen y Lucía, que han creado uno de los mejores restaurantes tradicionales de Ibiza en el sótano de su propio hogar. En invierno, hay una chimenea con un fuego dentro y en verano su pequeña terraza a la sombra es simplemente divina. Es famoso por sus carnes a la parrilla, un esencial para los amantes de la carne. A mí personalmente me encanta la sobrasada. Como todo buen restaurante ibicenco clásico no aceptan tarjetas de crédito ni puedes reservar con antelación. Simplemente llega pronto si quieres conseguir una buena mesa. Solo efectivo.

✺ Sansara
Santa Eulalia>San Carlos
Tel: 971.807.231 - 657.877.363
sansaraibiza.com

This is a lovely restaurant that is out in the countryside just off the road from Santa Eulalia to San Carlos. It's a refreshing change from the usual Ibiza places as it hosts laid-back music events and has really good food. I always have a Thai curry, and the kids go for the pizzas. If you are into your puddings don't leave without trying the tarte flambée. Check their webpage for the music agenda.

Un acogedor restaurante en el campo, cerca de la carretera de Santa Eulalia camino a San Carlos. Es un sitio diferente a los lugares habituales de Ibiza, tiene un entorno hippy y relajado, con buena comida y música en vivo. Siempre pido curry tailandés, y los niños prefieren las pizzas. Si te gustan los postres prueba la tarta flambeada. Busca el calendario músical en su web.

...sleep near Es Canar
dormir por Es Canar...

✺ Hostal Mar y Huerta
Avda. Es Canar, 118, Santa Eulalia
Tel: 971.330.787
hostalmaryhuerta.com

A great little sleeping option if you want to be in this area. It's affordable and clean and near everything you need to have a great holiday.

Una opción genial para dormir si quieres hospedarte por esta zona. Es asequible y limpio y está cerca de todo lo que necesites para unas vacaciones fantásticas.

✺ Hostal Flamingo
C/ Font d´Atzaro, 25, Es Canar
Tel: 971.330.717
hostalflamingoibiza.com

The Ferrer family built this family-friendly hotel in 1968 and like to make you feel at home. It's located in a quiet area near the beach, that's surrounded by fields set back from the bay, and it's all decorated in authentic Spanish style and spotlessly clean. It has a bar and a pool and rooms range from 30-90 euros with breakfast included, so it's a really good budget option. Open all summer.

La familia Ferrer construyó este hotel para familias en 1968 y les gusta hacer que te sientas como en casa. Está situado en una zona tranquila cerca de la playa, rodeada de campo y decorada con auténtico estilo español, y está impecablemente limpio. Tiene bar y piscina y las habitaciones cuestan entre 30-90 euros con desayuno incluido, es una opción buena y económica. Abierto todo el verano.

✺ Las Arenas Hostal
Avenida d'Es Canar, 138, Santa Eulalia
Tel: 971.330.790

This simple, family-run hotel is a budget option with bags of local charm. The sunrise from the rooms here is just unreal if you get up early enough, and they have a great little restaurant at street level.

Este hotel simple y familiar es económico y derrocha encanto local. El amanecer desde las habitaciones es estupendo si te levantas lo suficientemente pronto y tienen un magnífico restaurante a nivel de calle.

SAN CARLOS SANT CARLES DE PERALTA

A beautifully kept little village, with whitewashed houses and a typical Ibicencan eighteenth-century church, this is the gateway to beaches in the northeast of Ibiza, like Aguas Blancas, Cala Llenya, Cala Mastella and Cala San Vicente, among others. But a few bars and restaurants and a couple of shops mean it's worth parking up for a little wander around.

Un pequeño pueblo bonito con casitas blancas y una iglesia típica ibicenca del siglo XVIII, dando paso a las playas del noreste de Ibiza, como Aguas Blancas, Cala Llenya, Cala Mastella o Cala San Vicente. Pero sus bares, restaurantes y algunas tiendas bonitas hacen que merezca la pena aparcar de camino a la playa y dar un pequeño paseo por el pueblo.

...eat in the village
comer en el pueblo...

✹ Bar Anita (Ca n'Anneta)
Plaza de la Iglesia, San Carlos
Tel: 971.335.090
Facing the stunning church of San Carlos, I've spent many a long lunch in this place which was once famous for serving the "real" absinthe. If you sit outside on the curb you can watch people drive past. Their menu is traditional Spanish at its best. I like the tortilla and the boquerones (marinated fish), all knocked back with a cold beer. The locals still collect their post here.
De cara a la iglesia de San Carlos, he pasado largas sobremesas en este lugar que una vez fue famoso por servir absenta. Si te sientas fuera en la acera puedes observar los coches pasar por delante, y su carta tradicional española es lo mejor. Me gusta la tapa de tortilla española y los boquerones, todo acompañado de una cerveza bien fría. Los que viven aquí ya desde mucho aún recogen su correo en este bar.

✹ Viccio
Edificio Oliveres de Peralta 15, San Carlos
Tel: 971.335.237
This little ice-cream parlour slash cafe opened last year and its owner insists that his is the best ice-cream on the island! Looking at the selection, I have to say I believe him, so when you're feeling worn down by the summer heat and you're headed home after a long day beaching, stop off in the village for a luscious cool down.
Esta pequeña heladería / cafeteria es divina y su propietario insiste que su helado artesanal es el mejor de la isla. Mirando la selección,

tengo que decir que le creo, así que cuando te sientas agotado por el calor y estés de camino a casa después de un día en la playa, párate en el pueblo para un helado sabroso y refrescante.

❂ Enfarinarte Pizza
Edificio ses Oliveres de Peralta, San Carlos
Tel: 971.335.779

I've been told that this little den makes really great freshly baked pizzas, and is very reasonably priced. You can get a takeaway or eat in on one of their little stools – just call in advance to avoid a long wait.

Me han dicho que en este pequeño local hacen unas pizzas deliciosas y que los precios son muy buenos. Te la puedes llevar o comerla en uno de sus pequeños taburetes; llama con antelación para evitar colas.

...shops ...tiendas.

❂ Papillon
Plaza de la Iglesia, San Carlos
Tel: 971.335.237

This little shop is just down from Bar Anita, and if you want traditional Ibiza style in lovely crisp cottons, this is your place. As well as dresses and trousers, they do great bags with pompoms and some fab metallic sandals, and owner José has everything made in Ibiza and India every year.

Esta tienda pequeñita está a unos pasos del Bar Anita, y si quieres el estilo ibicenco tradicional de algodón tienes que venir aquí. Además de vestidos y pantalones, hacen unos bolsos geniales con pompones y sandalias metálicas fabulosas, el propietario José lo manda hacer todo a mano en Ibiza e India todos los años.

❂ Belinda
Edificio ses Oliveres de Peralta, 4a
Tel: 600.013.943

Belinda stocks up on the exquisite textiles and oriental antiques she sells in this little boutique on her regular journeys through Asia. She also sells clothes. This is a great place to pick up a special gift.

Belinda se abastece de tejidos exquisitos y antigüedades orientales en sus viajes por Asia que después vende en esta boutique. También vende ropa, su tienda es un lugar genial para comprar un regalo especial.

❂ Lottie Bogotie
C/ de la Venda de Peralta, San Carlos
Tels: 971.326.749 - 618.900.128

I never tire of this vintage shop, and year after year I find the best stuff here. Full of vintage jewellery, I love hunting through the coral necklaces and faux gold charm bracelets, as well as the rails of floral dresses and second-hand clothing. The prices are really reasonable, and in fact just writing this has made me feel the need to go there for a rummage. If there is no-one in just stick some euros in the post box!

Nunca me canso de esta tienda vintage, y año tras año encuentro aquí los mejores artículos. Llena de joyería única, me encanta rebuscar entre sus collares de coral y brazaletes, además de echar un vistazo en sus percheros de vestidos floreados y ropa de segunda mano. Los precios no son disparatados, y tengo que pasarme pronto a echar un vistazo. Si no está la dueña mete el dinero en su buzón...

❂ Fashion Beauty
Edificio Peralta, local 4B, San Carlos
Tel: 699 05 44 35

Mari Luz is the best manicurist and pedicurist on the whole island as far as I am concerned. She also does massages and facials and other beauty treatments. I live near Ibiza town but still drive all the way here for my appointment. It's worth it, trust me.

En mi opinion, Mari Luz hace la mejor manicura y pedicura en toda la isla. También hace masajes y tratamientos faciales además de tratamientos de belleza. Vivo cerca de Ibiza ciudad, pero conduzco hasta aquí para mi cita. Vale la pena, créeme.

...sleep & enjoy
dormir y disfrutar

✱ Agroturismo Can Talaias
Carretera Pou d'es Lleó, San Carlos
Tel: 971.335.742
hotelcantalaias.com

This lovely farmhouse used to be the home of the British actor Terry Thomas. His son Cushan now runs the place as a rural hotel alongside his lovely wife Laetti. There's a breathtaking sea view from the terrace and they've created a uniquely Ibizan family-like atmosphere here. It's also a Brit cleberity hide-out.

Esta encantadora casa payesa fue hogar hace años del actor británico Terry Thomas. Su hijo Cushan es quien ahora lo regenta como un hotel rural junto a Laetti, su encantadora y mujer. Hay unas vistas impresionantes al mar desde la terraza y ambos han creado un ambiente único, ibicenco, familiar y más que relajado.
Es el escondite de las celebridades inglesas.

✱ Hostel Es Alocs
Playa Es Figueral, San Carlos.
Tel: 971.335.079
hostalalocs.com

This is an old-school hostal on the beach of Es Figueral, with views of the sunrise and Tagomago island. A family-run place that's retained that simple Ibiza charm, it sits surrounded by plants and has plenty of shady areas to lie back and relax. The rooms are really affordable - as is their delicious home cooking. There's also live music every Tuesday, and a daily boat to Formentera from the beach in front!

Un hostal en la playa de Es Figueral, con vistas a la salida del sol y a la isla de Tagomago. Un negocio familiar que ha retenido ese encanto simple de Ibiza, está rodeado de plantas y con zonas sombreadas donde tumbarse y relajarse. Las habitaciones son muy asequibles, al igual que su deliciosa cocina casera. También hay música en directo los martes, y un barco a Formentera cada día.

✱ Restaurante Cala Martina
Playa Cala Martina, Es Canar
Tel: 971.338.745

A favourite of mine because they serve good food at affordable prices, and is open all year, and nothing beats lunch on the beach in winter, They do a great paella, the fish is always delicious and the setting is perfect. It's best at the beginning or end of the summer though, when the beach is less packed.

Uno de mis favoritos porque la comida es buena, a buen precio, está abierto todo el año y no hay nada mejor que comer en la playa en invierno. Hacen una paella muy rica y el pescado está delicioso, además el entorno es perfecto. . Es mejor ir al principio o final del verano, cuando la playa está menos llena.

Cala Martina

This heavenly strip of sand lies north of Santa Eulalia to the right of the Road to Es Canar. With a few decent restaurants and a sailing, windsurf and diving school as well, it's a great family beach. You can see the islands of Illa Redona and Illa Santa from here, which are fun to windsurf out to, and it's also good for a swim after you've visited the huge Hippy Market held in Es Canar every Wednesday. (p.151)

Este tramo de arena al norte de Santa Eulalia y a la derecha en la carretera a Es Canar es divino. Con un par de restaurants decentes y una escuela de vela, windsurfing y buceo es una opción perfecta para familias. Puedes ver las islas de Illa Redona e Illa Santa desde aquí, es genial hacer windsurfing hasta ellas, y también está muy bien para darse un baño después de visitar el gigantesco mercadillo hippy de Es Canar los miércoles. (pág.151)

IBIZA - THE EAST EL ESTE

THE HIPPY MARKETS Los mercadillos

LAS DALIAS

This Hippy Market is just before San Carlos village and has become legendary on Ibiza, I love going here for a bit of boho retail. The lovely owner Juanito has done an amazing job with the place which began as a live music venue, hosting artists like the Rolling Stones, or so they say... It's now a crafts market where islanders sell their creations. In the summer it gets really packed and also very hot, so I tend to visit the night market which takes place on Sunday and Monday evenings. There's a restaurant too, and a few little places to snack and have fresh juices.

El mercadillo hippy de San Carlos se ha convertido en una leyenda en Ibiza y me encanta visitarlo para comprar ropa y accesorios bohemios. Juanito, su encantador propietario, ha hecho un trabajo increíble con lo que empezó siendo un local de música en directo, acogiendo a artistas como los Rolling Stones, o eso dicen... Ahora es un mercado de artesanos y diseñadores donde los isleños venden sus creaciones. En verano se llena mucho y también hace muchísimo calor, así que suelo visitar el mercadillo nocturno que tiene lugar los domingos y lunes. También hay un restaurante y algún que otro sitio para comerse un aperitivo y tomarse un zumo natural.

San Carlos. Sat / Sáb: 10 - 18 hrs. Sun + Mon/ dom + lun: 17-24 hrs.
Tel: 971.326.825 - lasdalias.es

✼ Chirincana Beach Bar
Playa Cala Martina, Es Canar
Tel: 971.338.525

This colourful Argentinian snack bar-slash-restaurant sits perched up from the beach between the shade of a little pine forest and the camping site of Es Canar. They serve tapas, vegetarian food, pizzas and salads. On Sundays they do raw food, instead of BBQs. It has a really great little vibe in the evenings, and on Wednesdays they do live music at sunset.

Este colorido restaurante-snack bar está enclavado en un extremo de la playa entre un pequeño bosque y el camping de Es Canar, con el mercadillo a un paso. Sólo sirven comida vegetariana, pizzas y ensaladas y los domingos hacen comida vegetariana cruda, en vez de barbacoas. Tiene un ambiente genial por las noches y los miércoles tienen música en directo al anochecer.

PUNTA ARABÍ:

When I was little this was the only hippy market on the island. It was very small and set in a field around pine trees with a small bar up the hill called The Hobbit, and all the island hippies gathered here to sell their hand made products. Times have changed since then and this hippy market has become the largest of many scattered around the island. It's only open on Wednesdays in the summer, so avoid heading north-east, on this day unless you're actually heading to the market because the traffic is hell. Tourists and locals come from all over the island. There is a restaurant, a shaded tent in the centre and lots of stalls. If you fancy cooling off when you're done shopping, there's a gorgeous beach nearby called Cala Martina.

Cuándo era pequeña éste era el único mercadillo hippy de la isla. Era muy pequeño y básico, situado en un campo rodeado de pinos con un pequeño bar llamado The Hobbit. Todos los hippies de la isla se reunían aquí para ofrecer productos artesanales. Los tiempos han cambiado desde que este mercadillo se ha convertido en el más grande de los que se organizan por toda la isla. Sólo abierto los miércoles durante el verano, así que evita ir hacia el noroeste este día a menos que quieras venir aquí, porque el tráfico es un infierno. Los turistas y gente local vienen de toda la isla. Hay restaurantes y una tienda a la sombra en el centro. Si cuando te marches quieres refrescarte en el mar, hay una playa preciosa muy cerca llamada Cala Martina.

Punta Arabí, Es Canar. Wednesdays/miércoles, 10 - 18 hrs.
Tel: 971.330.650 - hippymarket.info

SLEEPING ALTERNATIVES - ALTERNATIVAS PARA DORMIR

CAMPING ON IBIZA
Camping en Ibiza

You can pitch a tent, park your camper van, hire a static mobile home or a bungalow.
Prices range depending on the accommodation and the month.
They have all the usual amenities of a camping site, but with a bit of an ibiza touch.
Some of the sites have pools and all of them are by the sea.
Puedes montar una tienda de campaña, estacionar tu caravana, alquilar una casa móvil o un bungaló. Los precios varían dependiendo del alojamiento y el mes.
Tienen todas las comodidades habituales de un camping, pero con un toque ibicenco.
Algunos de los sitios tienen piscina y todos ellos están al lado del mar.

Bell Tent Ibiza
Mark: 687123216
Ayelen: 630.225.174
belltentibiza.com

Camping La Playa
Cald Martina
Tel: 971.338.525
campingibizalaplaya.com

Camping Es Cana
Av. D'es Canar, 68
Tel: 971.332.117
campingescana.com

Camping Cala Nova
Playa de Cala Nova, Es Canar
Tel: 971.331.774
campingcalanova.com

Camping Cala Bassa Cala Bassa, San José
Tel: 971.344.599
+
Carrer 19, Port des Torrent - San Antonio
Tel: 971.347.469
campingsonline.com

Camping San Antonio Ibiza
San Anonio
Tel: 633.527.181
camping-sanantonio.com

✳ Book ahead of time to ensure you get a place. These sites get full pretty fast. Reserva con antelación para asegurarte una plaza. Se suelen llenar rápido.

Cala Nova

Just a kilometre or two north of Es Cana, this long sandy beach has clear turquoise waters. It's a family beach and great for kids as it generally has small waves that are perfect or them to play in. There's also a selection of great restaurants and a strategically-placed watch tower to make sure everyone stays safe!

Justo a un kilómetro o dos al norte de Es Canar, esta playa alargada tiene aguas turquesas. Es una playa familiar y perfecta para los niños ya que suele tener pequeñas olas para que jueguen. También hay una buena selección de restaurantes y una torre de vigía estratégicamente situada para asegurar que todo el mundo está a salvo.

✺ Can Colomaret
Cala Nova, Es Canar
Tel: 627.358.197

This is a really simple Ibizan-style beach shack on the sand (think wood slats and a palm roof), where you can also grab a lounger outside and set up camp for the day. A family-run place, the Can Colomaret family from Sant Carles are always friendly and it's priceless watching mum boss her two sons around. I love the sardines here, and they also do great hamburgers, omelettes and salads. They are only open in summer.

Un chiringuito muy simple en la arena al puro estilo ibicenco (imagínate listones de madera y techos de palmera). Puedes cogerte una hamaca en la arena y pasarte un día entero al sol. Es un negocio familiar donde la familia Colomaret de San Carlos siempre son muy amables. Ver a la dueña dando órdenes y a sus dos hijos mientras trabajan no tiene precio. Me encantan las sardinas y hacen unas hamburguesas, tortillas y ensaladas riquísimas. Sólo abren en verano.

✺ Es Restaurant de Atzaró ♡ ♡
Cala Nova, Es Canar
Tel: 971.078.228
atzaro.com

This recently renovated seafood restaurant perched high on the far side of Cala Nova beach really has the best location in the area. It's all done out in modern bleached wood, blue tones, and has an endless sea breeze cooling it down all day. I think it's just the perfect place to enjoy a romantic dinner or a cocktail at sundown. Think music, cocktails, waves, stars...

Este increíble restaurante de pescado recientemente renovado está en la punta más alta de la playa de Cala Nova y la verdad es que tiene la mejor ubicación de la zona.
Con su decorado de madera decolorada, tonos azules y sus espacios grandes goza de una eterna y refrescante brisa marina todo el día. En mi opinion es el lugar perfecto para una cena romántica o un cóctel al anochecer. Piensa en música, cócteles, olas, estrellas...

Cala Mastella

This is a small cove on the northeastern coast of the island that is known for the little restaurant "El Bigotes" at a little creek perched on its rocky edges.
The water is shallow here and it's another great snorkelling spot of mine. To get here you drive from San Carlos and follow the signs to Cala Llenya and then on to Cala Mastella.

Una pequeña cala en la costa noreste de la isla conocida por el pequeño restaurante "El Bigotes" en el pequeño puerto al lado de la cala. El agua es poco profunda y es otro buen lugar para hacer snorkel. Para llegar conduce desde San Carlos y sigue las indicaciones a Cala Llenya y después a Cala Mastella.

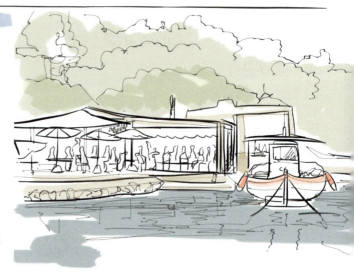

✳ El Bigotes
Cala Mastella, San Carlos

This unique little rustic Ibizan spot has been a bit of a secret of locals for years, but the news has spread fast and now everybody loves it. They only serve "bullit de peix" - a fantastic fresh fish dish cooked in saffron with potatoes and "arroz a banda" (rice cooked in fish broth), and it is so rustic here that they still only cook with wood on a fire. For dessert, there's fresh fruit and to make a reservation you have to come here in person!
To get here, take the road to San Carlos and then follow the signs for Cala Llenya, and on to Cala Mastella. The restaurant is on the small fishermens huts to the left of the bay, and it's connected to the shore by a little walkway. You can also park next to the restaurant by driving along the back of the cliff.

Este restaurante ibicenco original lleva siendo un secreto de la gente de aquí desde hace años, pero lo malo es que las noticias corren rápido y ahora es el favorito de todos. Sólo sirven bullit de peix: un delicioso guisado de pescado elaborado con azafrán, patatas y arroz a banda. La cocina aquí es tan rústica que todavía cocinan con fuego de leña. De postre sirven fruta fresca. ¡Si quieres hacer una reserva tienes que ir en persona!
Para llegar coge la carretera a San Carlos y sigue las indicaciones a Cala Llenya y Cala Mastella. El restaurante está en el pequeño puerto pesquero a la izquierda de la bahía, y puedes andar por un pequeño sendero a la izquierda o aparcar al lado del restaurante si vas por la parte posterior del acantilado.

I love this place so much...
...me encanta este lugar...

Cala Boix

Not far from Pou des Lleó, Cala Boix is Ibiza's only grey sand beach and reached by steep stone steps. The restaurant at the top, Hostal Cala Boix, serves impeccable sea food on a shady terrace, so I'd go for the salt-baked bass while the beach-level chiringuito does a mean cocktail. The sea can be choppy here, so no wimps allowed, plus there's no shade or loungers, so bring factor 50 and a parasol.

No muy lejos de Pou des Lleó, Cala Boix es la única playa de arena gris en Ibiza y para llegar tienes que bajar unos escalones muy empinados. El restaurante Hostal Cala Boix, arriba, sirve pescados frescos en su sombreada terraza, y yo siempre me lo pido a la sal. El chiringuito en la playa hace unos cócteles buenísimos. El mar puede estar revuelto, así que no es para cobardes. No hay sombra ni tumbonas, tráete protección y una sombrilla.

Pou des Lleó

Es Canal d'en Martí is actually the name of the cove.. A gang of us meet here on Sundays in the summer to play boules and sip hierbas in the tiny shack bar on the beach. This picturesque fishermen's cove is the jetty for the boats that head over to Tagomago, (p.157) where you can enjoy a 007-like setting in the exclusive eatery run by Jon Beach.
The cove (Pou des Lleó) next door is lined with ramshackle boatsheds, and around its sides you'll find the most stunning little rocky swimming spots. And just before both coves is the popular Hostal Restaurante Pou des Lleó, where the paellas and fish stews are infamous with the locals.

Es Canal d'en Martí es el verdadero nombre de esta calita. Aquí solemos venir algunas tardes de domingo en verano para jugar a la petanca y beber hierbas en su pequeño kiosko de playa. En esta calita pintoresca está el embarcadero desde donde salen los barcos a Tagomago, (pág.157), donde puedes disfrutar de un entorno al estilo 007 gracias a Jon Beach.
La calita (Pou des Lleó) de al lado está flanqueada por casetas de pescadores y alrededor de sus acantilados encontrarás zonas preciosas para nadar. Al llegar a esta zona encontrarás el Hostal Restaurante Pou des Lleó, donde las paellas y guisados de pescado son famosos entre los isleños.

✱ Restaurante Pou des Lleó
Pou des Lleó
Tel: 971.335.274

This is one of my summer Sunday favourites, and is the best for typical Ibicencan food. They serve the best paellas and "bullit" fish stews in the northeast of the island, and their selection of seafood starters is really good as well. But be careful not to fill up too much before the main course arrives like I always do! Great value for money too.

Éste es uno de mis favoritos los domingos en verano y es el mejor para comida típica ibicenca. Sirven las mejores paellas y bullit de peix del norte de la isla,

IBIZA - THE EAST EL ESTE

y su selección de primeros de marisco también es muy buena. Pero ten cuidado y no comas demasiado antes de que llegue tu segundo plato como siempre hago yo. Los precios también son muy buenos.

✱ Restaurante Salvadó
Pou des Lleó, Sa Canal d´en Martí
Tel: 971.187.879

I love this traditional little Ibicencan restaurant, which is perched up on the red cliffs overlooking the little fishing port. They have a selection of fresh fish and prepare a really good fish stew and paella. Take a swim and then just sit back and enjoy.

Me encanta este pequeño restaurante típico ibicenco que se encarama en lo alto de un acantilado rojizo con vistas al puerto de pescadores. Tienen una gran variedad de pescado fresco como mero, dorada o salmonete, y preparan un delicioso guisado de pescado y paella. Date un baño y luego siéntate y disfruta.

Aguas Blancas   Aigues Blanques

This Northern beach is a favourite with the island's resident hippies, as well as a few celebs. It's a stunning spot but best to go early as the sun goes behind the cliffs in the early afternoon and the beach becomes fully shaded. Officially a nudist beach, but I keep my kit on! I prefer the southern end, where a tiny shack makes great sandwiches all day on the grill. Be prepared for a tricky walk down from the car.

Esta playa al norte es una favorita entre los hippies de la isla y de algún famoso. Es una playa ideal pero es mejor ir temprano porque el sol se esconde tras el acantilado muy pronto y la playa se queda en la sombra. Es oficialmente nudista, ¡aunque yo no me quito el bañador! Prefiero la zona sur, donde hay un pequeño chiringuito que sirve bocadillos todo el día. Prepárate para caminar un ratito desde el coche.

TAGOMAGO ISLAND
La Isla de Tagomago

A little gem in the north of Ibiza. My friends Helen and John Beach run the little driftwood shack on this island and when I am in desperate need of an escape from Ibiza, I hop across on the boat from Pou des Lleó or on a friend's boat and spend a day here swimming, eating, sipping wine and watching the sun set behind Ibiza.

It's a private island, so you are not really allowed to wander up around it, but I once walked to the lighthouse with friends and it was a thrill as we reached its gull-infested skies. Literally breathtaking in a pure-and-simple, arid, rocky and twisted-juniper-tree kind of way.

Tel: 628.333.444

Una pequeña joya en el norte de Ibiza. Mis amigos Helen y John Beach llevan el pequeño chiringuito de madera a la deriva en esta isla y cuando estoy en necesidad desesperada de un escape de Ibiza, me subo a un barco desde Pou des Lleó o en un barco de amigos y voy pasar el día aquí nadando, comiendo, bebiendo vino y viendo cómo el sol se pone por detrás de Ibiza.

Es una isla privada, por lo que no está permitido pasear por a ella, pero una vez caminé hasta el faro con amigos y fue emocionante llegar hasta allí y verlo rodeado de miles de gaviotas sobrevolándolo. Impresionante belleza árida y rocosa, con sus enebros retorcidos.

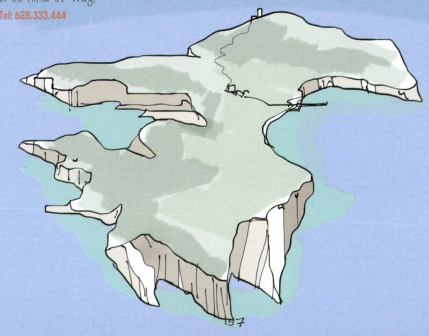

5 THINGS YOU SHOULD DO
5 COSAS QUE DEBERÍAS HACER CUANDO ESTÉS AQUÍ

1. Breakfast, lunch or dinner at La Paloma (p.168)
   Desayunar, comer o cenar en La Paloma

2. Asian food at Bambuddha Grove (p.166)
   Cena asiática en Bambuddha Grove

3. Have a spa day + lunch at Atzaró Hotel (p.170)
   Un día de Spa + comida en el hotel Atzaró

4. Shop till you drop at Galería Elefante (p.164)
   Comprar hasta saciarte en la Galería Elefante

5. Cocktails + Sushi at Nagai (p.166)
   Cócteles + Sushi en Nagai

INLAND
San Lorenzo
Santa Gertrudis
& on the roads

*El interior, Sant Llorenç
Santa Gertrudis
y por las carreteras*

SANTA GERTRUDIS + INLAND
SANTA GERTRUDIS DE FRUITERA Y EL INTERIOR DE LA ISLA

There are a few little villages inland with divine little places to eat and shops on the roads leading in and out, and lots of off-the-beaten-track hotels. This section covers the ones in the heart of the island that are worth a visit, neither north or south but still very reachable. One of these is Santa Gertrudis which is perfect for a visit any time of day. Over the last years it has expanded rapidly with all sorts of chic shops and restaurants, but thankfully the lovely town houses have all stayed true to their original style. There are a few banks, supermarkets, a gym and an indoor swimming pool at the back of the village.

Hay algunos pueblecitos en el interior de la isla en cuyas carreteras puedes encontrar magníficos restaurantes y tiendas, además de diversos hoteles que se salen de la ruta habitual. Esta sección cubre los que se encuentran en el corazón de la isla y que son de fácil acceso. Uno de ellos es Santa Gertrudis, perfecto para una visita a cualquier hora del día. Se ha expandido rápidamente en los últimos años con todo tipo de tiendas chic y restaurantes, pero afortunadamente sus preciosas casas adosadas han conservado su estilo original. También hay bancos, supermercados e incluso un gimnasio y una piscina cubierta al fondo del pueblo.

...to eat and snack
para comer y tapear

✱ Bar Costa
**Plaza de la Iglesia,
Santa Gertrudis
Tel: 971.197.021**
This place only serves sandwiches and cold cuts or cheese boards, and is an absolute classic with the locals. Hanging hams line the ceiling as you enter, and the walls are covered with art by local artists. A firm winter favourite with an open fire roaring inside, and it's really good value.
Aunque este bar sólo sirva bocadillos y platos de fiambres y quesos, es un clásico absoluto entre los ibicencos. Los jamones cuelgan del techo a la entrada, y las paredes están cubiertas de cuadros de artistas locales. Un firme favorito para invierno con su gran chimenea, además es muy barato.

✱ Bar Restaurant Ulivans
**Plaza de la Iglesia,
Santa Gertrudis
Tel: 971.197.176**
Directly facing the church on the square, this restaurant is great to go to with a big group as it's very reasonably priced. It's perfect to perch up and just watch the world go by. They have a good selection of tapas and main dishes.
En la plaza, frente a la iglesia, este restaurante es un lugar perfecto para ir en familia o en grupo ya que sus precios son muy razonables. Es un lugar magnífico para sentarse y ver la gente pasar. Tienen una buena selección de tapas y platos principales.

✱ Restaurante Santa Gertrudis
**Plaza de la Iglesia,
Santa Gertrudis
Tel: 971.197.057**
The sisters Cati and María run this family restaurant that has been here for almost 40 years. The locals call it "the paella place", because as well as their traditional menu, on Sundays they serve large trays with paella that they make on a wood stove.
Las hermanas Cati y María llevan este local familiar que abrió hace casi 40 años. Se conoce entre los lugareños como "el de las paellas" ya que además de su menú tradicional, los domingos sirven bandejas de paella hechas en su fuego de leña.

✱ La Fromagerie
**C/ Venda de Parada, 12
Santa Gertrudis
Tel: 686.678.794**
This is a luscious, exclusive cheese-smelling shop...sorry I meant selling! The cheeses are imported from many different regions of France, and they also do foie gras and a selection of wines to enjoy with your tasting.
Una tienda exclusiva de quesos deliciosos. Éstos son importados de múltiples regiones de Francia y también venden foie gras y una selección de vinos que puedes disfrutar con tu degustación de quesos.

✱ Bistrot Plaza
**Plaza de la Iglesia,
Santa Gertrudis
Tel: 971.197.075**
Fabrice and Charlie run this bistro-style restaurant, and I tell you these Belgians really know how to make a good onion soup! Don't forget to try the steak tartare or a cheese platter from La Fromagerie next door.
Fabrice y Charlie dirigen este encantador restaurante bistro y te puedo decir que estos belgas saben cómo hacer una buena sopa de cebolla. No te olvides de probar su steak tartare o un plato de queso de La Fromagerie de al lado.

✱ Es Cantó
**Plaza de la Iglesia,
Santa Gertrudis
Tel: 971.197.060**
Always bustling with locals, this is a great little place to have a coffee or grab a quick tapa. It is the nearest café to the church on the square and one of my preferred daytime meeting points here.
Siempre lleno de gente local, es un pequeño bar perfecto para un café o una tapa. Es la cafetería más cercana a la iglesia y uno de mis puntos de encuentro preferidos aquí.

✱ Musset
**Santa Gertrudis
Tel: 971.197.671**
A charming meeting point just opposite the playground, making it very handy for parents. An all

IBIZA - INLAND EL INTERIOR

day café and restaurant, they have the best carrot cake in town. The waitresses are really sweet and always have my wine waiting...
Un simpático lugar de encuentro y está frente a un parque infantil, perfecto para los padres. Cafetería y restaurante abierto todo el día, tienen el mejor pastel de zanahoria del pueblo. Las camareras son simpatiquísimas y siempre tienen el vino blanco preparado.

✱ Estanco de Santa Gertrudis
Plaza de la Iglesia, Santa Gertrudis
Tel: 971.197.058
Run by the Can Pep Roig family since 1943, this authentic little grocery store with its Tabacos sign above the door hasn't changed a bit in the last century – except for the fact that the peseta is now obsolete!
Propiedad de la familia Can Pep Roig desde 1943, esta tienda auténtica de verduras con su cartel de Tabacos sobre la puerta no ha cambiado nada en el último siglo, ¡excepto por el hecho de que la peseta se ha quedado obsoleta!

✱ Macao Café
C/ Venda des Poble, 8, Santa Gertrudis
Tel: 971.197.835
macaocafesg@gmail.com
A popular Italian restaurant on the island. Many of the island residents like myself have been enjoying its food since it first opened. The food is top class and I always have the "Milanesa", breaded veal with a tomato and rocket-salad. The outside terrace is always rammed so booking is essential.
Un restaurante italiano muy popular en la isla. Muchos residentes como yo, llevamos disfrutando de su cocina desde que abrió por primera vez en el puerto de Ibiza. La cocina es de primera y siempre me pido la Milanesa con ensalada de rúcula y tomate. La terraza de fuera siempre está llena, así que reservar con antelación es esencial.

✱ Heaven Burger
Passadis, 10, Santa Gertrudis
Tel: 971.197.217
I came here as a result of a friend saying "lets try a new place!" and it was amazing. Their burgers really are from heaven and their chips are thin and crisp, and they also have delicious salads and the place is really sweet. Just past Bar Costa in the square.

¡Vine aquí cuando mi amiga me sugirió probar un sitio nuevo y es increíble! Sus hamburguesas son realmente divinas y sus patatas fritas, finas y crujientes, además preparan deliciosas ensaladas y el lugar es muy coqueto. Esta justo pasando el Bar Costa, en la plaza.

...divine shops
tiendas divinas

✱ Nino D'agata
Plaza de la Iglesia, 6, Santa Gertrudis
Tel: 971.197.225
ninodagata.com
Nino and Barbara's jewellery shop is a true treasure trove. This lovely italian couple have lived on the island for years and are experts in fine jewellery, so come here if you're looking to invest in a truly unique piece.
La joyería de Nino y Bárbara es una cueva del tesoro. Llevan viviendo en la isla muchos años y son maestros artesanos de la joyería fina, echa un vistazo aquí si quieres invertir en una pieza realmente única.

✱ The Rose
Venda de Fruitera 2, Santa Gertrudis
Tel: 971.197.935 - 680.955.615
This is a heavenly shop and gallery run by Claudina and Aldo, who are the sweetest couple and have the most incredible taste when it comes to clothes and interiors. The last time I passed by I was given a gin and tonic and could hardly get back up from their divine sofas!
Check out their kaftans, I especially have my eye on a tie dyed one and the light fixture by Rosalin is on my wish list.

Los simpáticos Claudina y Aldo tienen esta preciosa tienda de ropa y diseño de interiores, y es que gusto no les falta.
La última vez que me paré me invitaron a un gin tonic y casi no me pude levantar de su divino sofá. Pruébate una de sus túnicas, yo le tengo el ojo echado a una desteñida. Y las lámparas de Rosalin son una maravilla.

✱ Can Escandell
Ctra. Sant Miquel
Tel: 971.197.798
I love this roadside supermarket. It really does stock everything you need, and they have a great selection of organic and healthy food at the back, including gluten free options. As you enter check out the ceiling with all the baskets hanging - the real Ibiza!
Me encanta este supermercado junto a la carretera. Realmente vende todo lo que necesitas y tienen una gran selección de comida orgánica y sana en la parte trasera, incluyendo alimentos sin gluten. Cuando entres echa un vistazo al techo del que cuelgan montones de cestos, ¡la verdadera Ibiza!

✱ Libro Azul Ibiza
Sa Nova Gertrudis, Santa Gertrudis.
Tel: 971.197.454
libro-azul-ibiza.com
Everyone needs a good book and here you can pick up the perfect read in English or German. They also do a great selection of coffee table books if you're looking for a stylish gift.
Todo el mundo necesita un buen libro y aquí puedes escoger la lectura perfecta en inglés o alemán. También tienen una gran selección de libros de mesa si buscas un regalo elegante.

CASI TODO
Auctions ✱ Subastas
I have to admit that I haven't bought anything here personally yet, but this place has been going for almost 40 years as an antique shop and auction house where everything and anything goes under owner Theo's hammer. Go check out the selection before auction day, you can literally find almost anything here! The auctions are also a great social event. Throughout the winter they're held on Friday afternoon and Saturday morning, while in the summer they take place one evening a month.
Tengo que admitir que nunca he comprado nada aquí pero este lugar lleva funcionando más de 40 años como tienda de antigüedades y casa de subastas donde todo pasa por debajo del mazo de su propietario Theo. Ve a echar un vistazo a la selección el día antes de la subasta, ¡literalmente puedes encontrar casi todo! Las subastas también son un gran evento social. Durante el invierno las hacen los viernes por la tarde y sábados por la mañana, mientras que en verano sólo las hacen una tarde al mes.
Plaza de la Iglesia, Santa Gertrudis. Tel: 971.197.023
casitodo.com

IBIZA - INLAND EL INTERIOR

LA CHOZA
The Veg Shack
Frutas y verduras

A great roadside vegetable stand that is a bit larger than most of its kind, and with a great array of local and organic produce. The Spanish TV blazes inside as you search for that perfect lettuce, and they also stock bread, nuts, oils and a little section out the front of over-ripe goods at a fraction of their original price.

Un puesto de verduras que es un poco más grande de lo habitual, con una gran variedad de productos locales y ecológicos. La TV española está a todo volumen mientras buscas la lechuga perfecta; también venden pan, frutos secos, aceites y una selección de productos muy maduros a una fracción de su precio original.

Carretera San Miguel, San Miguel
Tel: 971.310.228
lamasiadensort.com

✱ Galería Elefante
Ctra. San Miguel, 3.2km, Santa Gertrudis
Tel: 971.197.017

This old converted finca is an absolute labyrinth of delights, that my dearest friend Victoria has created alongside her business partner Sharon. Stocking goodies from all corners of the globe, you'll find everything from furniture and clothes to artwork and books, making it perfect for gifts with an extra-special touch.

Esta vieja finca ha sido convertida en un pequeño laberinto de delicias que mi querida amiga Victoria ha creado junto a su socia Sharon. Venden objetos de todos los rincones del mundo, encontrarás desde mobiliario a ropa, arte y libros. Perfecto para un regalo con un toque extra especial.

...to eat on the road
para comer

✱ Restaurante Can Pau
Ctra. Santa Gertrudis
Tel: 971.197.007

I first came to this family-run farmhouse restaurant as a baby! It still serves traditional Catalan cuisine like it always did. A family business that has been passed down from generation to generation. I love dining outside in their pretty covered porch in the gardin.

¡La primera vez que vine a este restaurante de la familia Pau era un bebé! Siguen sirviendo la misma cocina tradicional catalana de siempre. Es un negocio familiar que ha pasado de generación en generación. Me encanta cenar con amigos en la terraza cubierta en el jardin.

✱ Can Caus
Ctra. Santa Gertrudis Km 3.5,
Tel: 971.197.516
cancaus-ibiza.com

With its large open grill, this rustic place is a meat eater's dream, but they do also offer choices for vegetarians. There's also a great little supermarket-type shop next door which has a great meat counter, so perfect for that weekend BBQ you planned.

Con su gran parrilla, este restaurante rústico es el sueño de los amantes de la carne pero también ofrecen platos vegetarianos. Además hay un supermercado magnífico al lado con una gran selección de carnes, perfecto para esa barbacoa de fin de semana que tienes planeada.

✱ La Masia d'en Sort
Ctra. Santa Gertrudis,
Tel: 971.310.228
lamasiadensort.com

This large old farmhouse has a lovely garden under lemon trees for al fresco dining. They serve local dishes and amazingly tasty homemade desserts, but it's worth checking out even if it's just for the setting.

Esta finca enorme y antigua tiene un acogedor jardín para cenar al aire libre entre limoneros. Sirven platos típicos y postres caseros, y merece la pena visitarlo por su precioso entorno.

..Ca na Negreta.. *tapas*

✺ Sa Barda
Ctra. San Juan Km 4,2
Ca na Negreta
Tel: 971.315.204.

These guys are on the road to Santa Eulalia about 4km out of Ibiza, and specialise in homemade open sandwiches with a huge array of toppings, as well as tapas. The locals all stop for their morning coffee or coñac here - or rather, coffee in a coñac! It's also got a lovely terrace and very reasonable prices.

Estos chicos en la carretera de Santa Eulalia a unos 4km de Ibiza se especializan en montaditos caseros con una gran variedad de ingredientes, además de una selección de tapas. La gente de aquí se para a tomar el café de la mañana o para un coñac, ¡o un carajillo de coñac! También tiene una agradable terraza y precios razonables.

✺ Ke Bolà Cuba
Ctra. Eivissa-San Juan, km 4
Tel: 971.310.228
Mon-Thu/lun-jue: 19:00-03:00 h.
Fri-Sa-Su/Vie-sá-do:13.00-03:00h.
kebolacuba.com

Un dos tres, un dos tres… these words stay in your mind for at least a week after a mojito and dance (lesson) here says my friend Daan. A 250-year-old finca on the road to Santa Eulalia has been transformed into a little Cuban restaurant, with bright and colourful décor featuring pictures of classic cars and Cuban women smoking cigars. Serving mostly meat dishes the staff are all Cuban too, and with live salsa music and those free dance classes every week it's always such a fun place to visit!

Un dos tres, un dos tres… Estas palabras se quedarán en tu mente durante al menos una semana después de estar aquí bailando y tomando un mojito, dice mi amiga Daan. Es una finca de 250 años cerca de la carretera de Santa Eulalia que ha sido transformada en un pequeño restaurante cubano. Hay música en vivo y una vez a la semana dan clases de salsa gratuitas. En un lugar bonito y muy colorido. De las paredes cuelgan imágenes de mujeres fumando y de coches cubanos. El menú consta de carne y los empleados son todos cubanos. ¡Muy divertido!

..Supermarket + Bar.. *Supermercado + Bar*

✺ Can Toni
Ctra. Eivissa-Sant Joan, Km 4
Ca na Negreta, Santa Gertrudis
Tel: 971.190.973

This is one of my roadside favourites on the way out of Ibiza Town heading towards Santa Eulalia. It's a proper trucker's and worker's bar, grease and all, with a supermarket attached. The tapas are really good and I normally have the "Ensaladilla rusa" - which is a potato-and-mayo salad - and the fried squid rings. The staff are also lovely and it's open all day.

Desde Ibiza a Santa Eulalia está uno de mis establecimientos de carretera favoritos. Es un bar de camioneros y trabajadores, con un supermercado al lado. Las tapas están muy buenas, yo suelo pedirme la ensaladilla rusa y los calamares a la romana. El personal es muy atento y está abierto todo el día.

✺ Ibiza Troc
Ctra. San Miguel, Santa Gertrudis

On the road to Santa Gertrudis coming from Ibiza town, you'll see a warehouse on the left with furniture spilling out onto the street where they buy and sell anything from a piano to a tennis racquet. I love this place and have had my eye on the pinball machines! It's an amazing find for first time residents too, who want to furnish their new place with a bit of vintage.

En la carretera de Santa Gertrudis, encontrarás este gran almacén a la izquierda con mobiliario desbordándose hacia la calle. Compran y venden de todo desde un piano a una raqueta de tenis. Me encanta este sitio y tenía el ojo puesto en una maquina de Pin Ball. Es un hallazgo fantástico para residentes recién llegados que quieran amueblar su nuevo hogar con algo un poco vintage.

IBIZA - INLAND EL INTERIOR

...on the road to San Juan
camino a San Juan...

✱ Bambuddha Grove
Carretera San Juan,
Tel: 971.197.510
bambuddha.com

I love this place! It stands apart from the bling which sometimes feels like it's going to engulf the whole island, and with its Eastern inspired interior that has recently been redesigned, transports you straight back to a restaurant in the Balinese jungle of Ubud. Buddha watches on as you tuck into the most delicious pan-Asian cuisine. My favourite dishes are the green chicken curry and the crispy duck. It also tends to turn into a little party as the clock strikes midnight.

¡Me encanta este sitio en verano! Se aleja del lujo que a veces parece que va a engullir la isla entera, y con una re-decoración interior inspirada en Oriente te transporta directamente a un restaurante en Ubud de la jungla balinesa. Buda te observa mientras degustas la cocina pan-asiática más deliciosa, y mi plato favorito es el Curry Verde.

✱ Nagai
Carretera San Juan, Km 9.5
Tel: 971.807.308
nagairestaurant.com

I sometimes just go here for a cocktail! My favourite is the Moscow Mule which has finely chopped ginger in the mix to give it a real kick. But the real winner in this restaurant is the incredible fusion sushi menu! All set in a renovated finca offering a cute and cosy interior with open fires in the colder months and a starlit outdoor setting in the summer.

¡A veces vengo aquí sólo para un cóctel! Mi favorito es el Moscow Mule que tiene jengibre en la mezcla para darle un toque picante. Pero lo mejor del restaurante es la increíble carta de sushi y de fusión. Todo en el marco de una finca renovada con un interior acogedor y coqueto con chimeneas para los fríos meses de invierno y una terraza iluminada por las estrellas para el verano.

✱ Restaurante Ses Escoles (Oleoteca)
Carretera San Juan, Km 9,2
Tel: 871.870.229

This divine family run restaurant and shop selling island products, just opened and although I have only tried a few tapas, I plan to return very soon as the menu looks amazing.

Este precioso restaurante familiar y tienda que vende productos de la isla abrió recientemente sus puertas y aunque solo he probado unas cuantas tapas, he ojeado el menu y planeo volver muy pronto.

✱ Cicale
Carretera San Juan,
Tel: 971.325.151
cicaleibiza.com

I go here when I want to treat myself to superb Italian food. It's not cheap but totally worth it and all set in a 250 year old finca. They use produce plucked from their onsite veggie patch offering pastas and risottos as well as meats and fish.

Vengo aquí para comer comida italiana excelente a pesar del precio. Esta casa de 250 años de antigüedad utiliza productos locales recogidos de su huerto. Su carta ofrece pastas y rissotos además de carnes y pescado.

✱ Juanito's
Ctra. San Juan, Km.15.4
Tel: 971.325.082

A traditional roadside eatery that's been serving up rustic Ibicencan grilled meats for over 40 years. There's a kind of dingy bar area at the entrance, but the best spot is out back in view of the grill so you can watch your food being cooked. No frills here, just simple vegetables alongside your meat and a good shot of hierbas when you finish.
I also love their cheese on peasant bread with a coffee in the morning.

Un restaurante tradicional ibicenco junto a la carretera que sirve carnes a la parrilla desde hace más de 40 años. Hay una especie de bar deslucido a la entrada, pero el mejor sitio es atrás, con vistas a la parrilla, así puedes ver cómo se prepara tu comida. Aquí no hay florituras, simplemente verduras con tu carne y un buen chupito de hierbas para acabar. También me gusta su pan payés con queso con un café por la mañana. Cerrado los lunes.

SAN LORENZO SANT LLORENC DE BALAFIA

This delightful little village with its 18 century church perched on a little hill surrounded by fertile fields, has remained intact despite the passing of the years. Beside the church is a great picnic area where you can barbecue safely in a beautiful pine forest.
The tiny whitewashed village of Balàfia with its majestic old towers and the spring (where a popular dance is held in August) sits a kilometre or so from the church.

Este es un pequeño pueblo encantador cuya iglesia del siglo XVIII se alza sobre la colina rodeada de campo, y se ha mantenido intacta con el paso de los años. Cerca de la iglesia hay una zona de picnic donde se pueden hacer barbacoas en un bosque entre pinos naturales. El pequeño pueblo de Balàfia, con sus majestuosas torres de piedra y su fuente (donde tiene lugar el baile popular en agosto) se encuentra a un kilometro mas o menos de la iglesia.

IBIZA - INLAND EL INTERIOR

...in San Lorenzo Village
en el pueblo de San Lorenzo...

✱ La Paloma
C/ Can Pou, 4, San Lorenzo
Tel: 971.300.657 - 971.325.543
palomaibiza.com

I absolutely adore this place - and the owners for making it! It's one of the most loved restaurants on the island and very popular in the summer with celebrities and stylish locals, but always super laid-back. The food here is prepared with care and tastes utterly homemade every time, and I always have the baked aubergine parmigiana and La Paloma salad, but if you're a meat eater the steak is out of this world. The décor and cute wall paintings add to the whole enchanting atmosphere, and during the day 'Paloma Café' takes over from the restaurant serving lovely healthy breakfasts, salads and focaccias in the shady garden terrace. In addition there's a guy playing the accordion in the garden, which brings even more magic to the place.

Adoro este lugar, ¡y a los propietarios por haberlo creado! Es uno de los restaurantes más admirados de la isla y muy popular en verano entre las celebridades y gente elegante, pero es muy relajado. La comida aquí está preparada con mucho cariño y esmero y siempre tiene un sabor totalmente casero. Siempre me pido las berenjenas a la parmigiana y la ensalada La Paloma, pero si te gusta la carne, el solomillo está de muerte. La decoración y sus preciosos murales añaden encanto al ambiente, y durante el día 'La Paloma Café' toma el relevo del restaurante y prepara desayunos sanos, ensaladas y focaccias a la sombra de su jardín. A menudo hay un acordeón sonando en el jardín que aporta aún más magia al lugar.

✱ Can Balàfia
Ctra. San Juan, km 15,4
Tel: 971.325.019

I love this place and don't get here enough. Their chicken and lamb chops are just crispy perfection and served with the best thinly-cut chips, not to mention the tomato and onion salad that never tastes as good when I make it at home. In the summer, their garden is one of the simplest, most Ibizary places you can possibly eat. They only accept cash.
Adoro este sitio y no vengo lo suficiente. El pollo y las chuletas de cordero crujientes vienen servidos con las mejores patatas fritas, por no mencionar la ensalada de tomate y cebolla que nunca sabe igual de bien cuando la preparo en casa. En verano, el jardín es uno de los más simples, pero su entorno no podría ser más ibicenco. No aceptan tarjeta de credito.

..on the road...
por la carretera...

✱ Es Pins
Ctra. San Juan, Km 14
Tel: 971.325.034

I find myself here a lot, as it's simple, tasty and cheap. They have the best "Alioli" on the island and make their own bread with cumin seeds that I sometimes buy and take home, along with a little pot of the famous garlicky mayonnaise alioli). Serving grilled meats, seafood casseroles and paellas, try their peasant "crosta" salad if you like tomatoes and garlic, and their lamb chops are great.
Wednesdays closed.
Siempre acabo viniendo aquí, ya que sirven comida simple, buena y barata. Tienen el mejor alioli de la isla y preparan su propio pan con semillas de comino, que a veces compro y me llevo a casa junto a un bote de alioli. Sirven carnes a la parrilla, cacerolas de marisco y paellas. Prueba su ensalada de crostas si te gusta el tomate y el ajo, sus chuletas de cordero están riquísimas. Cerrado los miércoles.

✹ Ca na Pepeta
Ctra. San Juan
Tel: 971.325.023

The classic whitewashed facade of this place, with its blue painted doors is as cute as a postcard and a landmark on the San Juan road. I don't go here that often but by the looks of it most of the island locals do, as its lovely shaded terrace is consistently packed throughout the week.
Closed Tuesdays.

La fachada blanca de este lugar con sus puertas pintadas de azul es de postal y un punto de referencia en la carretera de San Juan. No vengo aquí pero parece que gran parte de la isla sí, ya que su terraza a la sombra siempre está a tope toda la semana. Cerrado los martes.

✹ Can Guimó Tabac
Ctra. San Juan,
Tel: 971.325.116

This delightful little place stuck to the San Juan road is run by sweet Esteban and Carolina and is a favourite lunch spot of mine when in the area. They make the tastiest meals, that are all organic and fresh. I love the warm "Pan de yuca", which is a small, round cheese bread of cassava flour from Ecuador. It has a tobacco shop stuck to it as well with P.O. boxes.

Este coqueto restaurante pegado a la carretera de San Juan regentado por Esteban y Carolina es uno de mis lugares favoritos para almorzar si estoy en la zona. Todo aquí esta recién hecho y es ecológico. Prueba el "Pan de Yuca" que son bollitos de queso y harina de cassava de Ecuador. Tiene un estanco al lado y apartados de correos.

✹ Can Curuné
Ctra. San Juan, Km 17,5
Tel: 971.333.054

A roadside restaurant, bar and shop that nourishes the surrounding countryside community with its restaurant and organic-focused supermarket. I love having a morning coffee here, a lunch with friends or a dinner after the beach. The owners are lovely, and if you just need to do a quick shop and don't fancy bumping into anyone, go in the back way from the car park! They serve Moroccan food with the obligatory mint tea every Saturday.
Closed Sunday.

Este restaurante, bar y tienda alimenta a la comunidad rural de la zona con su restaurante y supermercado esencialmente ecológico, me gusta tomarme un café por las mañanas aquí, comer con amigos o cenar después de la playa. ¡Me encanta! Los propietarios son muy simpáticos, y si necesitas hacer una compra rápida y no te apetece encontrarte con nadie, entra por la parte trasera desde el aparcamiento. Sirven comida marroquí con el obligatorio té de menta cada sábado. Domingo cerrado.

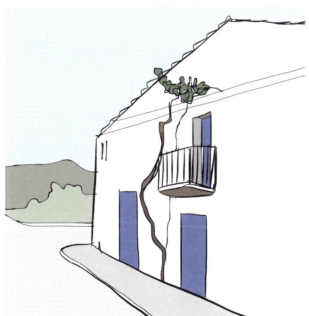

IBIZA - INLAND EL INTERIOR

..shops on the road
tiendas por la carretera...

✱ World Family Ibiza
Tel: 646.757.827
worldfamilyibiza.com

Merel and Alok have created a colourful boho empire here. Think tassels and beads. They started out with a store in Las Dalias market and now have shops worldwide and an online store. Most of their pieces are one-offs and they've even been featured in Vogue. I dare you to go and leave empty-handed!

Merel y Alok han creado aquí un imperio boho lleno de color, Piensa en flecos y cuentas. Empezaron con una tienda en Las Dalias, y ahora tienen tiendas por todo el mundo y una tienda online. La mayoría de las piezas son únicas e incluso han salido en la revista Vogue. ¡Te reto a ir y salir con las manos vacías!

✱ Sal de Ibiza
Ctra. Ibiza > Santa Eulalia km 3.4, Santa Eulalia

A shop selling a superb line of products made with 100% natural salt. Salt collected exclusively in the Natural Reserve of Ses Salines does not contain any additives or preservatives and has not undergone any refining. Simply sun-dried and ground in ancient stone, and high in minerals that are vital for our health.
I love the hibiscus salt - perfect as a gift or sprinkled on my salads!

Una tienda que vende una línea de productos hechos con sal 100% natural. La sal es recogida exclusivamente en la Reserva Natural de "Ses Salines" y no contiene ningún tipo de aditivos ni conservantes además no se ha sometido a ningún tipo de refinación. Simplemente se ha secado al sol y molido. Es rica en minerales que son vitales para la salud.
Me encanta la sal de la flor de hibisco, es perfecta como regalo, ¡o en mis ensaladas!

..sleep inland
dormir en el campo...

✱ Atzaró
Ctra. Sant Juan, km 15
Tel: 971.338.838
atzaro.com

The Guasch family have made this family estate the most popular country hotel on the island. An oasis of lawns and ponds with orange groves in between, its annual opening party marks the arrival of the summer for us locals. You don't have to be a guest at the hotel to enjoy everything it has on offer. There's an amazing spa where you can book yourself in for a beauty treatment or a massage, and I love sweating it out in the Hammam steam room followed by a refreshing dip in the long freshwater pool. Check out the fitness classes that run throughout the summer, not to mention the fashion shows and the Urban Art event. The Veranda restaurant has a great day menu which makes this place perfect in every way.

La familia Guasch ha convertido su propiedad familiar en el hotel rural más popular de la isla. Un oasis de jardines con césped y huertos de naranjos, su fiesta de apertura anual marca la llegada del verano para nosotros los isleños. Y no tienes que ser huésped del hotel para disfrutar de todo lo que ofrecen. Hay un spa magnífico donde puedes reservar tratamientos de belleza o un masaje, me encanta sudar en su hammam seguido de un refrescante baño en su larga piscina de agua natural. Prueba las clases de fitness que tienen lugar durante todo el verano, los desfiles de moda y el evento de Urban Art que es alucinante. El restaurante Veranda ofrece un menú del día haciendo que este lugar sea realmente perfecto.

✱ Agroturismo Can Gall
Ctra. San Juan, km 17,2
Tel: 971.337.031
agrocangall.com

When friends stayed here last summer I went to visit for the first time, and fell in love with it. It's set in a beautiful old farmhouse with little chill out areas and lots of bougainvillea, and all exquisitely done. Rustic luxe to the max, there are 11 rooms and a gorgeous pool surrounded by a lovely patio.

Cuando unos amigos míos se hospedaron aquí el año

pasado fui a visitarlos por primera vez y me enamoré al instante. Está situado en una vieja finca con pequeñas zonas de chill out y muchas buganvillas, y todo decorado de forma exquisita. Lujo rústico al máximo, 11 habitaciones y una piscina preciosa rodeada de un patio encantador.

✺ Can Marti
Ctra. Ibiza>San Juan
Tel: 971.333.500
canmarti.com

This renovated Ibicencan farmhouse is also an ecologically-aware oasis. You can rent a cosy, rustic apartment with antique Indian furniture, whitewashed walls and your own kitchen, and there's even a grocery store selling organic produce grown on the on-site farm. The water in the natural pool is filtered through a system of gravel and plants, so it doesn't require salt or chemicals, and there's a scented hammam where you can get a massage.

Esta renovada finca ibicenca también es un oasis ecológico. Puedes alquilar un apartamento acogedor y rústico con mobiliario indio antiguo, paredes encaladas y tu propia cocina. Incluso hay una tienda de verduras que vende productos ecológicos en el mismo complejo de la finca. El agua de la piscina natural se filtra a través de un sistema de grava y plantas y por eso no requiere sal o químicos para su mantenimiento. Hay un hamman aromatizado donde puedes darte también un masaje.

✺ Can Marquet
Ctra. San Lorenzo > San Juan
Tel: 971.197.558
canmarquet.com

I've heard people rave about this traditional farmhouse hotel which is over 100 years old. Located on top of a hill surrounded by gardens, fruit trees and vines, it has panoramic views over the countryside all the way to Santa Gertrudis. There are lovely terraces for lounging on, as well as a swimming pool and plenty of chill out spots.

He oído sólo cosas buenas de esta tradicional finca hotel que tiene más de 100 años. Está en lo alto de una montaña rodeado de jardines, árboles frutales y viñedos, con vistas panorámicas desde el campo hasta Santa Gertrudis. Hay terrazas perfectas donde relajarse, además de una piscina y montones de zonas chill out.

..sleep...on the road to Santa Eulalia
dormir...de camino a Santa Eulalia

✺ Les Terrasses
Ctra. Santa Eulalia, Km 1
Tel: 971.332.643
lesterrasses.net

French elegance meets boho chic in this cosy hotel. With twelve elegant casitas that have been whitewashed throughout and a shaded swimming pool set into a lush walled garden, this place is so charming, quirky and romantic. They do regular Moroccan Nights and Provençale cooking the rest of the time.

Elegancia francesa mezclada con boho chic en este acogedor hotel rural. Con doce casitas elegantes que han sido encaladas por completo y una piscina a la sombra en un exuberante jardín amurallado. Este lugar es tan encantador, extravagante y romántico. Hacen noches Marroquíes y el resto del tiempo ofrecen cocina provenzal.

IBIZA IDEAS
IN & OUTDOOR CREATIVE SOLUTIONS

*" We plan together
to realise your dreams "*

JACOB: 638 020 235   MONIQUE: 648 527 187

FB: IBIZAIDEAS
EMAIL: MONIQUEVANDERLINDEN@ME.COM • IBIZAIDEAS@ME.COM

DESIGN • ECO FLOORING • CARPENTRY • HOME DECORATION • CONSTRUCTION

SAN RAFAEL SANT RAFEL

This is a little drive through village on the way to or from San Antonio. From its church you have a stunning view of Ibiza Town. Hosting a lovely selection of restaurants and a handy gas station at the back as you head to San Antonio. It's like the quiet before the storm in summer!

Éste es un pueblo pequeño de camino a San Antonio. Desde su iglesia tienes impresionantes vistas de la ciudad de Ibiza. Tiene una selección de restaurantes buenos y una gasolinera muy útil en la salida hacia San Antonio. ¡En verano es como la calma antes de la tormenta!

.eat ...comer.

✴ Es Furnell
Pintor Narcís Puget, 2, San Rafael
Tel: 971.198.975

This little roadside takeaway place does heavenly home-made food. The blackboard outside has all their day specials up, which range from rabbit stews to Basque fish dishes. Every day they do a different menu but on Sundays there's always paella.

La comida casera para llevar de este pequeño establecimiento está deliciosa. La pizarra de fuera anuncia los platos del día, con una variedad que incluye desde estofado de conejo a platos de pescado vascos. Cada día cambian el menú pero los domingos siempre hay paella.

✴ Can Pilot
Carretera Eivissa, San Rafael
Tel: 971.198.293
asadorcanpilot.com

This place is a favourite with island residents, as the food is simple and really good and all at a reasonable price. I love the "entraña" which is a tender strip of meat grilled with masses of sea salt to make it soooo damn juicy. They also have lamb chops, chicken and a giant T-Bone, which is part-cooked on a charcoal BBQ and then brought to your table on a mini-grill. All accompanied with roast peppers, tomatoes or potatoes. It's great for lunch on a Sunday and always packed with Ibicenco families. As you can't book here and it gets very busy, get here early.

Éste sitio es un favorito entre los residentes de la isla, ya que la comida es simple pero muy buena y a un precio muy razonable. Me encanta la entraña a la parrilla con montones de sal gruesa que la hace tan jugosa. También tienen chuletas de cordero, pollo y un chuletón gigantesco, que lo cocinan parcialmente en la parrilla y luego lo traen a tu mesa en un mini-grill. Todo acompañado de pimientos, patatas y tomates asados. Es magnífico para comer los domingos y siempre está lleno de familias ibicencas. Como no puedes reservar y se llena rápido, lo mejor es llegar pronto.

✴ Es Tancó
Avenida Isidor Macabich, 9
San Rafael
Tel: 971.198.599

This unpretentious roadside eatery is great for their rice dishes, and every Tuesday and Thursday they do a "NON STOP PIZZA" night. They also do great cheese boards to stave of the hunger pangs while you wait for your meal.

IBIZA - INLAND ADENTRO

PILOT BIKES

My very-active friends the Morgans always come and rent their bikes here when they're on the island, but you can also sell, repair and buy second-hand bikes here. An official distributor of Massi, Piranello, Cannodale and Scott, they do mountain bikes and road bikes and have bikes for little kids. You can also buy cycling gear and accessories here. Open all year.

Mis amigos, los Morgan, siempre activos, alquilan aquí sus bicicletas cuando vienen a la isla de vacaciones, pero también puedes vender, reparar y comprar una bicicleta de segunda mano. Es el distribuidor oficial de Massi, Piranello, Cannodale y Scott, también venden mountain bikes y bicicletas para los más pequeños. Además venden ropa y accesorios de ciclismo. Abierto todo el año.

C/ Joan Castelló, 1, San Rafael,
Tel: 971.198.653

Este restaurante sin pretensiones es magnífico por sus platos de arroz y cada martes y jueves también hacen una pizza tras otra toda la noche. También preparan una riquísima tabla de quesos para calmar el hambre mientras esperas tu comida.

❋ The Rabbit Hole
Avda. Isidor Macabich, 36
San Rafael
Tel: 971.198.820

This is a little 100% vegan and organic health shop, with a fab take-away salad bar. There's also a cute tearoom, Wifi and some comfy sofas out the back. Result! Ésta es una tienda 100% vegana y ecológica, con un mostrador fabuloso de ensaladas para llevar. También hay una salita de té con WiFi y cómodos sofás atrás.

a drink on the outskirts of San Rafael...de copas en las afueras de San Rafael...

❋ Ibiza Underground
Ctra. Ibiza > San Antonio
Tel: 971.198.015
ibizaunderground.com

The ultimate insider's secret, Underground's flyers insist 'it's not for everyone.' An Ibiza clubbing experience with a twist, this large renovated finca in San Ráfael plays host to the islands hottest unknown talent, so you'll be mingling with the local cool-cats.

Como un secreto muy bien guardado, los flyers del Underground dicen 'no es para todos los públicos'. Es un toque diferente a la experiencia normal del clubbing en Ibiza. En esta enorme finca en San Rafael es donde se reúnen talentos de la isla y la gente más enrollada de la zona y de los alrededores.

dining on the outskirts of San Rafael... comer en las afueras...

❋ Las Dos Lunas
Ctra. Ibiza > San Antonio, Km5
Tel: 971.198.102
lasdoslunas.com

The food is delicious and the wine list is really good. This classic restaurant has been here forever with gorgeous staff serving heavenly food in a beautiful setting of enclosed gardens on the side on the big road just after Amnesia nightclub. There's also a little shop selling great dresses and tops that'll makes you want to get changed again half way through the night.

La comida es deliciosa y la carta de vinos es muy buena. Este restaurante clásico lleva aquí toda la vida con un servicio muy amable que sirve comida deliciosa en un entorno precioso de un jardín encerrado. También hay una pequeña tienda que vende bonitos vestidos y tops y hará que quieras cambiarte de modelito a media noche.

Self Discovery Takes Courage

El descubrimiento personal requiere coraje

AN ESSENTIAL PLACE THAT YOU CAN NOT MISS

Estilismo de MOKKAIBIZA

facebook.com/SalDeIbizaTheStore

SaL de IBIZA
The Store
Ctra. Sta. Eulalia, km 3.4, IBIZA

SAN MATEO SANT MATEU D'ALBARCA

This tiny little village presided over by its gorgeous nineteenth century whitewashed church with a shaded porch is really worth a visit and the village is a lovely quiet spot to stop off and grab some lunch in one of its two (I think) restaurants.

Un pequeño pueblo presidido por su imponente iglesia blanca del siglo XIX y su porche sombreado merece la pena una visita. El pueblo es encantador y perfecto para pararse a comer en uno de sus dos (creo que sólo hay dos) restaurantes locales a dos pasos de la iglesia.

✺ Can Cires
San Mateo
Tel: 629.668.972
cancires.com

If you find yourself in San Mateo with a car full of hungry kids, this place is a great choice for lunch. A sweet little restaurant set in a 200-year-old finca, the idyllic terrace also has a playground for the smaller ones. Run by Victoria and Francis, they offer a selection of Mediterranean cuisine and traditonal Ibicencan dishes as well as tapas and snacks, so you can eat for a wide range of prices. There's a nice art gallery attached, and you'll find it opposite the church and down the road on the left.

Si te encuentras en San Mateo con un coche lleno de niños hambrientos, este lugar es perfecto para comer. Un restaurante pequeño y agradable situado en una finca de 200 años de antigüedad, una idílica terraza que también tiene un parque para los más pequeños. Los dueños, Victoria y Francis, ofrecen

una amplia selección de cocina mediterránea y platos ibicencos además de tapas y aperitivos, puedes comer por una gran variedad de precios. Y además hay una bonita galería de arte al lado. Lo encontrarás frente a la iglesia, bajando por la carretera a la izquierda.

✺ Restaurante Es Camp Vell
Camí de S Pla, 2, San Mateo
Tel: 971.805.036

This restaurant is literally two steps from the church and serves traditional Spanish food. If you are not that hungry and just want a few tapas its the perfect spot, but they do great paellas here and in the evenings they crank up the BBQ.
Closed on Mondays.

Este restaurante está literalmente a dos pasos de la iglesia y sirve cocina española tradicional. Si no tienes mucha hambre y simplemente quieres unas tapas es el lugar perfecto, pero también elaboran paellas deliciosas y por las noches encienden la parrilla. Cerrado los lunes.

5 THINGS YOU SHOULD DO
5 cosas que deberías hacer cuando estés aquí

1. Hire a Mehari   Alquilar un Mehari
   formerameharis.com - formenteracar.es

2. See the sunset from the Mirador de La Mola
   Ver la puesta de sol desde el Mirador de La Mola

3. Breakfast in Ca na Pepa in San Francisco (p.185)
   Desayunar en Ca na Pepa en Sant Francesc

4. Dinner in Macondo in Sant Ferrán (p.190)
   Cenar en Macondo en Sant Ferrán

5. Watch the sunset from Es Cap de Barbaria
   Ver la puesta de sol de Es Cap de Barbaria

FORMENTERA

La Savina
San Francisco
San Fernando
Es Pujols, Es Caló,
La Mola
& beaches/playas

FORMENTERA

It can be easy to forget that you don't have to travel to the other side of the world to find outstandingly beautiful places, and Formentera always reminds me of this. Ibiza's little sister island is one of my favourite spots on earth, and whenever I come here I feel blessed that it remains so unspoilt despite the tourism. I know it sounds mad, but I come here on holiday from Ibiza!

Puede ser fácil olvidarse de que no tienes que viajar al otro lado del mundo para encontrar lugares de verdadera belleza, y Formentera siempre me recuerda esto. La hermana pequeña de Ibiza es uno de mis lugares favoritos de la tierra y siempre que vengo aquí me siento bendecida porque continúa intacta a pesar del turismo. Sé que suena a locura pero vengo aquí de vacaciones desde Ibiza.

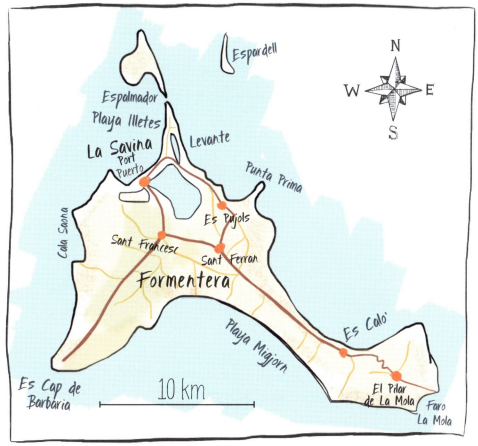

LA SAVINA

This little fishing port is where you arrive on the ferry from Ibiza, and immediately the world slows down to half the pace. The gateway for the whole island, the little town here has a great choice of car and bike rentals just up from the dock and a selection of hotels, bars and shops dotted all around.
If you're short on cash, rent a bicycle and cycle to Illetes beach, which is directly on the left as you leave the village. In the evenings there's a little hippy market.

Este pequeño puerto pesquero es donde llegas en ferry desde Ibiza, e inmediatamente el mundo parece disminuir su paso al menos a la mitad. Es el punto de salida para toda la isla y por ello este pequeño pueblo tiene una gran selección de alquileres de coche y motos junto al muelle y una selección de hoteles, bares y tiendas esparcidos por todas partes. Si tienes poco presupuesto, alquila una bicicleta y pedalea hasta la playa de Illetas, que está a la izquierda al salir del pueblo. Por las noches hay un pequeño mercadillo hippy.

..eat, drink + sleep
...comer, beber + dormir

✸ Luna
La Savina
Tel: 971 321 585

Some friends were on a loved-up weekend and decided to try this place as it looked intimate and sort of romantic. I'm happy to recommend it as they said the staff were delightful and helpful when it came to the menu, and it was all delicious. I plan to try it for myself next time I'm in the port.

Unos amigos estuvieron de fin de semana romántico y decidieron probar este lugar ya que parecía muy íntimo y romántico. Me alegra recomendarlo ya que me dijeron que el servicio era encantador y amable y la comida estaba deliciosa. Planeo probarlo la próxima vez que esté en el puerto.

✸ Hostal La Savina
Avenida Mediterranea, 22-40
La Savina
Tel: 971.322.279
hostal-lasavina.com

Friends of mine rave about this place, and if you like to stay near the port it's perfect. With a friendly atmosphere and really nice décor, they serve fabulous breakfasts, but it's great for dinner too. There's a DJ playing ambient music on the terrace almost every day as the sun sets in the little lagoon "Estany des Peix" behind the hotel. Book a room with a sea view and you'll be in heaven.

Mis amigos sólo me hablan maravillas de este sitio y si quieres hospedarte cerca del puerto es perfecto. Con una atmósfera cordial y una decoración muy bonita, sirven desayunos fabulosos y también es magnífico para cenar. Hay un DJ

pinchando música ambiente en la terraza casi cada anochecer en la pequeña bahía "Estany des Peix" detrás del hotel. Reserva una habitación con vistas al mar y estarás en la gloria.

✱ Hotel Lago Dorado
Camí de Can Marroig
Tel: 971.321.261
This place is ideal if you want a taste of the raw side of Formentera but still need to be near the main port. There's no sandy beach but a stunning alternative sunset view over the saltwater lake. With a vintage touch, this is a no-frills option but has a great pool and restaurant with a sunset terrace.

Este sitio es ideal si quieres probar la Formentera más virgen pero necesitas estar cerca del puerto. No hay playa de arena pero es una alternativa preciosa para contemplar la puesta de sol sobre las salineras. Con un toque vintage, es una opción sencilla pero con una piscina y restaurante magníficos y una terraza con vistas a la puesta.

MOTORENT MIGJORN
There are loads of rental places as you arrive but I've always used these guys.. I once rented an old pick-up from them because us girls were feeling a bit of a *Thelma and Louise* moment coming on! They have a selection of motorbikes, scooters, quads, bicycles and, yes, cars, but unless you have a ton of luggage and kids in tow, get a motorbike as it's much more fun and easier to park. They also offer 24-hour road assistance.

Hay montones de casas de alquiler cuando llegas, pero yo siempre vengo aquí. Una vez alquilé un viejo jeep porque a las chicas nos apetecía vivir un momento Thelma y Louise. Tienen una gran selección de motos, scooters, quads, bicicletas y, sí, coches, pero a menos que lleves montones de equipaje y niños, alquilar una moto es lo más divertido y mucho más fácil de aparcar. También ofrecen asistencia en carretera las 24 horas.

Puerto de La Savina
Tel: 971.322.787
motorentmigjorn.com

SAN FRANCISCO SANT FRANCESC XAVIER

I call it the capital town of Formentera because it somehow seems the largest, although I am not sure it actually is. The church square here is like something out of a movie and scattered all around are lovely little shops and bars that are very inviting in the heat of the day. Parking is best at the back of the church. To get there, drive to the right as you enter the town and go up Carrer de Sant Joan until you see the parking.

Lo llamo la capital de Formentera porque de alguna forma parece ser la más grande, aunque no estoy segura de si lo es. La plaza de la iglesia es como sacada de una película y a su alrededor hay encantadoras tiendas y bares que vienen muy bien cuando el sol pega fuerte. Es mejor aparcar detrás de la iglesia. Para llegar aquí, gira a la derecha al entrar al pueblo y sube por Carrer de Sant Joan hasta que veas el parking.

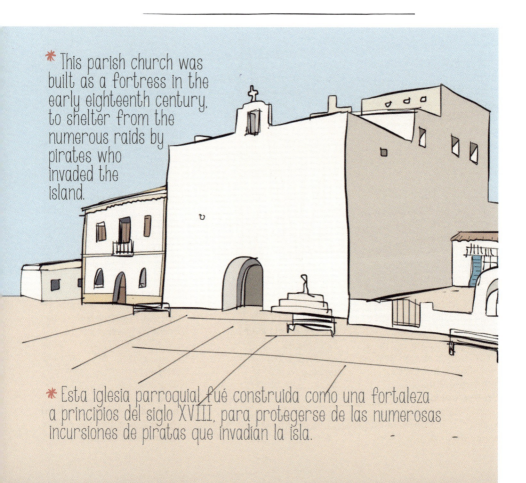

* This parish church was built as a fortress in the early eighteenth century, to shelter from the numerous raids by pirates who invaded the island.

* Esta iglesia parroquial fué construida como una fortaleza a principios del siglo XVIII, para protegerse de las numerosas incursiones de piratas que invadían la isla.

❋ Bar & Hostal Centro
Plaça Constitució, 3, Sant Francesc
Tel: 971.322.063

This little bar is always full of locals and sits right opposite the church in prime people-watching position. One of the oldest bars / guesthouses on the island, it used to be where the only radio telephone was located in the 1970s and has been run by the same family for over 40 years. Open all day.
Este pequeño bar siempre está lleno de gente local y se sitúa justo en frente de la iglesia en primera línea para contemplar a la gente pasar. Es uno de los bares / casa de huéspedes más antiguos de la isla y solía tener el único teléfono por radio en los años 70. Lleva en manos de la misma familia más de 40 años. Abierto todo el día.

❋ Fonda Platé
Carrer Jaume I, Sant Francesc
Tel: 971.322.313

Bang in the centre of San Francesc, this sprawling café bar is always packed with locals and tourists, and I always feel nostalgic when I sit here. It's like time stopped while the rest of the world continued on. Serving fresh juices and great salads alongside tasty bocadillos and they have live music too.
Justo en pleno centro de San Francesc este bar cafetería siempre está lleno de gente local y turistas sentados fuera, y no sé porqué pero me siento muy nostálgica cuando vengo aquí. Es como si el tiempo se detuviera mientras el resto del mundo continúa. Sirven zumos naturales y ensaladas magníficas además de bocadillos muy ricos. También tienen música en directo.

❋ Café Matinal
C/ De Arxiduc Lluis Salvador, 18 Sant Francesc
Tel: 971.322.547

Hidden on a little side street just across from Bar Platé in the centre of town, this place is famous for its large and varied breakfasts and exquisite brunches. I love their home-made yogurt and muesli but they also do a large choice of pastries and juices. It's a lively little place.
Escondido en una de las calles traseras frente al Bar Platé en el centro del pueblo, este local es famoso por su gran variedad de desayunos y almuerzos exquisitos. Me encanta su yogur con muesli casero pero también hay una gran selección de bollería y zumos. Un lugar pequeño y animado.

❋ Ca Na Pepa
Plaza de la Constitución, 5, Sant Francesc
Tel: 971.321.091
canapepa.com

I got quite overexcited when I first discovered this quaint Italian cafe. The breakfasts here are heavenly. Try their Eggs Benedict or their American-style pancakes, and they also do great lunches and tapas. So relaxed and rustic-chic, with that faded wood vibe throughout, I always find it hard to leave.
Me alegré un montón cuando descubrí esta pequeña cafetería italiana, ya que los desayunos aquí son divinos. Prueba sus Huevos Benedict o sus tortas al estilo americano, y también preparan comidas y tapas deliciosas. Es relajado, chic y con un diseño interior en madera desteñida por todo el local, siempre me cuesta marcharme de aquí.

THINGS TO DO HERE
Cosas que hacer aquí

❋ **FLOWER POWER PARTY**
Fiesta Flower Power
Fri/vier: 24 Jul

❋ **JAZZ IN THE SQUARE**
Música Jazz en la plaza
Sat/sáb: 20h

❋ **ARTISAN MARKET**
Mercadillo artesanal
May-Oct. 10-14h

❋ **PEASANT MARKET**
Mercadillo pagés
May-Oct.
Mon-Sat/lun-sáb: 9-13h

❋ **SECOND HAND MARKET**
Mercadillo segunda mano
May-Oct.
Sat/sáb: 10-18h
(Behind the church)
(Detrás de la iglesia)

Cafetería Es Glop
**Afueras, 5 s/n, Edif. sa Sanieta,
Sant Francesc
Tel: 971.322.966**

This restaurant-slash-bar gets overlooked, but I once came in here on a rainy day and loved the vibe and service. It's just on the outskirts of San Francesc. My friend Karyn and I had a large eggy breakfast and juices that left us feeling completely replenished! They also have a little free-for-all swap-shop, which is a great idea. So grab a second-hand parasol and get on that beach already!

Este restaurante bar suele ser pasado por alto, pero una vez vine aquí un día de lluvia y me encantó el ambiente y su servicio. Está a las afueras de San Francesc. Mi amiga Karyn y yo nos tomámos un gran desayuno con huevos y zumos que nos dejó totalmente llenas. También tienen una tienda de intercambio, que es muy buena idea. Así que píllate una sombrilla de segunda mano y vete directo a la playa.

Giovale
**Santa Maria, 59, Sant Francesc
Tel: 971.322.758**

We always head here for breakfast when we're doing a shop in this area. It's easy to find as it sits perched by the roundabout at the entrance of San Francesc, and with its whitewashed beachy terrace covered with a climbing grapevine, is easy to spot from the road. The breakfast menu features the names of all the beaches of the island, and they serve good coffee and juices.

Siempre desayunamos aquí cuando venimos a hacer la compra. Es fácil de encontrar ya que está al lado de la rotonda en la entrada de San Francesc, y con su terraza blanca cubierta de viñas es fácil reconocerlo desde la carretera. La carta de desayunos presenta nombres de las playas de la isla, y sirven muy buen café y zumos.

Es Marès Cafetería
**C/ de Santa Maria, 15
Sant Francesc
Tel: 971.323.216
hotelesmares.com**

Attached to the Es Marès Hotel and always bustling with life, they serve lovely breakfasts on the white-washed shady terrace here. With home-made cakes and a selection of teas, there's also a lovely view of the quaint little street to enjoy.

Pegado al Hotel Es Marès y siempre rebosante de gente, sirven deliciosos desayunos en su blanqueada terraza. Con pasteles caseros y una selección de tés, también puedes disfrutar de una encantadora vista a las pequeñas callejuelas del pueblo.

Il Pirata del Tortello
**Sant Francesc
Tel: 687.091.745**

A fabulous fresh pasta shop on the outskirts of town, they do the best raviolis here with some really fancy fillings. I love the eggplant and scamorza!
Closed Mondays.

Una tienda fabulosa de pasta fresca en las afueras del pueblo, hacen los mejores raviolis frescos con rellenos muy originales. Me encantan los de berenjena con scamorza. Cerrado los lunes.

Big Store
**Carrer d'Isidor Macabich, 2
Sant Francesc
Tel: 971.322.154**

A surfer-style vintage bar with sweet, colourful chairs on the terrace and a collection of mismatched leather couches and chairs inside. This is a great place to start your day on a positive note, what with all that colour and their freshly squeezed natural juices. The local Italians love this spot.

Un bar estilo surfero con coquetas sillas de color en la terraza y una colección de sofás de piel y sillas desiguales. Es un lugar fantástico para empezar el día de forma positiva, con todo ese color y sus zumos recién exprimidos. A los italianos de la isla les encanta este sitio.

Can Carlos
**Sant Francesc
Tel: 971.322.874
cancarlos.com**

I make sure I go here once a summer, as it's certainly not cheap but the food is exceptional. If you take the kids give them a sandwich at home beforehand! They do

delicious homemade pastas, meats, fish dishes and salads, and the dessert menu is absolutely mouth-watering. Tables are set in a delightful garden with fairy lights and soft music, making this the perfect place for a romantic evening after a long day beaching. Easy to find, just drive straight through San Francesc towards the Barbaria lighthouse and it's there on your right just outside town.

Me aseguro de venir aquí al menos una vez en verano, ya que no es nada barato pero la comida es excepcional. Si traes a los niños dales un bocata en casa antes de venir. Hacen deliciosas pastas caseras, carnes, pescado y ensaladas y la carta de postres te hará la boca agua. Las mesas están distribuidas en un precioso jardín con lamparillas y música suave, convirtiéndolo en el restaurante perfecto para una cena romántica después de un largo día en la playa. Fácil de encontrar, atraviesa San Francesc hacia el faro y está a tu derecha justo a las afueras del pueblo.

✺ Restaurante Es Cap
Ctra. Cap de Barbaria, Cruce de Cala Saona
Tel: 971.322.104

I just adore this place and my daughter loves their fish tank, which has a real live shark in it - not really! Sitting at the crossroads to Cala Saona bay and the Cap de Barbaria on the road from Sant Francesc, this is Formentera's answer to a roadside steakhouse, with tables set on a simple little terrace under a canopy of vines. I always go here when I come back from the Lighthouse sunset as it's really reasonably priced. The chef makes a great fish soup, which my daughter devours in seconds, while my favourite dish is the meat cooked on hot stones at your table, served with vegetables and potatoes, and the Grilled prawns are heavenly.

Simplemente adoro este sitio y a mi hija le gusta su pecera, que tiene un tiburón de verdad, ¡en serio! Justo en el cruce de Cala Saona con Cap de Barbaria en la carretera de Sant Francesc, está la respuesta de Formentera a un asador de carretera, con mesas fuera en su terraza pequeña y pintoresca protegida por un manto de viñas. El chef prepara una deliciosa sopa de pescado que mi hija devora en segundos, mientras que mi plato favorito es el de carne asada sobre una piedra caliente en tu misma mesa, servido con verduras y patatas. Las gambas al grill están muy ricas también.

✺ Sud Restaurante
Ctra. de Cala Saona, Cap de Barbaria
Tel: 971.322.903
sudformentera.com

Set in an old finca with stone walls reminiscent

of a little chapel, this inland dining spot on the road to Cap de Barbaria serves simple Mediterranean food. Outside, a cosy shaded terrace has a lovely Arabic feel.

Situado en una vieja finca con muros de piedra que recuerdan a una pequeña capilla, este restaurante para cenar en la carretera hacia Cap de Barbaria sirve comida simple mediterránea. Fuera, una terraza acogedora y sombreada tiene un aire árabe.

❋ Vintage
C/ de Santa Maria 3, Plaza de La Iglesia, Sant Francesc
Tel: 971.321.984
vintageformentera.com

This lovely boutique sits directly opposite Bar Platé at the top of Carrer Jaume I and Av. Vuit d'Agost. Full of gorgeous things and perfect for gifts, I stop in to grab a little bracelet or necklace to give my outfit a more Formentera local vibe! They sell light and cool clothing and have tons of accessories displayed in cute baskets on top of the central table as you come in.

Esta encantadora boutique está justo enfrente del Bar Platé al final del Carrer Jaume I y la Avda. Vuit d'Agost. Tiene cosas preciosas y es perfecta para regalos. Suelo pararme para comprar algún brazalete o collar para darle a mi vestido un toque más formenterense. Venden prendas ligeras y frescas y tienen montones de accesorios distribuidos en bonitos cestos sobre una mesa central en la entrada.

❋ Pepi
C/ des Pla del Rei, Sant Francesc
Tel: 971.322.314

I have a look in this shop every time I'm in Formentera. Selling vintage things, jewellery, accessories and bags, I bought a great skull ring here and always have my eye on a suede leather tassel bag. Find it on the main non-pedestrian street that goes through San Francesc to Cap des Barbaria.

Siempre que voy a Formentera echo un vistazo a esta tienda. Venden artículos vintage, joyería, accesorios y bolsos. Compré una anillo de calavera muy chulo y tengo echado el ojo a un bolso de ante con flecos. La encontrarás en la calle principal que va de Sant Francesc a Cap de Barbaria.

❋ Las Brisas
Can Toni Guillerm, Sant Francesc
Tel: 971.322.815

I always find it impossible to not take a look inside this shop with its blue doors and rickety cane porch located just to the left of the church in the main square. They sell aged leather bags to die for and clothes for men and women. It's not cheap but still worth a look inside...

Me cuesta no entrar a echar un vistazo dentro de esta tienda con sus puertas azules y su desgastado porche de bambú justo a la izquierda de la iglesia en la plaza principal de Sant Francesc. Venden preciosos bolsos de piel y ropa para hombre y mujer. No es barato pero merece la pena mirar por si te apetece darte un capricho.

❋ Perfumeria Centrale
Can Toni Guillerm, Sant Francesc
Tel: 636.235.015

Right beside Las Brisas they sell a selection of scents made with the island aromas of salt and sea, lemon, resin or juniper. Just divine!

Justo al lado de Las Brisas venden una selección de aromas hechos de sal y mar, limón, resina, arena o madera de sabina…¡Es divina!

❋ Balàfia
Sant Francesc
Tel: 659.397.181

I love this shop for its raw materials and ethnic, eco-chic. With masses of colours and textures, you'll find it off the square near the church of Sant Francesc. They also have great hats, necklaces and scarves.

Me encanta esta tienda de materias primas y eco-chic étnico. Con montones de colores y texturas, la encontrarás junto a la plaza cerca de la iglesia de Sant Francesc. También tienen magníficos sombreros, collares y pañuelos.

✳︎ Full Moon
**C/ de Eivissa, 6,
Sant Francesc
Tel: 9713.22.376**

A vintage bike guards the entrance to this cute, white-washed shop, which must have been photographed many a time. Dresses, tops, hats, sandals, bags, kaftans, sarongs and bikinis…they sell all the things I love.

Una bici antigua guarda la entrada de esta tienda monísima y blanca, que debe haber sido fotografiada un millón de veces. Vestidos, tops, sandalias, sombreros, bolsos, túnicas, pareos y bikinis… vende todo lo que me gusta.

..sleep and enjoy
...duerme y disfruta

✳︎ Es Marès
**Calle de Santa María,
Sant Francesc
Tel: 971.323.216
hotelesmares.com**

This place sits bang in the centre of Sant Francesc. A boutique-style hotel with pale interiors and signature Formentera driftwood touches, rooms are sun-soaked and extremely comfortable. It also has spa treatments and is a great winter option as it`s open all year.

En el centro de Sant Francesc está este hotel boutique de interiores pálidos y toques de madera desteñida. Con habitaciones bañadas por el sol, es extremadamente cómodo. También ofrecen tratamientos de spa así que es una buena opción para el invierno porque está abierto todo el año.

✳︎ Casa Ariadna
**Cami Vell de Sant Francesc a Cala Saona
casaariadnaformentera@gmail.com**

This divine B&B in an old country house is exquisitely decorated. The rooms are all large but don't offer much privacy as the family live in the house as well. Located in Cala Saona, bougainvillea decorates terraces that overlook the ocean, and it's a great choice if you want a homey feeling. Surrounded by bougainvillea-draped porches overlooking the ocean, the breakfast buffet is legendary.
There's also very little phone coverage, but that can be a plus if you want to really disconnect. The Wifi does work though!

Esta divina casa de huéspedes en una vieja casa de campo ha sido decorada con exquisito encanto. Las habitaciones son grandes pero no ofrecen mucha privacidad ya que la familia también vive en la casa. Situada en Cala Saona, la buganvilla decora las terrazas que miran al mar, y es una opción magnífica si quieres un ambiente familiar. Hay muy poca cobertura móvil, pero eso puede ser algo bueno si realmente quieres desconectar. Aunque el Wifi funciona bien.

FORMENTERA CHIC
Boho Sleeping
Durmiendo al estilo Bohemio

A boutique online agency offering bijou apartments and studios across the island, this place will help bring out your inner boho babe! Think hammocks, lots of pale, driftwood furniture and cicadas chirping nearby. My favourite is the sea-view studio in La Savina.

Una agencia online que ofrece pequeños apartamentos y estudios por toda la isla, aquí te ayudarán a sacar tu boho interior: hamacas, montones de mobiliario de madera desteñida y en las cigarras chirriando cerca. Mi favorito es el estudio con vistas al mar en La Savina.

formenterachic.com

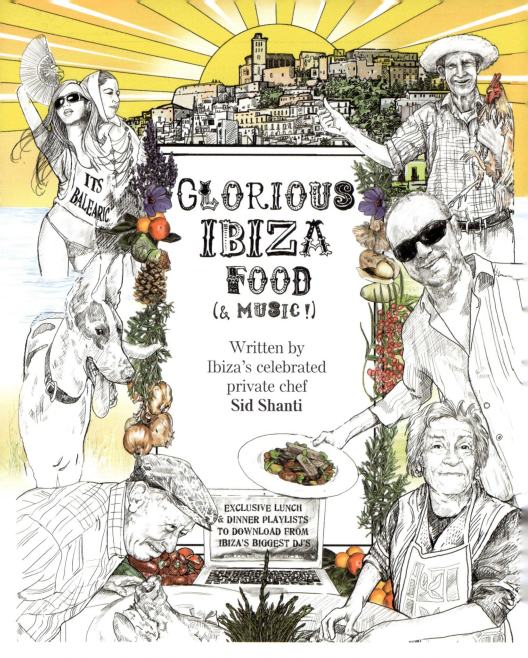

SAN FERNANDO SANT FERRAN DE SES ROQUES

One of my favourite villages in Formentera, you actually drive through it from Sant Francesc and Es Pujols. The church square is set back from the main road and there's a selection of old school bars and restaurants, as well as a little craft and handmade – only hippy market most evenings up by the church.

Uno de mis pueblos favoritos en Formentera, de hecho lo pasas conduciendo desde Sant Francesc ó Es Pujols. La plaza de la iglesia está detrás de la carretera principal y hay una selección de bares y restaurantes antiguos, además de un mercadillo hippy de productos artesanos, hechos a mano casi todas las noches junto a la iglesia.

..eat and enjoy... come y disfruta

✹ Macondo
Calle Mayor 1, Sant Ferran.
My favourite restaurant in the whole world! I personally am not a big pizza person, but the pizzas here are out of this world. I also love their large salads and the mussels are also exquisite. For pudding try the Pannacotta, it's unbelievable! This wooden-benched place is set in the charming main walking street just down from Sant Ferrán church, and while you wait for your order you can take it in turns to walk up to the church through the little hippy market. You also have to try the Limoncello - made by the owner's mama, or so he says!

¡Mi restaurante favorito en todo el mundo! No suele gustarme la pizza, pero las que hacen aquí son fuera de serie. Sus ensaladas y sus mejillones, son exquisitos. No te vayas sin probar la Pannacotta con chocolate. Este local de bancos de madera está situado en la calle peatonal de Sant Ferrán, y mientras esperas tu pedido puedes tomar turnos para caminar hasta la iglesia recorriendo el pequeño mercadillo hippie. Me encanta sentarme y ver la gente local prepararse para la noche, y además tienes que probar el limoncello, está hecho por la mamá del dueño, ¡o eso dice!

THINGS TO DO HERE
Cosas que hacer aquí

✹ **JAM SESSIONS IN THE SQUARE**
Música en vivo en la plaza
Fridays/Viernes: 20h

✹ **ARTISAN MARKET**
Mercadillo artesanal
**MAY-OCT: 20-24h
Mon, Tues, Thurs, Fri, Sat
Lun, mar, juev, vier, sáb:**

FORMENTERA - SANT FERRÁN

♥ PANTALEÓN DELICATESSEN

I stumbled across this little roadside gourmet delicatessen last summer and had to put it in for this revised edition because I fell in love wit it. They have a great selection of wines, liquors, hams, cheeses, foie gras and sweets and when I am on holiday in Formentera it's where I enjoy my morning coffee with friends sitting outside on the quaint little shaded terrace.

Me encontré con esta pequeña tienda en la carretera de delicatessen gourmet el verano pasado y tuve que ponerlo en esta edición revisada porque me enamoré de ella. Venden una gran selección de vinos, licores, ibéricos, quesos, foie y dulces y cuando estoy de vacaciones en Formentera, es donde me gusta tomar un café por la mañana con mis amigos sentada en la sombra afuera en la pequeña terraza tan pintoresca.

**Carrer de Joan Castelló Guasch, 5, Sant Ferran.
Tel: 971 32 85 85**

✱ Fonda Pepe
**C. Mayor, Sant Ferran
Tel: 971.328.033**

One of the most mythical places in Formentera. Bob Dylan is said to have played chess here and Pink Floyd were linked to it in the 1960s, when they composed the music for the film "More" and spent time on the island. Attracting a colourful collection of locals, glam hippy wannabes and tourists, this restaurant has a dark, sombre interior and nothing much has changed with the decor since the 1970s. Good, cheap food and you can't book, so get here early and queue outside.

Uno de los lugares más míticos de Formentera. Se dice que Bob Dylan se sentaba aquí y jugaba al ajedrez y la banda Pink Floyd lo frecuentaba en los años 60, cuando compuso la música para la película More y pasó un tiempo en la isla. Atrae a un grupo variopinto de gente local, hippies glamurosos y turistas, y su interior oscuro y sombrío no ha cambiado mucho desde los años 70. La comida es buena y barata pero no puedes reservar, así que ve pronto y haz cola fuera con todos.

Sleep...duerme...

✱ Hostal Illes Pitiüses
**Av. de Juan Castelló Guasch, 48
Sant Ferrán
Tel: 971.328.189**

A hostal located on on the main road at the crossroads to Es Pujols and la Mola in Sant Ferran that is perfect to stay in, reasonably priced and comfy. The rooms facing the road can be a little noisy, especially with all the motorcycle traffic, although at night after the sun has set the traffic becomes minimal. It's ten minutes by car from most of the beaches, and I often come here to plug in my laptop as they have Wifi access and great breakfasts.

Un hostal sencillo situado en al borde del pueblo en la carretera principal a La Mola. Es un lugar perfecto para dormir a un precio razonable. Las habitaciones que dan a la carretera pueden ser un poco ruidosas, especialmente con el tráfico de motos de la isla, aunque por las noches después de la puesta de sol, el tráfico es mínimo. Está a diez minutos en coche de la mayoría de las playas y a menudo vengo aquí a enchufar mi ordenador porque tienen acceso wifi y un buen desayuno.

ES PUJOLS

On the beach! ¡En la playa!
FLOWER POWER PARTY
Fiesta Flower Power
Sat/sab: 18 July/julio

This is the most touristy town on the island, but I have to admit it has a really pretty beach, some great restaurants, the best little ice-cream parlour and a little hippy market on the promenade. There is also an array of street bars at the back of the promenade so it's great for a silly night out, all with a strong Italian influence.

Éste es el pueblo más turístico de la isla pero tengo que admitir que tiene muy buenos restaurantes, la mejor heladería y un mercadillo hippie en el paseo que me encanta. También hay una variedad de bares en las callejuelas cerca del paseo así que es genial para una noche loca, y todo con un toque muy italiano.

✹ Bé Va Bé
C/ Espardell, Es Pujols
Tel: 971.328.554

Amazing little ice-cream parlour hidden down one of the backstreets that leads off from the seafront. Absolutely the best on the island, my favourite flavour is the Nutella!

Una heladería pequeña e increíble escondida en una de las calles traseras que van hacia el mar. Sin duda el mejor helado de la isla, ¡mi sabor favorito es el de Nutella!

✹ People
S'Escull des Corsaris,
Playa Es Pujols.

This tiny wooden beach bar just a five minute walk from Es Pujols along the beach has managed to hold onto its simple Formenteran charm although it's been modernised a bit now. We always walk across from our summer house on Playa de Levante and grab some cold Coronitas or a shot of tequila.

Este pequeño chiringuito de madera en la playa está a cinco minutos andando de Es Pujols por la playa y ha logrado mantener el encanto de Formentera. Siempre vamos caminando desde nuestra casa de verano en la Playa de Levante y nos tomamos unas Coronitas bien frescas o un chupito de tequila.

✹ Chezz Gerdi
Es Pujols
Tels: 971.328.603 - 648.020.106

This is a great Italian gourmet restaurant which you can walk to from Es Pujols if you take a right along the wooden seafront promenade. With lovely beachy decor, it's perfect if you are feeling a bit extravagant. Serving grilled meats, seafood and pasta as well as

great pizzas, I love the clam spaghetti.
Un magnífico restaurante gourmet italiano al que puedes llegar caminando desde Es Pujols si vas hacia la derecha por el paseo de madera junto al mar. Tiene una decoración encantadora, y es perfecto si te sientes con ganas de darte un capricho, Sirven carnes al grill, pescado y pasta además de unas pizzas magníficas. Me encantan sus espaguetis con almejas.

❋ Integral
Avenida Miramar, Es Pujols
Tel: 971.323.561

A little vegetarian place I discovered by chance with my friend Karyn, and we were both delighted as the service was lovely and attentive, and the food yummy and affordable. Try their falafel and hummus.
Un pequeño vegetariano que descubrí por casualidad con mi amiga Karyn y ambas nos quedamos encantadas ya que el servicio es encantador y atento, y la comida está realmente rica y es asequible. Prueba su falafel y hummus.

❋ Don Pollo
Avenida Miramar, Es Pujols
Tel: 971.328.076

When we can't face cooking we just whizz down to this place on the roadside in Es Pujols to grab a yummy rotary roast chicken. Don't forget to ask for an extra splash of the delicious cooking juices.
Cuando no nos apetece cocinar nos acercamos a este pequeño lugar en Es Pujols y compramos un pollo a l'ast. No te olvides de pedir extra de caldo.

❋ La Casa Della Piadina
Avenida Miramar, 65, Es Pujols
Tel: 971.329.154
thebeachformentera.com

This is a tiny place with a lot of soul and free Wifi, and my Italian friends say it's like being back home with all the Italian newspapers available. Open from early morning til late at night, they do great breakfast and very tasty burritos, all made with lovely fresh ingredients.
Se trata de un lugar pequeño con mucho espíritu y WiFi gratis, y mis amigos italianos dicen que es como volver a casa ya que siempre tienen toda la prensa italiana. Abierto desde temprano por la mañana hasta tarde por la noche, hacen deliciosos desayunos y unos burritos muy sabrosos, todo hecho con ingredientes frescos.

❋ Bananas Bar & Co
Calle de Roca Plana, Es Pujols
Tel: 619.143.277
bananasformentera.com

I used to go here a lot years back, and it always reminds me of a raucous après-ski lounge bar - but on a hot Spanish island! The crowd is mainly Italian, so brush up on the lingo and prepare to flirt and mingle. They have a very popular happy hour.
Hace años solía venir aquí y siempre me recordaba a las salas après ski, pero en una calurosa isla española. La clientela es principalmente italiana, así que ponte al día de la jerga y prepárate a flirtear y mezclarte con ellos. También tienen una happy hour muy popular.

❋ Tipic
Avenida Miramar, 164, Es Pujols
Tel: 676.885.452
clubtipic.com

Oh there's been many a silly night spent here…as unlike Ibiza, there really isn't a lot of choice regarding the nightlife, so if you fancy an all-nighter this is the only place to go. As legend has it, they opened with a Pink Floyd gig in 1971 and these days Sven Väth's Cocoon hosts a pop-up party in the summer, so keep your eyes on the posters outside for dates. If you're staying in Ibiza, you can actually get the last boat over and the first one back the next morning, or just grab a room in Sant Ferran. There's a dirt-cheap hostal on Carrer Sant Jaume behind Bar Verdera on the main street. So go get your rave on, Formentera style!
Aquí hemos pasado muchas noches locas… a diferencia de Ibiza, realmente no hay muchas opciones en cuanto a discotecas, así que si te apetece salir toda la noche éste es el único lugar. Como cuenta la leyenda, abrieron con un concierto de Pink Floyd en 1971 y hoy en día se celebran fiestas *pop-up*

de Cocoon durante todo el verano así que mantente atento a los posters para más detalles. Si te hospedas en Ibiza, puedes coger el último barco y luego coger el primero de la mañana para volver a Ibiza, o simplemente alquila una habitación en Sant Ferrán. Hay un hostal baratísimo en Carrer Sant Jaume detrás del Bar Verdera en la calle principal. Así que ve a darte una buena fiesta, ¡al estilo de Formentera!

✱ Maritim
Paseo Marítimo, Es Pujols,
Tel: 971.328.259
Pepe runs this popular traditional Formenteran restaurant that serves rice dishes and seafood as well as pizzas. A bunch of my Ibiza friends love to take the boat over, moor up in the bay in front and eat here. It's open til late every day.
Pepe lleva este popular restaurante de cocina tradicional de Formentera, con un menú variado de arroces y pescado además de pizzas. A mis amigos de Ibiza les gusta venir en barco, atracarlo en la cala de enfrente y comer aquí. Abierto hasta tarde cada día.

..shop a bikini
cómprate un bikini...

✱ Janne Ibiza
C/Punta Prima, Es Pujols
Tel: 971.328.963
This is a great little swimwear shop. The designs were first created for a beach stall on Salinas Beach in Ibiza many years ago and became so popular that this delightful shop was then opened in Formentera. Try on a tanga (thong) – if you dare!
Una tienda fantástica de bañadores. Los diseños fueron creados por primera vez para un puesto en la playa de Salinas en Ibiza hace años y se hizo tan popular que posteriormente abrió esta encantadora tienda en Formentera. ¡Si te atreves pruébate el tanga!

...sleep...
duerme...

✱ Sa Vinya
C/Punta Prima, 37, Es Pujols
Tel: 971.328.347
I often stay here when I come for a short trip when friends are in Es Pujols with their boat. Just outside the mad zone it's quieter here, the staff are friendly and you can book a standard room or a little bungalow. There's also a pool which the kids love. Prices are very reasonable with breakfast included and served on a lovely shaded porch.
Suelo hospedarme aquí si vengo para una estancia corta y tengo amigos en Es Pujols con su barco. Alejado de la locura, es bonito y tranquilo, el personal es muy amable y puedes reservar una habitación estándar o un bungaló. También tienen piscina que a los niños les encanta. Los precios son razonables y con desayuno incluido, servido en su encantador porche a la sombra.

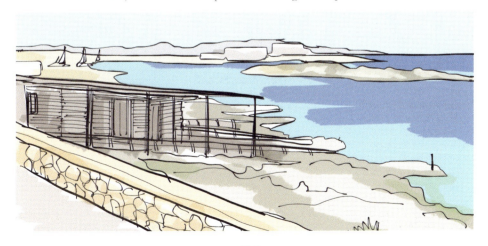

THE LARGEST FIG TREE ON FORMENTERA
On the road to La Mola from Sant Ferran. Known as "Na Blanca d'en Mestre", it's a true marvel of nature that's nearly 100 years old and measures 365 square metres.

LA HIGUERA MÁS GRANDE DE FORMENTERA
En la carretera a La Mola. Conocida como "Na Blanca d'en Mestre", es una verdadera maravilla de la naturaleza que tiene casi 100 años y mide 365 metros cuadrados.

(+more) THINGS YOU SHOULD DO

(+más) COSAS QUE DEBERÍAS HACER CUANDO ESTÉS AQUÍ

Make a stone sculpture

At the Cap de Barbaria lighthouse. It will be one among the hundreds of ephemeral works that have been left here, glowing red as the sun descends.

Haz una escultura de piedras

En el faro de Cap de Barbaria. Será una entre cientos de obras efímeras que se han ido dejando aquí y reciben los reflejos rojos durante la puesta de sol.

ES CALÓ DE SANT AGUSTÍ

This is a stunning little place, just before the road starts to go up the hill to La Mola. There's a small fishing port and some gorgeous bays, including Ses Platgetes which are absolutely heavenly.

Este precioso lugar está justo antes de que la carretera empiece a subir a La Mola. Hay un pequeño pueblo pesquero y algunas preciosas calas, incluyendo Ses Platgetes, que son un verdadero paraíso.

..eat & drink.
comer + beber...

✳ Restaurante Can Rafalet
Venda des Carnatge, 1-11, Es Caló
Tel: 971.327.077

I celebrated a birthday here once, as I love this little fishing village with its "Le Grand Bleu" views. There were about 15 of us and we shared a paella and some starters, and it was delicious and affordable, considering that Formentera is generally 20% more expensive than Ibiza. They specialise in rice dishes and seafood, but you should reserve in advance as it usually gets full - especially on the weekends, as it's popular with the locals.

Celebré un cumpleaños aquí hace unos años, ya que me encanta este precioso pueblecito pesquero y sus vistas al "Gran Azul". Éramos unos 15 y compartimos una paella y algunos primeros y estaba todo delicioso y a muy buen precio, considerando que Formentera suele ser un 20% más caro que Ibiza. Se especializan en platos de arroz y pescado, y tienes que reservar con antelación ya que siempre se llena, especialmente los fines de semana, porque es muy popular entre la gente de aquí.

✳ Restaurante Es Caló
Carrer Vicari Joan Marí, 14, Es Caló
Tel: 971.327.311

Located in the little fishing village of Es Caló just before you wind up to La Mola, the views of the cliffs and deep

HIPPY MARKET
MERCADILLO
Fira de La Mola

This artisan hippy market is held up in Pilar de la Mola, which is the little village in La Mola on the way to the lighthouse. You can find a wide range of items here, mainly leather shoes, belts, jewellery and clothing, and all made by local artisans, many of whom settled in Formentera in the 1960s. There's also live music and it's best to visit at the end of the day when the heat is more bearable.

Este mercadillo artesanal está en el pequeño pueblo del Pilar de La Mola de camino al faro de La Mola. Puedes encontrar una variedad de artículos como calzado y cinturones de piel, joyería y ropa, todo hecho por artesanos locales, la mayoría de los cuales se asentaron en Formentera en los años 60. También hay música en directo y es mejor ir a visitarlo al final del día cuando no hace tanto calor.

Wednesday + Sunday
Miércoles + domingo
16.00-21:00 hrs

blue sea from here are stunning. And with its open-air setting and chic wooden furniture, this place just exudes fine dining.

Situado en el pequeño pueblo pesquero de Es Caló, justo antes de subir hacia La Mola, las vistas de los acantilados y el mar azul profundo desde aquí son impresionantes. Y con su terraza al aire libre y su mobiliario chic de madera, este lugar proporciona comidas sofisticadas.

✳ Amore i Odio
Playa de Es Caló

Es Caló beach is absolutely breathtaking when the sea is flat, resembling an infinity pool. The little shack here is open every day of the year, and has a great little atmosphere. In the high season it's one of those laid-back places that can sometimes be hard to find. They do a good eggplant parmigiana and the pasta ragout is a winner. Feet in the sand....

La playa de Es Caló es maravillosa cuando el mar está en calma y parece una piscina desbordante. El pequeño chiringuito aquí está abierto todos los días del año y tiene una atmósfera magnífica. En temporada alta es uno de esos sitios relajados que a veces cuesta encontrar. Preparan una parmigiana de berenjenas deliciosa y la pasta con ragú está de muerte. Disfruta con los pies en la arena...

...on the road...
en la carretera...

✳ Can Dani
Carretera de La Mola, Km 8,5
Tel: 971.328.505
candaniformentera.com

A great gourmet restaurant serving traditional dishes that have been adapted to become more sophisticated, but still maintaining the island's traditional style of cooking. The emphasis is on local ingredients and they do great wines.

Un restaurante gourmet que sirve platos tradicionales que han sido adaptados a platos más sofisticados, pero que mantienen el estilo de la cocina tradicional. El énfasis está en los ingredientes locales y además tienen unos vinos riquísimos.

✳ Restaurante La Tortuga
Crta. de La Savina a la Mola
Tel: 971.328.967
restaurantlatortuga.com

A charming little roadside option with a cosy terrace. I've been past it countless times without stopping, but my friend Karyn says that they have a good Mediterranean menu. She asked me to recommend it!

Un pintoresco restaurante junto a la carretera con una terraza acogedora perfecta para una cena informal. Lo he pasado innumerables veces sin pararme, pero mi amiga Karyn dice que es una delicia y tenen una deliciosa carta mediterránea, ¡me pidió que lo recomendara!

EL PILAR DE LA MOLA

In the square! ¡En la plaza!
FLOWER POWER PARTY
Fiesta Flower Power
Sat/sab: 20 June/junio

Drive up here to experience the most amazing clifftop views from the lighthouse. The little village also hosts a hippy market every Wednesday and Sunday from 4 to 9.30pm. If you're feeling fit you can cycle here, but be warned – it's a hell of a ride up.

Conduce hasta aquí para experimentar las vistas más alucinantes desde el acantilado junto al faro. Este pequeño pueblo también tiene un mercadillo hippy cada miércoles y domingo de 16:00 a 21:30h. Si te sientes en forma puedes subir en bicicleta, pero estás advertido, no es nada fácil.

..eat... / comer...

✻ Can Toni
Plaça del Pilar, 1
Tel: 971.327.377

This was always my pitstop years ago after cycling up to La Mola. On Sundays you'd find all the men in one room playing cards while the women peeled oranges outside. 15 years ago there were hardly any bars in this village, so this was like a little peasant meeting spot. The bar is over 100 years old now and has a new restaurant specializing in Catalan cuisine, at reasonable prices.

Aquí solía ser donde me paraba después de subir en bicicleta a la Mola. Recuerdo que los domingos te encontrabas a los hombres en una sala jugando a las cartas mientras las mujeres pelaban naranjas fuera. Hace 15 años casi no había bares en este pueblo, así que éste era el punto de encuentro de los payeses. El bar ya ha cumplido los 100 años y tiene un nuevo restaurante que se especializa en cocina catalana a precios razonables.

..and shop / y comprar...

✻ Can Xicu
Avenida La Mola, 27
Tel: 650.003.308 - canxicu.es

I for one love driftwood, so when I first stumbled across this rustic farmhouse that's been transformed into a gorgeous interiors shop I almost fainted. The emphasis is on craftsmanship, creating a very unique Mediterranean feel, and while they specialize in furniture made from reclaimed objects, you'll also find beautiful photographs, paintings and kitchenware.

Como me suele gustar la madera desgastada cuando me encontré por primera vez con esta finca rústica que ha sido transformada en una preciosa tienda de decoración, casi me desmayo. El énfasis está en los artículos artesanales que crean un sentimiento mediterráneo único, y mientras que se especializan en mobiliario hecho de materiales reciclados, también encontrarás fotografías, pinturas y utensilios de cocina preciosos.

✻ Majoral
Av. La Mola, 0, El Pilar
Carrer de Jaume I, 29,
Sant Francesc
Tel: 971.321.148
majoral.com

This Spanish-run family jewellery business is headed by Enric Majoral, who creates an authentic and ever-changing collection inspired by the Formentera landscape. His workshop is here too, so you can watch him in action.

Esta joyería perteneciente a una familia española está encabezada por Enric Majoral, que crea una colección auténtica y cambiante de joyas inspiradas en el paisaje de Formentera. Su taller también está aquí, así que puedes verlo en plena acción.

casa india ibiza

LUXURY VILLA & EVENT SPACE
BOOK NOW: www.casaindiaibiza.com
Contact us: info@casaindiaibiza.com or call: +34 654 102 718

CASA INDIA IBIZA, Nº 56 CALLE PARIS, 07840 SANTA EULALIA DEL RIO, IBIZA, SPAIN

THE SOUTH: BEACH RESTAURANTS + CHIRINGUITOS
EL SUR. CHIRINGUITOS Y RESTAURANTES DE PLAYA

Playa Migjorn

I think this beach is the longest on the island. I tried to swim the length of it once and ended up walking half way in my bikini and getting really burnt! The water is blue through and though, and the dunes are protected and well looked after with wooden walkways weaving along the sand. The little twisted trees and bushes create a stunning and wild backdrop. You'll find a variety of bars ranging in prices and style dotted along the beach, the following being my favourites.

Creo que ésta es la playa más larga de la isla. Intenté nadarla de lado a lado una vez y acabé caminando a mitad de camino en bikini y me quemé enterita. El agua es totalmente azul, y las dunas están protegidas y muy cuidadas con pasarelas de madera que serpentean por toda la arena. Los pequeños árboles retorcidos y su vegetación crean un fondo impresionante y silvestre. Encontrarás una variedad de bares con distintos precios y estilos esparcidos a lo largo de la playa, los siguientes son mis favoritos.

..to eat & drink...
comer y beber...

✹ Voga Mari
Playa de Migjorn
Tel: 971.329.053
vogamari.es

Sensational seafood, a candlelit walkway and secluded seating for two on the beach, this place has romance written all over it. Inspired by the small sea urchin after which it's named, the décor is monochrome and pretty swanky. Pescado y marisco sensacional, una pasarela iluminada por velitas y mesitas aisladas en la playa, este lugar es la encarnación del puro romanticismo. Inspirado en el pequeño erizo de mar del que ha adoptado su nombre, la decoración es monocroma y muy elegante.

✹ Blue Bar
Playa de Migjorn Km 7.9
Tel: 666.758.190
bluebarformentera.com

This place is a must for all Formentera visitors. It is so different and out there, and will make you smile at your inner trance kid! The inside is like a planetarium on acid, and all really blue. They also serve luscious cocktails and delicious food, and even though the sun goes down a bit sooner here due to the headland it is still one of the most popular sunset spots on the island.

Ask them when the Alien is due to arrive, and make a date to meet it!

Este lugar es esencial para todo visitante de Formentera. Es tan diferente y hará sonreír al niño que llevas dentro. El interior es como un planetarium de lo más psicodélico y todo es realmente azul. Además sirven cócteles y comida deliciosa y aunque la puesta aquí es un poco más pronto sigue siendo uno de los lugares más populares para contemplarla. Pregúntales cuándo está previsto que lleguen los alienígenas, ¡pide una cita para conocerlos!

❋ Lucky Bar
Playa de Migjorn

Another great little shack right on the beach oozing that laid-back summer atmosphere that I so love. I adore sitting on their wooden benches with my feet in the warm sand eating a salad and listening to the chilled-out music. The last time I came I swam in from a boat for a cold beer and ended up staying hours.

Otro pequeño chiringuito justo en la playa que encarna el ambiente relajado de verano que tanto me gusta. Adoro comerme una ensalada sentada en sus bancos de madera con mis pies metidos en la arena, escuchando música chill out. La última vez que vine nadé hasta aquí desde un barco para tomarme una caña fresca y acabé quedándome horas.

❋ Kiosco Bartolo
Playa de Migjorn

This cute shack stands on wooden stilts looking out to sea, a bit like something out of Robinson Crusoe. Located at the end of Migjorn beach, nearer to La Mola, it literally has four tables. The nearest bay is Es Caló des Mort, which is my favourite for snorkelling. Known for their hamburgers, you can have yours with a fried egg.

Este gracioso chiringuito situado sobre palos de madera mirando al mar parece sacado de Robinson Crusoe. Situado al final de la playa de Migjorn, cerca de La Mola, literalmente tiene sólo cuatro mesas. La bahía más cercana es Es Caló des Mort, que es mi favorita para el snorkel. Conocido por sus hamburguesas, puedes pedirte la tuya con un huevo frito.

❋ 10.7
Playa de Migjorn, Km 10.7
Tel: 660.985.248
10punto7.com

A perfect place if you want a sunset party vibe, where everyone piles up onto the roof to get the last glimpse of the sun going down behind the headland. The cool Italian crowd come here, so be warned for some seriously styled booties! They also host weddings down on the beach, and their restaurant has great salmon sashimi on the menu as well as other dishes.

Este sitio tiene ambiente de fiesta con la puesta de sol, donde todo el mundo se apelotona en su azotea para ver los últimos rayos del sol hundirse detrás del cabo. Aquí su clientela está compuesta de italianos sofisticados, así que vístete con tus mejores trapitos. También celebran bodas en la playa y la carta del restaurante incluye delicioso sashimi de salmón y otros platos del mismo estilo.

✱ Flipper & Chiller
Playa de Migjorn, Km 11
Tel: 971.187.596

I often come to this colourful beach spot for a cocktail, but they also have a great menu, good music and are right by the beach. They stay open after sundown too, so it's a classic place to dance the evening away under the stars.

A menudo vengo a esta playa variopinta para tomarme un cóctel, pero también tienen una carta deliciosa, buena música y está junto a la playa. Tienen abierto después de la puesta y es un lugar clásico para bailar toda la noche bajo las estrellas.

✱ Sol y Luna
Playa de Migjorn
Tel: 629.040.265

A no-frills place that sits back from the beach at the western end of the of Migjorn, with a simple and very authentic feel about it. It's great for an affordable lunch with friends, and we always end up emptying the hierbas bottle that sits on the table after lunch. Order the seafood paella. To get here, follow the old road to La Mola from Sant Francesc, it should be signposted.

Este local sencillo está situado a unos metros de la playa de Migjorn y tiene un ambiente simple y auténtico. Es magnífico para una comida con amigos por un buen precio y siempre acabamos bebiéndonos toda la botella de hierbas que dejan en nuestra mesa después de comer. Pídete la paella de marisco. Para llegar desde Sant Francesc, sigue el viejo camino de La Mola, debería esta señalado.

✱ Sa Platjeta
Playa de Migjorn
Tel: 971.187.614

If you want a change from the crowded and more expensive beach restaurants on Illetes, this is a perfect choice. A lovely little restaurant just two steps from the beach and tucked away in the shade of the pine trees, they do fabulous fish stews, fried lobster, fish dishes and grilled sardines, as well as a killer sangria. Great value for money it's perfect for a long, lazy lunch. To get here, turn right off the second roundabout after Sant Francesc and take the old La Mola road. It's the third on the right towards the sea.

Si quieres alejarte de los chiringuitos más caros y concurridos del sur y buscas algo diferente, este sitio del oeste es perfecto. Un restaurante pequeño y encantador a dos pasos de la playa y escondido a la sombra de los pinos. Preparan deliciosos guisos de pescado, langosta, platos de pescado y sardinas al grill, además de una sangría de muerte. Ya que sus precios son buenos es perfecto para una sobremesa larga. Para llegar aquí, gira a la derecha en la segunda rotonda después de Sant Francesc y coge la vieja carretera a La Mola. Es la tercera salida a la derecha dirección al mar.

CD 1

Mixed & Compilated by Djane Tsunami

TO THE ROOM
by hibiza.com

OUT JUNE

Casa de Huespedes - Guest House
Paseo Vara de Rey, 7, 3º
07800 Ibiza Spain
Tel: 971.301.376 • 607.180.081

www.hibiza.com

..to sleep...
para dormir...

✱ Es Pas
Playa de Migjorn
Tel: 687.807.819

This Agroturismo is a brand new option at the smarter end of the scale. I like the upstairs rooms – they're light and breezy and have balconies overlooking the pool deck or the surrounding countryside, and it's just a short stroll to either the beach or the village of Es Caló.

Este agroturismo es una nueva opción al sector más sofisticado. A mí me gustan las habitaciones del piso superior, son luminosas y aireadas y tienen balcones con vistas a la piscina o al campo. Además está situado a un pequeño paseo de la playa o del pueblo de Es Caló.

✱ Bungalows Talaya
Platja de Migjorn, km 7
Tel: 660.822.987
talayaformentera.es

These whitewashed bungalows are set back from Migjorn beach on little wooden walkways, and built in harmony with the landscape. With little terraces, all elegantly decorated to give you a lovely sense of calm. They leave a paper bag on your porch in the morning with fresh rolls and croissants and they also have a daily cleaning service and change towels and beds every three days.

Estos bungalós blancos están situados en la parte trasera de Migjorn con pequeñas pasarelas de madera construidas en armonía con el paisaje. Decorados con mucha elegancia y con terrazas pequeñas. Por la mañana dejan una bolsa de papel en tu porche con bollos y croissants frescos. También tienen un servicio de limpieza diario y cambian las toallas y la ropa de cama cada tres días.

✱ Las Banderas
Playa de Migjorn, Km 18,7
Tel: 971.321.896
hotelresidenceformentera.com

Years ago, this was my favourite place in the whole wide world. My daughter and I spent many a weekend here enjoying special times with its previous owners Leah and Jon, who really made it what it is today.

Hace años, éste era mi sitio favorito en todo el mundo. Mi hija y yo pasamos muchos fines de semana aquí donde nos podíamos relajar y disfrutar del tiempo con sus antiguos dueños Leah y Jon, quienes realmente hicieron lo que es hoy.

✱ Las Dunas Playa
Playa de Migjorn, Km. 11
Tel: 971.328.041
dunasplaya.com

After years of camping out and sleeping on the dunes or grabbing a cheap hostal inland, I discovered this place with private stand-alone apartments set among the pines and (also!)dunes. There's a little bar with a pool table and a sandy area for the kids. But it's the infinity pool with a view of the deep turquoise sea that makes this place one of my favourites as it's really affordable, and just a short walk down to the beach.

Después de años acampando y durmiendo en las dunas u hospedándome en hostales baratos en la isla, descubrí este sitio encantador con bungalós privados y aislados entre los pinos y las dunas. Tiene un pequeño bar con billar y zona para los niños. Pero es la piscina con vistas al mar turquesa lo que hacen que este sitio sea de mis favoritos. Es muy asequible y sólo a un paseo corto hasta la playa.

✱ Casa Serena
Playa de Migjorn, Km. 8,9
Tel: 618.104.170
casaserenaformentera.com

Thanks to Yolanda Torres from Hotel Atzaró, I heard about this gorgeous place a week before this guide went to print. It has five gorgeously unique rooms, all with their own chillout areas. I just can't wait to go and stay. It' sounds so divine!!

Gracias a Yolanda Torres del Hotel Atzaró, descubrí este precioso lugar una semana antes de que esta guía se imprimiera. Consta de cinco habitaciones, todas decoradas de forma única y todas con su propia zona chill out. No puedo esperar para ir, ¡es tan divino!

THE NORTH: BEACH RESTAURANTS + BARS
EL NORTE: CHIRINGUITOS Y RESTAURANTES DE PLAYA

Playa Levante

One of my favourite beaches on this island, I first came here when I was eight and it's still almost as untouched as it was then. More isolated than its neighbours, it's a real oasis of white sand and turquoise waters - not even the Caribbean can compare! Lined by dunes, it's always less crowded due to its length and wilder seas..

Una de mis playas favoritas de la isla, vine aquí por primera vez cuando tenía ocho años y sigue siendo tan virgen como lo era antes. Más aislada que sus playas vecinas, es un verdadero oasis de arenas blancas y aguas turquesas, ¡ni el Caribe podría compararse a esto! Alineada con dunas, siempre hay menos gente debido a que el mar suele estar más revuelto.

...to eat... para comer...

✱ Tanga
Playa de Levante
Tel: 971.187.905
restaurantetanga.com

This large beach restaurant serves really top-notch food. The roof here is held up by an enormous piece of driftwood that the sea brought in years ago, and its shady and cool in the extreme summer heat. I love the baked cod in a little clay pot that comes out all creamy and lush. They also do fantastic rice dishes, fresh fish and lobster. Don't forget to get some chupitos in at the end of your meal with the owner Rafa.

Este chiringuito grande sirve comida de alta calidad. Su techo se apoya en un gigantesco trozo de madera que el mar trajo hasta aquí hace años, aportando sombra en los días de calor extremo. Me chifla su bacalao al horno en un pequeño cuenco de barro, es cremoso y suave, también preparan fantásticos platos de arroz, pescado fresco y langosta. No te olvides de tomarte el chupito de rigor con Rafa, el dueño, al acabar de comer.

✱ Kiosco Levante
Playa de Levante

Drive towards Illetas but then vear off right to Levante beach to simple wooden beach shack is set up a bit in the dunes of Levante Beach. The prices here are really reasonable, and it's known for its omelettes, salads and burgers. A perfect place to go with kids.

Conduce a Illetas pero gira a la derecha a este sencillo chiringuito de madera está situado en las dunas de la playa de Levante. Precios muy razonables y es popular por sus tortillas, ensaladas y hamburguesas. Un sitio ideal para ir con los niños.

...sleep... dormir...

✱ Hostal Sa Roqueta
Platja de Sa Roqueta, Levante
Tel: 971.328.506

The amazing sea view really makes this place, and it has a gorgeous little beach right beside it. The rooms are very basic so try and get a sea view. Breakfast is heaven by the sea. It's perfect if you're on a budget and looking for some peace and quiet. The nearest town is Es Pujols if you want a bit of action.

Las increíbles vistas al mar hacen que este sitio sea realmente especial y también el hecho de que hay una playa al lado. Las habitaciones son básicas y merece la pena reservar con vistas al mar. Desayunar aquí es ideal con el mar al lado. Perfecto si tu presupuesto es bajo y buscas tranquilidad. El pueblo más cercano es Es Pujols, por si te apetece un poco de acción.

Playa Illetes

A stunning, narrow strip of sand with the sea on both sides. Often quite choppy on the eastern side, it's mostly calm on to the northwest, where yachts anchor in their droves. The sand is heavenly white and fine, but I myself get overwhelmed with the amount of people that seek out this little strip of paradise in the summer. I generally park as far to the end as I can and then walk from there to the little beachy inlets to enjoy the view of the island of Espalmador.

Un impresionante tramo de arena estrecho con mar a ambos lados. A menudo el mar está revuelto en la parte este, pero está mucho más calmado en el noroeste, donde los barcos echan el ancla en masa. La arena es increíblemente blanca y fina, pero a mí me agobian las multitudes que buscan este pequeño pedazo de paraíso en pleno verano. Generalmente aparco al final del todo y camino hasta las pequeñas calitas de arena para disfrutar de las vistas a la isla de Espalmador.

El Pirata
Playa de Illetes
Tel: 971.324.064

I like to go here by boat with friends then swim in for lunch at one of its shady long tables. Hugely popular with locals and tourists as well as loads of Ibiza residents, it sits right at the start of Illetes beach. The kids love their pizza and I always go for the seafood paella, which never fails to impress. Less expensive than some of its beach neighbours it's also less full of the high-maintenance glam crowd, which I generally try and avoid!

Me gusta venir aquí en barco con amigos y luego nadar hasta el restaurante y comer en una de sus cómodas mesas. Es muy popular entre la gente local y turistas además de residentes de

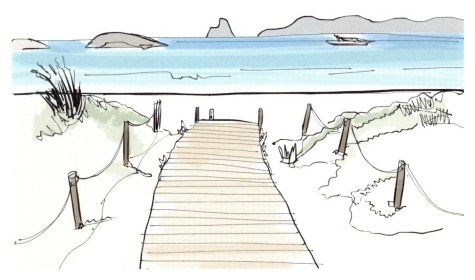

IPURIFY

Ibiza

Bee Juiced

COLD PRESSED JUICE CLEANSE

Ayunos de Zumos Purificantes

NATURAL + RAW
ECOLÓGICO + ORGANIC
SIN PASTEURIZAR + COLD PRESSED
ORIGEN LOCALES + UNPASTEURISED
PRENSADO AL FRIO + LOCALLY SOURCED

~ WILD BEETS ~

PLANT BASED RESTAURANT & JUICE BAR

C/ VENDA DE CAN LLATZER, 9, SANTA GERTRUDIS, IBIZA

Tel. 627 991 553

www.ipurify.net

facebook: Ipurify Juice Cleanse   Twitter: @IPURIFYIbiza

Ibiza, está justo al principio de la playa de Illetes. A los niños les encanta su pizza pero yo siempre me pido la paella de marisco, que nunca deja de sorprenderme. Menos caro que sus vecinos y además hay menos clientela glamurosa y exigente, ¡lo que generalmente intento evitar!

❋ Juan y Andrea
Playa de Illetes
Tel: 630.258.144
juanyandrea.com

This is one of the most famous beach bars in Formentera, as celebrities and the uber rich descend from their yachts to eat here all summer long. Known for their exorbitant prices, the food is really good. Specializing in fresh fish and lobster paella that you can enjoy with your feet in the sand.

Éste es uno de los chiringuitos más famosos de Formentera, ya que las celebridades y los ricachones descienden aquí desde sus yates para comer durante todo el verano. Conocido por sus precios desorbitados, la comida es muy buena. Especialistas en pescados fresco y paellas de langosta, hay muchos otros platos que puedes disfrutar con los pies en la arena.

❋ Es Molí de Sal
Calle Afores, Playa de Illetes.
Tel: 971.187.491
esmolidesal.es

This old salt grinding windmill hosts one of the island's most iconic restaurants. Offering Mediterranean fare and a huge selection of quality wines, I haven't eaten here for a while but I know that King Juan Carlos of Spain and interior designer Phillippe Starck are regulars! Sunsets here include the stunning views to Es Vedrà, so it's definitely worth a visit.

Este viejo molino de sal alberga uno de los restaurantes más icónicos de la isla. Ofrece cocina mediterránea y una gran selección de vinos de calidad, hace tiempo que no como aquí pero sé que el Rey Juan Carlos y el diseñador Phillippe Starck son habituales. Las puestas de sol incluyen preciosas vistas al islote de Es Vedrà, realmente merece la pena una visita.

❋ El Tiburón
Playa de Illetes
Tel: 659.638.945
tiburon-formentera.com

I love sharks – including the huge one they have on their roof! This place really fills up in the high season, so we just grab mojitos from the bar and sit in front watching the sun go down. It always turns into a little party here at sunset, and if you can get a table, remember they do a really good lobster salad and a mean T-bone steak, as well as mini burgers to die for.

Me encantan los tiburones, incluyendo el ejemplar enorme que tienen en el tejado. Este lugar realmente se llena en temporada alta, por eso nosotros solemos pedirnos un mojito del chiringuito y sentarnos en frente para ver la puesta de sol con la música de fondo. Siempre acaba en una pequeña fiesta después de la puesta y si consigues una mesa, recuerda que preparan una ensalada de langosta y un chuletón riquísimos, las mini hamburguesas también están de muerte.

❋ Beso Beach
Playa de Cavall d'en Borràs
Tel: 622.222.113
besobeach.com

I just adore this beach restaurant that sits tucked within the dunes and juniper trees on this stunning beach which is the nearest to the port. I love its shaded shack-like design that's just perfect for a long lazy lunch with its roof fans. After lunch, I like to sip cocktails until it's time to get the boat back to Ibiza. If you're lucky enough to be sleeping on Formentera, you can enjoy the place a bit longer and watch the sun set into the sea.

Me encanta este lugar metido entre las dunas y los enebros que destaca en esta playa cercana al puerto. Su restaurante tipo cabaña es preciosa y aqui puedes disfrutar de una deliciosa comida con una larga sobremesa con sus ventiladores de techo. Después de comer, yo suelo tomarme unos cocteles hasta la hora de coger el barco de vuelta a Ibiza. Si tienes la suerte de dormir en Formentera, puedes quedarte aqui y ver la puesta de sol.

"THE FIXERS"
"LOS MANITAS"

Diego
PLUMBER/FONTANERO
625.463.380

24 HR
ELECTRICIAN/ELECTRICISTA
600.495.972 + 676.214.067

Paul
CARPENTER/CARPINTERO
619.977.100

GARDENERS/JARDINEROS
Max 606.771.819
Marcus 685.486.470

Manolo (Ibiza)
MECHANIC/MECÁNICO
971.312.478

Faustino (San Antonio)
MECHANIC/MECÁNICO
971.341.869

Tino Valera (San Antonio)
MECHANIC/MECÁNICO
607.950.385

A NICE MAN (Forgot name)
W. MACHINE/LAVADORA
902.929.591

Juan Carlos
MAINTENANCE
MANTENIMIENTO
669.005.462

Roel
INTERNET + SATELLITE
636.000.747

Rafa
APPLE TECHNICIAN
670.226.118

Tom
INTERNET + MULTIMEDIA
606.831.347

THINGS TO DO
Cultural, Family, Sport, Adventure & more...

Cultura, famila, deporte, aventura y más...

THINGS TO DO - COSAS QUE HACER

THINGS TO DO!
¡COSAS PARA HACER!

Ancient tombs, caves, museums, historical buildings, extreme sports, adventure parks, courses, eco dwellings, walks and bike rides, all at your reach.

Antiguas tumbas, cuevas, museos, edificios históricos, deportes extremos, parques de aventura, viviendas ecológicas, caminatas y paseos en bicicleta, todo a tu alcance.

HISTORICAL & CULTURAL STUFF Cultura e historia

✶ Cova d'es Culleram, Cala San Vicente (North) Cala de San Vicente

If you're a bit of a frustrated archaeologist and love a cave and a fossil or anything remotely similar, up a hill in the northeast of the island near Cala San Vicent there's a cave that was a place of pilgrimage in the Punic period (around the C5th BC). These rites ensured safe passage to the after-life for loved ones, and over 600 miniature effigies of the Carthaginian goddess Tanit were found here, along with evidence of ritual sacrifice and a stone altar. Items discovered are on display in the Necropolis Puig des Mollins in Ibiza Town.

Si eres un arqueólogo frustrado y te encantan las cuevas, los fósiles o cualquier cosa parecida, al noreste de la isla, cerca de Cala Sant Vicent hay una cueva extraordinaria que era donde se hacían ritos funerarios en la era Púnica (alrededor del siglo V a.C.). Estos ritos aseguraban un pasaje seguro a la otra vida y aquí se hallaron más de 600 esfinges de la diosa cartaginesa Tanit, junto a restos de sacrificios rituales y un altar de piedra. Los restos descubiertos se exhiben en la Necrópolis de Puig des Mollins en Ibiza Ciudad.

✶ Necrópolis Puig Des Molins Ibiza Vía Romana, 31, Ibiza
Tel: 971.301.771 • Tues-Sat/mar-sáb: 10- 14h + 18:30 - 21h Sun/dom: 10 - 14h. 2,40 € maef.es

My childhood school was right next to this museum and as kids we played in the tunnels not realising that this hill was in fact an ancient burial ground dating back to the 7th century BC. Phoenician tombs and more than 3000 burial chambers were discovered here. Now this honeycombed hill is all fenced off as a UNESCO World Heritage site. A trip through the museum provides you with a sharp insight into the lives and deaths of the Phoenicians.

Mi colegio estaba junto a este museo y de niña jugaba con mis amigos en los túneles sin ser conscientes de que esta colina era un cementerio antiguo que se remonta al siglo XVII a.C. Aquí se descubrieron más de 3000 tumbas fenicias. Ahora esta colina está vallada y es Patrimonio Histórico de la Humanidad de la UNESCO. Una visita al museo te proporcionará una buena idea de la vida y muerte de los fenicios.

✶ Museu Puget Ibiza
Carrer Major, 18, Ibiza, Tel: 971.392.137 • May - Jul: 10 - 14h + 17 - 20h - Sat + Sun/sáb + Dom: 10 - 14h

This museum is hidden down a small street just before the Cathedral on the way up to Dalt Vila. Entry is free and they have a permanent and a temporary collection. It's well worth the stroll up here to visit it.

Este museo se encuentra escondido en una pequeña calle justo antes de la catedral en Dalt Vila. La entrada es gratis y tienen una colección permanente y otra temporal. Realmente merece la pena subir a visitarlo.

✱ Museu d'Art Contemporani d'Eivissa (MACE) Ibiza
Ronda Narcís Puget s/n. Dalt Vila, Ibiza. Tel: 971.302.723 Tue-Sat/mar-sáb: 10 - 13:30 + 17 - 20

If you walk up Carrer Avicenna to Dalt Vila which is the road behind Plaza de Parque that runs alongside the town walls, go through the tunnel, you will come out beside the MACE, Museum which exhibits both established artists and younger names. It's all housed in a historical arsenal made modern by military engineer Simon Poulet, the original bunker that stored the weapons of Dalt Vila's ancient fortress.
Free entry.

Si subes por el Carrer Avicenna a Dalt Vila, que es la carretera detrás de la Plaza del Parque y que transcurre junto a las murallas de la catedral, pasarás un túnel y saldrás junto al MACE (Museo de Arte Contemporáneo de Eivissa) que exhibe obras de artistas conocidos y artistas emergentes más jóvenes. Está situado en un edificio histórico diseñado por el ingeniero militar Simon Poulet, utilizando un viejo búnker donde se guardaban las armas de la fortaleza antigua de Dalt Vila. La entrada es gratis.

✱ Museo de Etnografia Santa Eulalia (East)
Can Ros des Puig de Missa, Santa Eulària des Riu. Tel: 971.332.845 - 971.338.154
Mon-Sat/lun-sáb: 10:00 - 14 + 17:30 - 20 • Sun/dom: 11 - 13:30.

Located up on the hill by the stunning church of the Puig de Missa in Santa Eulalia, Can Ros is an old Ibizan farmhouse that has been reborn as an ethnography museum. A permanent exhibition of rural Ibicencan household objects, utensils, instruments, weapons, clothes and personal items, they also hold workshops where traditional craftsmen show how to create musical instruments, clothing, shoes, toys and objects made from natural fibre. It's a lovely walk up too, and the view at the top is worth every step.

En la colina al lado de la impresionante iglesia de Puig de Missa en Santa Eulalia se encuentra Can Ros, una antigua casa de campo ibicenca que se ha mantenido como museo etnográfico. Es una exposición permanente de la vida rural ibicenca, la arquitectura, los objetos del hogar, utensilios, instrumentos, armas, ropas y artículos personales, y aquí también realizan talleres donde los artesanos tradicionales muestran cómo crean instrumentos, ropa, zapatos, juguetes y objetos hechos de fibras naturales. Es un bonito paseo y la vista vale la pena.

✱ La Cova de Can Marçà (North) Puerto de San Miguel. Tel: 971.334.776 covadecanmarsa.com
Open every day/abierto cada día.

The cave is located in the north of the island near the bay of San Miguel.
The formations in the caves are stunning and there are lakes with added special effects with light and sound.
Smugglers used the cave to store their goods years ago. The cave is open every day to the public and is fun to visit with the family.

La cueva está situada en el norte de la isla cerca de la bahía de San Miguel.
Las formaciones de las cuevas son impresionantes y hay lagos con efectos especiales añadidos con luz y sonido. Los contrabandistas utilizaban la cueva para depositar sus mercancías hace años. La cueva está abierta todos los días al público y es un buen plan para ir con la familia.

THINGS TO DO - COSAS QUE HACER

A NICE WALK AND A DAY OUT — Un bonito paseo y un día al aire libre

✳ Es Broll (North)
Santa Inés

This is one of my favourite walks in Ibiza, especially at the start of the summer when it's not too hot. Taking you through a little oasis of green made up of a complex valley-wide irrigation system originally installed by Moorish settlers in the 10th century. The legend goes that years ago a pig dug up the earth with its snout and discovered the natural stream. It keeps the valley lush all year round and makes it a magical place for a walk. Take the road from San Rafael to Santa Inés and go right at Bar Can Tixedó, at the signpost for Pou de Escarabata. Or come from San Mateo towards Santa Inés and you will see the signs.

Éste es uno de mis paseos favoritos en Ibiza, especialmente al principio del verano cuando no hace tanto calor. Es un pequeño oasis de vegetación compuesto por un sistema de irrigación por acequias construido por los moros en el siglo X. Cuenta la leyenda que hace unos años un cerdo excavó la tierra con su hocico y descubrió el arroyo natural. El agua mantiene el valle frondoso todo el año y lo convierte en un lugar mágico para dar un paseo. Coge la carretera de San Rafael a Santa Inés, gira a la derecha por el Bar Can Tixedó y luego coge el camino indicado como Pou des Escarbat.

✳ Aquarium Cap Blanc
Carretera de Cala Gració, San Antonio
Tel: 663.945.475
aquariumcapblanc.com • 10 - 22h

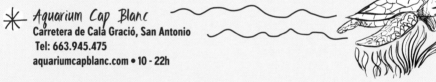

This place is a perfect day out for the family. The Aquarium is a natural cave with five sea water inlets which allow constant circulation and renovation of the water, therefore allowing sea life to live freely and naturally here. It's great for kids to see the marine life up close, and the installations are used by the "CREM", the Marine Recuperation Centre, so there are often sea animals like turtles recovering here. On an average day you can see octopus, starfish, lobsters, crabs, varieties of fish, eels and rays, and apart from the living animals you can also see shark eggs, sea sponges, gastropods and other sea invertebrates.
There's a small bar looking out to sea connected to the aquarium that serves grilled sardines, salad and entrance to the aquarium, all for €12.50.
Call for a reservation.

Este sitio es perfecto para un día en familia. El acuario es una cueva natural con cinco entradas de mar que permite constante circulación y renovación del agua, permitiendo que la vida marina viva de forma libre y natural. Es magnífico para que los niños vean la vida marina de cerca, y las instalaciones son utilizadas por "CREM", El Centro de Recuperación Marina, así que a menudo encuentras animales marinos, como tortugas, recuperándose aquí. Un día normal puedes ver pulpos, estrellas de mar, langostas, cangrejos, variedades de peces, anguilas y rayas, y aparte de animales puedes ver huevas de tiburón, esponjas de mar, gasterópodos y otros invertebrados marinos. Hay un pequeño bar con vistas al mar conectado al acuario que por 12,50€ incluye entrada al acuario, parrillada de sardinas y ensalada.
Llama para reservar.

SPORTS AND OUTDOOR ACTIVITIES Deportes y actividades

✳ Arenal Diving (West)
Av. Dr Fleming 16, San Antonio, Ibiza. Tel: 971.347.436 arenaldiving.com

Located at the port of San Antonio, see if you can spot their special diving boats, which always look so cool. These guys know all the best spots and can work with all levels of diver.

Situado en el puerto de San Antonio, mira a ver si localizas los barcos especiales de buceo, son muy chulos. Estos chicos conocen los mejores lugares para bucear y pueden trabajar con todos los niveles.

✳ Ibiza Air Zone (West)
Cami des Molí No.3, Cala de Bou. Tel: 678.832.418
Open every day from 11h/abierto todos los días desde las 11h. Adults/adultos: 26.5 €. Kids/niños: 13.9 €

Ibiza is the home of Spain's first Air Zone Park, where you get strapped into a giant inflatable ball and rolled down a hill! The Vortex Orb is big enough to fit two people inside, which makes me laugh at the very thought. If you're looking for a challenge in balance, you have to try the Amphibios, where you "walk" across water in a ball without getting wet. And if you're in for a game with friends, you can get into a bumper fight - where a ball protects you from head to knees and you run around like crazy in the 100m² bumper field. Bring comfortable clothes and swimming costumes. Its located just southwest of San Antonio.

Ibiza es el hogar del primer Parque Air Zone de España, donde te atan a una bola hinchable gigante y ¡te empujan rodando por una cuesta! La Vortex Orb es lo suficientemente grande para que quepan dos personas, lo que me hace reír sólo de pensarlo. Si buscas un desafío, tienes que probar la Amphibios, con la que puedes caminar por el agua sin mojarte. Y si quieres jugar a algo divertido con tus amigos, prueba el "bumper", una bola que te protege de las rodillas a la cabeza para que puedas luchar con tus amigos y correr como un loco en un campo de unos 100m². Trae ropa cómoda y bañador. Está situado al suroeste de San Antonio.

✳ Acrobosc Ibiza (West)
Avenida s'Argamassa, 82, Santa Eulalia del Río. Tel: 649.667.071 acroboscibiza.com

Just recently opened, this unique course offers a fun outdoor option and is all the rage with kids and young teens. Set in an area of pine trees just 100m from Cala Pada beach, there are two circuits you can follow, according to your height and age. There are instructors watching all the time, and after a little trial it's up to you to get around. Insurance is included in the price, and special rates are available for groups so it's great for birthday parties.

Recientemente abierto, esta pista americana es una buena opción de ocio al aire libre y tanto a niños como a adolescentes les encanta. Situado en una zona de pinos a 100 metros de Cala Pada, hay dos circuitos, según estatura y edad. Hay instructores vigilando todo el tiempo y después de una pequeña prueba el resto es cosa tuya. El seguro está incluido en el precio y tienen tarifas especiales para grupos así que es perfecto para cumpleaños.

THINGS TO DO - COSAS QUE HACER

SUP Boat Ibiza (West)
Tel: 666.255.803 + 625.410.746 supboatibiza.com

Many of my friends have invested in these stand-up paddle boards, and I am definitely joining the craze this year! As you paddle you feel like an Amazon warrior…all while discovering the coastline of the island from the sea. Oh, and it's great for getting rid of a few extra pounds around the waist.

Muchos de mis amigos tienen estas tablas de paddle surf y yo definitivamente me voy a unir a la moda este año. Mientras remas te sientes como una guerrera del Amazonas, al mismo tiempo que descubres el litoral de la isla desde el mar. ¡Ah! Y es magnífico para deshacerte de esos kilos que te sobran en la cintura.

Mountain Bike Tours
Tel: 616.129.929 ibizamtb.com.

Cycling is among the best ways to discover the island from the inside, as this way you get to see places that are unreachable by car. The guys that run the tours have been riding around the island for 20 years, and will take you to the most authentic and unexplored parts of the island. They offer a choice of options, all along routes that take you to fabulous beaches, through the breathtaking countryside and past historic monuments. If you decide you want to explore the island by yourself, they also have bicycles you can hire.

El ciclismo es la mejor forma de descubrir la isla desde dentro, ya que así puedes ver muchos lugares a los que no puedes llegar en coche. Los chicos al mando de estas rutas llevan recorriendo la isla 20 años, y te llevarán a las partes más auténticas e inexploradas de la isla. Ofrecen una variedad de opciones, las rutas pueden llevarte a playas fabulosas, a través de paisajes rurales impresionantes y pasar por monumentos históricos. Si decides que quieres explorar la isla por ti mismo, también tienen bicis de alquiler.

Anfibios Ibiza (South)
Edificio Acapulco, Carretera de Playa D'en Bossa. Tel: 971.303.915 anfibios.com

They started offering windsurfing lessons in 1979, and in 1983 they introduced sailing with sailboats and catamaran lessons. Another decade later they started a scuba diving centre, and this year they've added Stand-up paddle and kayak to this endless list of activities! Whether you fancy a kayak or paddle tour to see the Posidonia fields, or taking a catamaran over to Formentera, this is the place to make it happen. Keep those kids active and off their iPads, I say!

Empezaron ofreciendo clases de windsurfing en 1979 y en 1983 introdujeron las clases de vela y catamarán. Una década más tarde empezaron con las clases de buceo y este año han añadido el Paddle Surf y Kayak a su interminable lista de actividades. Tanto si te apetece ir a una excursión en kayak o paddle surf para ver las praderas de Posidonia, o coger un catamarán a Formentera, éste es el lugar perfecto. ¡Y mantendrás a los niños activos y alejados de sus iPads!

✳ Club Náutico Sailing School (Ibiza)
Avenida de Santa Eulària del Río, Ibiza. Tel: 971.313.363.

This sailing school is run by lovely Sebastián Vidal, who offers morning courses every summer for beginners in Optimist boats, and refresher courses to sailors that have already had lessons. You need to reserve your spot before the summer season as spaces and courses are limited.

Sebastián Vidal es el director de esta escuela de vela que ofrece cursos matutinos cada verano para principiantes en barcos Optimist, y cursos de reciclaje para los que ya hayan recibido clases. Necesitas reservar tu plaza antes del verano porque en la temporada estival las plazas y cursillos están muy limitados.

Walking Ibiza (Ibiza & Formentera)
Toby Clarke. Tel: 608.692.901 walkingIbiza.com

No matter how fit you are, walking is something everyone can enjoy.
If you want to take a walk with someone who really knows his way on this island call Toby and he will guide you. His walks are through stunning wild places on the island and he advises you to take good walking shoes, a stick, suncream and water.

No importa cuál sea tu forma física, todo el mundo puede disfrutar de un buen paseo
Si quieres ir de paseo con alguien que sabe y conoce la isla a fondo, llama a Toby y él te guiará por sus caminos.
Sus paseos son por lugares salvajes en la isla y te aconseja que vengas con buen calzado, un palo, protección solar y agua.

Vellmarí "Diving Camp" / "Campus de Submarinismo" - (Ibiza & Formentera)
Marina de Formentera, 14. La Savina, Formentera. Tels: 971.322.105 - 696.473.547

Vellmarí offers kids from 12 to 16 the opportunity to experience diving and other water activities like kayak, sailing, windsurfing and apnea (Bottle-free diving).

COURSES IN JUNE:
• Diving courses
Level of initiation of Open Water Diver. Where kids learn basic diving techniques: how to breathe underwater, the language of diving, underwater skills and more…
Advanced Open Water Diver
This is for young divers with previous experience who need to increase their skills.
• Snorkeling
• Water activities
Call for information about the courses in July.

Vellmari ofrece a niños de 12 a 16 años la oportunidad de iniciarse en el deporte del submarinismo además de Kayak, vela, windsurf y apnea (a pulmón).

CURSOS EN JUNIO:
• Curso de Submarinismo.
Nivel de iniciación de Open Water Diver. Aquí aprenden técnicas básicas de buceo: cómo respirar bajo el agua, cómo moverse, lenguaje de buceo, destrezas bajo el agua y más…
Nivel avanzado Open Water Diver.
Para buceadores con titulación previa. Este curso incrementa las detrezas del buceo para sentirse más cómodo en el agua.
• Snorkeling.
• Actividades acuáticas. Llamar para información sobre los cursillos en julio.

THINGS TO DO - COSAS QUE HACER

Ibiza Multisport Kitesurf
Cervantes 7, San Antonio. Tel: 661.979.924

Kite-surfing has become very popular in both Ibiza and Formentera, and they offer different courses here depending on your level. The most popular beaches for it are Cala Martina (Es Canàr), Playa Pinet (San Antonio Bay) and Playa d'en Bossa.

El kite-surfing se ha vuelto muy popular en Ibiza y Formentera y aquí ofrecen cursos dependiendo de tu nivel. Las playas más populares para este deporte son Cala Martina (Es Canàr), Playa Pinet (San Antonio) y Playa d'en Bossa.

Cesar's Watersports (East)
Playa de s'Argamassa, Es Canar. Tel: 670.629.961 watersportscesars.com

My lovely friend Rachel from Atzaró Hotel took me here years ago and not only did I have the best beach day, we also sampled the delish paella that Cesar himself makes at the restaurant under the pines overlooking the sea. Work up an appetite trying out an array of nautical sports at the beach, from jet skis to parachute sailing, banana rides and water skiing. Special paella days are Sunday and Wednesday.

Mi amiga Rachel del Hotel Atzaró me trajo aquí hace unos años y no sólo fue el mejor día de playa, también probamos una deliciosa paella que el mismo César prepara en el restaurante bajo los pinos mirando al mar. Abre apetito probando una serie de deportes acuáticos en la playa, desde motos acuáticas a parasailing, banana y esquí acuático. Los días especiales de paella son los domingos y miércoles.

Horse Riding (Santa Gertrudis)
Cami des Cas Ramons, Santa Gertrudis. Tel: 616.533.691

If you want to have riding lessons, go out on a hike or do a moonlight ride contact Vicente at these stables just outside Santa Gertrudis as you head towards San Miguel.
The horses are well trained and they speak English and Spanish here, and on Saturdays you can leave your kids for the day to learn the basics of horse riding

Si quieres clases de equitación, salir de excursión a caballo o hacer un paseo a la luz de la luna llena, ponte en contacto con Vicente en estos establos a las afueras del pueblo de Santa Gertrudis en dirección a San Miguel. Los caballos están bien entrenados y aquí hablan inglés y español. Los sábados puedes dejar a tus hijos para aprender lo básico de la equitación.

Ibiza Horse Valley (San Juan)
Cami des Cas Ramons, Santa Gertrudis. Tel: 680.624.911 davidcaptevielle@hotmail.com

This stunning plot of donated land started as a shelter for maltreated and abandoned horses and developed into a riding stables that offer treks through the beautiful hills, and to the seaside on trained, healthy rehabilitated horses that live in the best of habitats. They greatly appreciate donations and / or sponsorship.

Esta impresionante parcela de tierra donada comenzó como un refugio para caballos maltratados y abandonados y se ha convertido en un centro ecuestre que ofrece recorridos por las hermosas colinas hasta la orilla del mar en caballos adiestrados y rehabilitados que viven en el mejor de los hábitats. Se aprecian mucho las donaciones y/o los patrocinios.

ALTERNATIVE FITNESS Deporte alternativo

✳ Ibiza Cliff Diving (Everywhere)
Tel: 607.038.837 or + 638.780.885 ibizacliffdiving@gmail.com • cliffdivingibiza.com • FB: Ibiza Cliff Diving

If you like a little adrenalin rush this is a perfect way to get it as well as enjoying the stunning lanscape the island offers.
Ismael and Daan will be at your side all the way. They will take you to beautiful, hidden spots on the Ibiza and get you to overcome your fears and jump off cliffs into the sea. It's not just the physical feeling, but above all a mentally invigorating one.
Your first jump is hard to describe in words. You feel full of life, energy, courage and strength, as well as refreshed.
My first jump was unbelievable and I had the strong desire to do it all again!

Si quieres una inyección de adrenalina, ésta es la mejor manera de conseguirla mientras disfrutas del paisaje que ofrece la isla. Ismael y Daan estarán a tu lado saltando. Te llevarán a los rincones más escondidos y bonitos de Ibiza y te ayudarán a superar tus miedos y a dar ese salto desde los acantilados al mar. No se trata sólo de eso, sino de toda una experiencia mentalmente revitalizante.
La sensación después de tu primer salto es difícil de describir. ¡Te sientes lleno de vida, energía, coraje y fuerza.
Mi primer salto fue increíble y tuve el deseo fuerte de volver a repetirlo!

✳ The Workout Club Ibiza (On a beach)
Tel: 677.045.023 twc-ibiza.com FB: The Workout Club Ibiza

Marisa & Virgil started this workout club a few years ago with the aim to help improve your quality of life by providing training and nutrition programs.
Their methods are fun and very effective and for men and women of all fitness levels offering physically and mentally challenging programs that are also fun and motivating. The classes take place outdoors on different beaches around the island. I am addicted, specially to sprinting barefoot down the beach, but I hate the press-ups!!

Marisa & Virgil abrieron este club hace unos años con el objetivo de ayudar a mejorar tu calidad de vida a través de programas de entrenamiento y nutrición.
Sus métodos son divertidos y muy eficaces, y para hombres y mujeres de cualquier estado físico y mental, con programas estimulantes, divertidos y motivadores. Las clases tienen lugar al aire libre en diferentes playas de la isla. Yo soy adicta, especialmente a las carreras de velocidad descalza por la playa, ¡pero odio las flexiones!

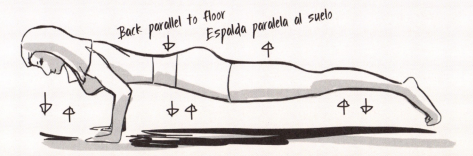

THINGS TO DO - COSAS QUE HACER

HEALING, YOGA & MASAGE Curación, yoga y masaje

✱ Tina Cutler
Tels: 639.842.442 • 00.44.777 594 6272 • inacutlerholistics.com

My darling friend Tina Cutler combines Vibrational Medicine, Reiki, Shamanism and a whole load of healing techniques in her own unique way along with psychic healing, visualisations, therapy, crystal healing, brain wave sound healing, natural cranial sacral therapy and a type of reflexology foot massage using her own oils. She distant heals, works on children and animals and clears houses of negative energy, what I mean here is that she gets rid of ghosts!

Mi queridísima amiga Tina Cutler combina la Medicina Vibracional, Reiki, el chamanismo y una serie de técnicas propias y únicas para llevar al cabo la curación junto con la curación psíquica, visualizaciones, terapia, sanación con cristales, terapia craneosacral y un tipo de masaje de pies usando sus propios aceites.
Cura a distancia, cura a niños y animales, y limpia las casas de energía negativa; es decir, ¡se libra de los fantasmas!

✱ Halcyon Ibiza - Clinical Reflexology & Natural Lift Face Massage
Santa Gertrudis. Tels: 671.430.531 • halcyonibiza.com

This is the place to go if you want to feel invigorated, refreshed and free of aches and pains, as well as walking away with a natural youthful glow. Virginia uses reflexology to relieve you of stress, back pain, migranes, arthritis, insomnia and also does an amazing natural lift face mask by boosting your circulation and stimulating your nervous system, using facial reflexology, Japanese face masage all combined with an Indian head masage.

Perfecto si quieres sentirte viva, renovada, sin dolores o molestias, además de rejuvenecida. Virginia usa la reflexología para aliviar la tensión, el dolor de espalda, las migrañas, la artritis o el insomnio. También hace un sorprendente rejuvenecimiento facial con una mascarilla, aumentando la circulación y estimulando el sistema nervioso, usando reflexología facial y un masaje japonés combinado con un masaje indio de cabeza.

✱ Amanda Tizzard
Morna Valley. 60€/h in studio - 90€/h mobile (to your home). Tel: 639.152.912 • amandatizard@hotmail.com

Lovely Amanda Tizzard is an experienced massage and craniosacral therapist. She blends an interesting mix of advanced massage and deep relaxation techniques to suit each client individually. An expert in releasing physical and emotional blockages. She offers deep tissue massage, cranio sacral or a a magic combination of both and I assure you that after her treatments you will feel renewed. I personally like her very strong massage, but she also does a more holistic massage. She Specialises in back, neck and shoulder pain.

La simpatiquísima Amanda Tizard es una masajista y terapeuta craneosacral con mucha experiencia. Combina una interesante mezcla de masajes con técnicas de relajación profunda que se adaptan a cada cliente de forma individual. Es experta en en la liberación de bloqueos físicos y emocionales. Ofrece masajes de tejido profundo, craneales, o la combinación de ambos, y después de sus tratamientos te sientes renovada. A mí me gusta su masaje fuerte pero también hace un masaje más holístico. Se especializa en la espalda, cuello y los dolores de hombro.

Get yourself a sticker!!
¡Pillate una pegatina!!

✳ La Casita Verde (Inland) San José, Tel: 971.187.353
chris@greenheart.info • casitaverde.com Sun/dom: 14 - 19h + 17 - 20h

Earth friendly Chris Dews started this thriving eco place years ago.
Their doors are open to the public every Sunday throughout the year, when the team at Casita Verde serve up healthy, vegetarian (and cheap) lunches from 2pm, made almost entirely from local produce.
Following lunch, at around 4.30pm, a tour of the property takes place where you can visit a network of unique eco-dwellings including a tree-house, Gaia centre, bottle house and a magic cave. It's an eye opener for the kids and there's also activities and a playground to keep the little ones entertained.

Chris Dews, amante de la naturaleza, fundó este lugar ecológico hace años. Sus puertas están abiertas al público los domingos durante todo el año, y el equipo de Casita Verde sirve comidas sanas y vegetarianas (a precios razonables) desde las 14:00, todo hecho con productos locales. Después del almuerzo, a las 16:30, dan un paseo por la finca, donde visitarás viviendas ecológicas incluyendo una casita en un árbol, un hogar en un horno de cal, el centro Gaia, una casa hecha de botellas y una cueva mágica. Es educativo y divertido para los niños, hay actividades y un parque para mantener a los más pequeños entretenidos.

BE GREEN IN IBIZA AND FORMENTERA by Chris Dews (Casita Verde)

Whether you're a resident or a visiting tourist, the islands need a careful and conscious population to keep them in good condition. So, how can we be more eco-friendly here?
• Start by ensuring not to leave any litter behind when out for a picnic or a beach visit. Take a plastic bag with you and pick up litter dropped by others, or join in with beach cleaning events. Ibizalimpia.com
• Consume locally produced products, thus helping the local economy.
• Recycle waste.
• Use a minimum of fuel.
• Use your own shopping bag to buy groceries.
• Switch off the lights when not in use.
• Reduce water consumption.

For any home remedies ask Chris Dews at Casita Verde. Tels: 971.187.353- 608.838.190

SER ECOLÓGICO EN IBIZA Y FORMENTERA por Chris Dews (Casita Verde)

Tanto si eres residente como un turista de visita, las islas necesitan una población consciente para mantenerlas en buen estado.
¿cómo podemos ser más ecológicos aquí?
• Empieza por asegurarte de no dejar basura atrás cuando salgas de picnic o visites la playa. Llévate una bolsa de plástico y recoge basura depositada por otros y la tuya, y únete a eventos de limpieza de playas. Ibizalimpia.com
• Intenta consumir productos locales, ayudando así a la economía local.
• Recicla tu basura.
• Usa el mínimo de gasolina.
• Usa una cesta para tu compra.
• Apaga las luces cuando no las utilices.
• Reduce el consumo de agua.

Para remedios locales pregunta a Chris Dews en Casita Verde. Tels: 971.187.353 - 608.838.190

 ### Babewatch- Certified child care - Cuidado de niños certificado
Tels: 633.495.722 - 696.277.136 • babewatchibiza.co.uk

- Disco package: overnight care 14hrs. Dinner/bed/breakfast
- 1 week nanny package
- Hourly care

- Paquete disco: toda la noche 14h. Cena/cama/desayuno
- 1 Semana niñera
- Cuidado por horas

THANKS TO / GRACIAS A:

MY DAUGHTER FINN FOR BEING PATIENT WITH ME, MY MUM FOR BEING SO PROUD OF ME ALWAYS, MY BROTHER THOR FOR BEING SUCH AN AMAZING, CARING PERSON, KARYN LEWIS FOR HER STRENGTH AND POSITIVITY, SID SHANTI FOR CONVINCING ME TO KEEP GOING, SOPHIE MAC FOR ALL HER HELP, MONIQUE VAN DER LINDEN FOR HELPING ME WITH RESEARCH, FIONA JENNISON FOR HER HELP FILLING IN THE GAPS OF IBIZA AREAS I WAS NOT SO FAMILIAR WITH, MARITA JANSSEN FOR HER IDEAS, CHARITY ALTMANN FOR BEING SECOND MUM TO MY DAUGHTER WHILE I WORKED ON THIS GUIDE, MARI SEARBY-VERWEIJ FOR PROOFREADING, ALICE MORGAN, ROBERTA JURADO, DAAN WEIJERMAN MANS, CAROL AZCONA, DEBORAH VAN PRAAG, ONKE TRUIJEN, LOLO GELB, ANABEL ZAMORA, JESSY DUNLOP, JAIME FIORITO, TINA CUTLER, NICK AND MICHELLE CUTLER, SUSIE NICHOLE HOWELL FOR FEEDBACK, HELEN BEACH FOR CHANGING THE SUBJECT, LOTTIE HANSJEE FOR THAT LAST LITTLE TWEAK, RUBY WARRINGTON FOR EDITING, SALLY RIERA FOR TRANSLATING INTO SPANISH AND MARÍA JESÚS ZAFRA FOR SPANISH PROOFREADING. BEN TURNER FOR TELLING ME TO GO FOR IT, AND ALL THE OTHER PEOPLE THAT ENCOURAGED ME TO DO IT AS WELL AS RACHEL LAURA PARSONS AND THE ATZARÓ FAMILY FOR OFFERING ME THEIR GORGEOUS CALA NOVA BEACH PREMISES AS A LAUNCH VENUE FOR THIS GUIDE.

MI HIJA FINN POR SU PACIENCIA, MI MADRE POR ESTAR SIEMPRE TAN ORGULLOSA DE MÍ, MI HERMANO THOR FOGELBERG POR SER UNA PERSONA TAN INCREÍBLE Y DULCE, KARYN LEWIS POR SU FUERZA Y ESPÍRITU POSITIVO, SID SHANTI POR CONVENCERME PARA SEGUIR ADELANTE, SOPHIE MAC POR TODA SU AYUDA, MONIQUE VAN DER LINDEN POR AYUDARME CON LA INVESTIGACIÓN, FIONA JENNISSON POR RELLENAR LO QUE ME FALTABA DE ALGUNAS ZONAS, MARITA JANSSEN POR ALGUNAS IDEAS, MIS QUERIDAS AMIGAS CHARITY ALTMANN POR CUIDAR DE MI HIJA Y POR LA CORRECCIÓN DE TEXTOS, MARI SEARBY-VERWEIJ POR LA CORRECCIÓN DE TEXTOS, ALICE MORGAN, ROBERTA JURADO, DAAN WEIJERMAN MANS, CAROL AZCONA, DEBORAH VAN PRAAG, ONKE TRUIJEN, LOLO GELB, ANABEL ZAMORA, JESSY DUNLOP, JAIME FIORITO, TINA CUTLER, NICK AND MICHELLE CUTLER, SUSIE NICHOLE HOWELL POR SUS OBSERVACIONES Y COMENTARIOS. HELEN BEACH POR CAMBIAR DE TEMA, LOTTIE HANSJEE POR ESE AJUSTE FINAL, RUBY WARRINGTON POR LA EDICIÓN DE TEXTOS, SALLY RIERA POR LA TRADUCCIÓN AL ESPAÑOL Y MARÍA JESÚS ZAFRA POR LA REVISIÓN Y CORRECCIÓN DE TEXTOS EN ESPAÑOL. BEN TURNER POR DECIRME QUE FUERA A POR TODAS, Y A TODAS ESAS PERSONAS QUE ME ANIMARON A HACERLO, ADEMÁS DE RACHEL LAURA PARSONS Y LA FAMILIA ATZARÓ POR OFRECERME SU ALUCINANTE RESTAURANTE DE CALA NOVA PARA PRESENTAR MI GUÍA.

THE END (for now)   EL FINAL (por ahora)